労働者派遣法の
展開と法理

萬井隆令
Yoroi Takayoshi

旬報社

はしがき

　2017年7月に『労働者派遣法論』を上梓したが、その時は、派遣法に関する論点はほぼすべて網羅し、論じ尽くしたつもりであった。しかし、改正派遣法が2015年9月に施行され、違法派遣先に対する労働契約申込みみなし制が実際に援用されるようになると、想定していなかった論点が次々と浮上した。
　同制度は、契約申込みをみなしはするが、派遣法40条の6が規定する民事制裁の対象となる当該違法派遣先は、「申込み」らしい、何か具体的な作為を義務づけられるわけではない。みなしという「状態」が存在することになるだけであるから、その制度を援用しようとする労働者は、まず、その「状態」を発見しなければならない。偽装請負は適法な請負であるかのように意図的に偽装を凝らしているし、会社間の協議や合意（契約）の内容は当事者以外には容易にはわからない。労働者が偽装の疑いを持ったとしても、事実関係を発掘し確認し、判断するのは容易なことではない。労働者が違法と気が付くころには派遣が始まってからすでに相当の時間が経っているが、派遣契約には期間の定めがあることが多く、時にはすでに終了していることもあり、労働者はいつまで申込みを「承諾」する権利を保障されているのか。また、法律によれば、違法派遣中と「同一の労働条件」で新たな労働契約が成立することになり、その内容を派遣先はほとんど知らないことが多いが、それはどのようにして確認し、確定するのか。新たに成立した労働契約関係において労働者にはどのような就業規則が適用されるのか。
　そういった疑問は、どれも、法制定の段階では具体的には検討し尽くされたとは言い難い問題であり、実際に契約申込みみなし制を運用することになると、解決を迫られ、それに対する適切な解答がないと運用はできない。そのため、契約申込みみなし制は画期的ではあったが、期待されていたほどには現実に援用されなかった。ようやく、いくつか訴訟が提起され、判決が出始めたが、率直に言って、裁判所はみなし制度を正しく認識していないことが多い。もとより、それは司法機関の責任であるが、判決を検討し評釈する研究者は必ずしも多くはなく、なされた評釈にも疑問を持たざるを得ないものもある。

私なりに関連する論文、判例評釈等を書いてきたが、読み返してみると、論証が不充分なものや表現が適切でないものもある。また、事案の内容に曳かれるから、他の事案にどこまで通用し、有益なのかは心許ない点もある。一度、論点の全体を見直し、整理し、改正派遣法の運用に資するまとめを試みたいと考えた。

　前著と同様、書いた論文等をいったん解体し、全体を構想し、一から書くことになった。ただ、書き進めるうえで、繰り返しになることを承知しながらやはり書かざるを得ないことがある。直接雇用の原則とか労働者派遣などの基本的概念の意義などは、常に相互の関連を説きながら論じることが不可欠なこともあるため特にそうである。不器用だからでもあるが、それを欠くと、主張について論証ができないように感じられるからである。部分的に前著と重複することもある。諄いと感じられるに違いないが、宥恕されたい。

　解釈論が中心であるが、その枠を外れた問題を補論1、2として取り上げた。また、参考になると思われる判例評釈と解題を第4章で、職安法45条に基づく労働組合による労働者供給事業についての論稿を補論3として収録した。

　広津和郎氏は「自分が重要と思うことは、人が耳を傾けてくれるまでは繰り返し執拗に述べるべきである」と言っている（『新版：松川裁判』木鶏社、2007年）。畏友の故・伊藤博義さんは、顔を合わせるたびに「生涯現役」「学界のご意見番」と声をかけてくれた。そのような能力はないにしてもおそらく、人生最後となる本書において、少しでもそれに応えたいとも考えた。

　原稿の段階で、青木克也弁護士にお読みいただいて有益な意見をいただいた。記して感謝を表したい。今回も、私の悪癖で、ゲラになってから書き直すことも多く、古賀一志編集長を煩わせて、ようやく刊行することができた。厚くお礼を言いたい。

2024年9月
萬井隆令

目次

はしがき　i

凡例　xi

派遣法関連論文・判例評釈等一覧　xiii

第1章　労使関係の基本的あり方と労働者派遣……………1

第1節　非正規労働者の類型と派遣労働者　1
1　正規労働者　2
2　多様な非正規労働者と派遣労働者　3
　(1)　有期雇用　3
　(2)　パート・タイマー　4
　(3)　派遣労働者　4
　(4)　まとめ　6

第2節　三者間労務提供関係の基礎＝労働者供給事業禁止と直接雇用の原則　6
1　労働者供給事業禁止の根拠　7
2　近代法的な直接雇用の原則　9
　(1)　近代法と直接雇用の原則、例外としての労供事業容認　9
　(2)　近代法的な直接雇用原則の提唱　10
3　現代法的な直接雇用の原則　16
　(1)　ILOフィラデルフィア宣言の意義　16
　(2)　派遣法における直接雇用の原則の「確認」について　19
4　小括　19

第3節　派遣と「常用代替防止」論　21
1　「常用代替防止」の意義と提唱をする意図　21
　(1)　「常用代替防止」の意義　21
　(2)　「常用代替防止」の提唱と有期雇用　24
　(3)　まとめ　24
2　派遣の原則自由化と「常用代替防止」の修正　25

3　厚労省：在り方研が提起した「課題」　26
　　　（1）厚労省：在り方研の姿勢　26
　　　（2）問題の取り上げ方への疑問　27
　　　（3）まとめ　29
　　4　派遣と「常用代替防止」に関わる判例および研究者の見解　30
　　　（1）「常用代替防止」を理由として派遣労働者の請求を否定した判例　30
　　　（2）研究者の見解　31
　　5　まとめ　35
　第4節　小括　37

第2章　派遣法に関わる基礎概念の意義 …… 38
　第1節　労働者供給の法的構造について　38
　　1　問題の所在　38
　　2　供給先と労働者との法的関係——理解の変遷　39
　　　（1）供給先と労働者の間には雇用関係はない　39
　　　（2）1970年版刊行の際の変化　41
　　　（3）見解の動揺　43
　　　（4）最近の例　46
　　　（5）行政解釈に同調する学説　51
　　　（6）近藤昭雄氏の見解　57
　　　（7）判例等について　60
　　　（8）「供給先が労働者を雇用する『労働者供給』」の実在可能性と法理論　62
　　　（9）要点　64
　　3　供給元と労働者との法的関係　66
　　　（1）事実上の支配関係の場合のみ、労働者供給とする見解　66
　　　（2）労働契約関係がある場合も、労働者供給となるとする見解　72
　　4　小括　72
　　　（1）理論上の問題　72
　　　（2）法解釈の社会的妥当性　74

第 2 節　労働者派遣の構造と違法派遣　74
　　1　派遣制度の趣旨　74
　　　(1)　対象業務の無限定化と派遣制度　74
　　　(2)　労働者にとっての派遣の「メリット」　76
　　　(3)　派遣法から逸脱する見解について——橋本陽子氏の例　76
　　2　派遣の定義——適法な派遣と違法派遣　80
　　　(1)　労働者派遣の構造　80
　　　(2)　適法な派遣　81
　　　(3)　違法派遣　82
　　3　派遣法上の「労働者派遣」概念について　83
　　　(1)　行政解釈における「労働者派遣」概念　83
　　　(2)　偽装請負と「労働者派遣」概念　85
　　　(3)　まとめ　88
　　4　「労働者派遣」に対する法的評価　88
　　　(1)　考察の基点——法的批判はどこに向けられるか　89
　　　(2)　学説　92
　　　(3)　現在の焦点　93
　　5　違法派遣の意義と認定問題　94
　　　(1)　違法派遣の現実的状態　94
　　　(2)　派遣と労働者供給の行為類型としての同一性論、「切り分け」論の陥穽　102
　　6　偽装請負（違法派遣）を規制する手法　103
　　　(1)　注文主に対する規制　104
　　　(2)　請負会社に対する規制　108
　　　(3)　間接雇用に関わる法の全体構造　108
　　7　二重派遣と労働者供給　111
　　　(1)　二重派遣の意義　111
　　　(2)　二重派遣と第二次派遣元の状況　112
　　　(3)　第二次派遣先の責任　112
　　　(4)　まとめ　115
　　8　二重の偽装請負と二重の違法派遣　116

　　　　(1) 二重の偽装請負とは何か　117
　　　　(2)「二重派遣（二重偽装請負）」という表記と問題の所在　117
　　9　小括　119
　　　　(1) 条文と遊離する解釈　119
　　　　(2) 間接雇用に関する諸概念の理解について　122

第3章　派遣法運用上の諸問題 …………………………………… 124
　第1節　2015年改正の概要と要点　124
　　1　2015年改正の概要　124
　　2　法改正の要点　125
　　　　(1) 事業の許可制　125
　　　　(2) 業務区分の廃止による派遣可能期間の変更　125
　　　　(3) 派遣元での雇用形態と派遣可能期間　126
　　　　(4) 労働契約申込みみなし制　127
　　　　(5) 労働者に関する情報の提供　127
　　　　(6) その他　127
　　　　(7) 法改正の評価　128
　　3　派遣を受ける者の定義と現実　129
　　　　(1) 派遣を受ける者に関わる概念　129
　　　　(2) 派遣法40条の6と派遣を受ける者　133
　補論1　「労使によるチェック」と鎌田氏の見解の変化
　　　　　──厚労省：在り方研から論稿を経て労政審で　133
　　1　派遣可能期間と厚労省：在り方研の提言、論稿において　133
　　2　労政審における見解変更　134
　　3　まとめ　137
　第2節　派遣法40条の6をめぐる諸問題　138
　　1　労働契約申込みみなし制とその合憲性　138
　　　　(1) 申込みみなし制の略史　138
　　　　(2) 合憲性について　141
　　2　契約申込みみなし制と「承諾」　147
　　　　(1) 40条の6の意義──創り出される"状態"　147

(2)「承諾」権の行使と「残存期間」論　153
　3　「同一の労働条件」の意義　155
　　　(1)牽連する「同一の労働条件」と「承諾」　155
　　　(2)「同一の労働条件」と厚労省の見解　157
　4　偽装請負と脱法目的論　162
　　　(1)判例　162
　　　(2)学説　165
　　　(3)まとめ　167
　5　偽装請負の解消策としての派遣への変更　168
　　　(1)偽装請負の実情　168
　　　(2)日本貨物検数協会事件の問題点　168
　6　総括　173
　　　(1)派遣法40条の6と民事制裁　173
　　　(2)契約申込みみなし制は労働者にとって不利なのか　174
　　　(3)派遣法40条の6適用後の、従前の違法提供元との関係について　176

補論2　派遣から職業紹介への切り替え論について　177
　1　橋本氏の提案　177
　2　問題検討の前に　178
　　　(1)法制度の枠組み　178
　　　(2)立法論提起の必要性について　180
　　　(3)橋本氏の立法論の意図・射程　181
　3　派遣の態様と「職業紹介への切り替え」　182
　　　(1)派遣の問題点　182
　　　(2)立法論のモデル　183
　4　小括――徒労の中に浮かぶ問題　184

第4章　判例評釈　187

第1節　解　題　187
　1　「判例評釈を評釈する」意義　187
　2　偽装請負に係る判例評釈について　187

　　　　(1) DNPファイン事件について　188
　　　　(2) 竹中工務店事件について　191
　　　　(3) ハンプティ商会（AQソリューションズ）事件について　191
　　　　(4) 労働者性をめぐる判例について　192
　　　　(5) まとめ　195
　第2節　東リ事件・神戸地裁と大阪高裁の判断を分けたものは何か　195
　　1　偽装請負の判断基準　196
　　　　(1) 職業安定法44条と派遣法　196
　　　　(2) 三者間の労務提供関係に関わる諸概念　197
　　2　地裁と高裁の判断を分けたもの　199
　　　　(1) 労働者を現実に指揮命令したのは東リか、Lか？　200
　　　　(2) Lは製造業務を請負う物的条件を備えていたか？　204
　　　　(3) 偽装請負を認定した高裁判決の妥当性　207
　　3　40条の6に関わるその他の要件について　208
　　　　(1) 脱法目的　208
　　　　(2) 善意・無過失　210
　　4　承継される「労働条件」　210
　　5　「承諾」の時期　211
　　6　小括　212
　　　　(1) 事実の法的評価と社会常識、社会通念　212
　　　　(2) 判決に望むこと　214
　第3節　二重の偽装請負と労働契約申込みみなし制
　　　　　　――竹中工務店事件・大阪高判令5.4.20について　214
　　1　大阪高裁判決と問題の所在　214
　　2　派遣法1条の趣旨――供給・派遣の「切り分け」論の誤謬　215
　　　　(1) 違法行為に対する規制のあり方（一般論）　215
　　　　(2) 職安法と派遣法の法的性格と三者間の労務提供関係の規制のあり方　215
　　　　(3) 派遣法40条の6第1項5号にいう「派遣の役務」の意義　221
　　　　(4) まとめ　222
　　3　みなし制における注文者、元請人と労働者との法的関係　223

         (1) 偽装請負（違法派遣）と「雇用」の意義　223
         (2) 本件固有の事情――「承諾」の同時発信　225
    4　「脱法目的」論と判例違背　226
         (1)「脱法目的」についての判断　226
         (2) 高裁の判示の理論的問題点　227
    5　元請負人（TAK）に対する派遣法40条の6適用の可否　229
         (1) TAKによる「指揮命令」の存否　229
         (2)「脱法目的」否定の論理　230
    6　小括　230
第4節　派遣法40条の7と「採用その他の適切な措置」の意義
           ――大阪医療刑務所事件・大阪地判令4.6.30について　231
    1　事案の概要　232
    2　判旨　232
         (1) 不作為の違法確認の訴えおよび義務づけの訴えの適法性（本案前）　232
         (2) 国家賠償請求について　233
    3　研究　235
         (1)「採用その他の適切な措置」の意義　236
         (2) 免脱目的論　240
         (3) 訴えが認められる期間　244
         (4) 国賠法にもとづく損害賠償請求　245
         (5) 小括　246

補論3　労働組合による労働者供給事業の法理
           ――職安法制定～45条廃止論～「供給・派遣」、そして立法論　247
    1　問題の所在　247
    2　労働組合による労供事業容認の趣旨　249
         (1) 労供事業を禁止する職安法44条等の趣旨　249
         (2) 労働組合による労供事業の意義　250
         (3) 労働組合の労供事業の特徴　251
    3　労働者供給事業概念の歪曲　252
         (1) 1960年版における認識と1970年版におけるミス　252

  (2) 行政解釈における70年ミスの継承　253
  (3) 70年ミスと研究者の対応　255
  (4) 判例と70年ミス　263
  (5) 70年ミスの行方　264
  (6) 70年ミスが導いたもの　265
4　労働組合による労働者供給事業の枠組み変更問題　266
  (1) 派遣法制定と45条廃止論　266
  (2) 「供給・派遣」型の浮上　267
5　労働組合による労働者供給事業と労働者保護制度　271
  (1) "労働者供給事業法"の必要性　271
  (2) 私案　272
6　小括　277

あとがき　279

※ 凡例

1 判例集・雑誌等の略語

学会誌	日本労働法学会誌
季労	季刊労働法
権利	季刊労働者の権利
静岡	静岡大学法政研究
ジュリ	ジュリスト
専修	専修ロージャーナル
地域	地域と労働運動
判タ	判例タイムス
判時	判例時報
民商	民商法雑誌
龍谷	龍谷法学
労研	日本労働研究雑誌
労旬	労働法律旬報
労判	労働判例

2 文献の略記（著者名五十音順）

荒木〔5版〕　荒木尚志『労働法〔第5版〕』（有斐閣、2022年）――2009年刊行の初版は荒木〔初版〕と示す。版を重ねている著書については、他の例も同様とする。

安西『実務』　安西愈『労働者派遣法の法律実務』（総合労働研究所、1986年）

安西『多様』　安西愈『多様な派遣形態とみなし雇用の法律実務』（労働調査会、2017年）

大橋『弾力』　大橋範雄『派遣法の弾力化と派遣労働者の保護』（法律文化社、1999年）

鎌田・諏訪〔2版〕　鎌田耕一・諏訪康雄編『労働者派遣法〔第2版〕』（三省堂、2022年）

鎌田『市場』　鎌田耕一『労働市場法』（三省堂、2017年）

唐津ほか『読むⅠ』　唐津博ほか編『新版労働法重要判例を読むⅠ総論・労働組合法関係』（日本評論社、2013年）

川口〔6版〕　川口美貴『労働法〔6版〕』（信山社、2022年）

毛塚古稀　山田省三ほか編：毛塚勝利先生古稀記念『労働法理論変革への模索』（信山社、2015年）

菅野・山川〔13版〕　菅野和夫・山川隆一『労働法〔第13版〕』（弘文堂、2024年）

菅野古稀　荒木尚志ほか編：菅野和夫先生古稀記念論集『労働法学の展望』（有斐閣、2013年）

高梨『詳解』　高梨昌編著『詳解労働者派遣法』（日本労働協会、1985年）

高梨〔3版〕　上記同書『詳解労働者派遣法〔第3版〕』（エイデル研究所、2007年）

高橋『研究』　高橋賢司『労働者派遣法の研究』（中央経済社、2015年）

土田〔2版〕　土田道夫『労働契約法〔第2版〕』（有斐閣、2016年）

西谷〔3版〕　西谷敏『労働法〔第3版〕』（日本評論社、2020年）

西谷ほか『実務』　西谷敏ほか編『派遣労働の法律と実務』（労働旬報社、1987年）

浜村古稀　沼田雅之ほか編：浜村彰先生古稀記念論集『社会法をとりまく環境の変化と課題』（旬報社、2023年）

本庄『役割』　本庄淳志『労働市場における労働者派遣法の現代的役割』（弘文堂、2015年）
萬井『締結』　萬井隆令『労働契約締結の法理』（有斐閣、1997年）
萬井『法論』　萬井隆令『労働者派遣法論』（旬報社、2017年）
萬井ほか『緩和』　萬井隆令ほか編『規制緩和と労働者・労働法制』（旬報社、2001年）
労働（厚労）コンメ3（1960年）　労働省（厚生労働省）労基局、労政局の編集責任で、労働基準法、労働者派遣法、労働組合法などで巻数は異なるが、『労働法コンメンタール』シリーズが刊行されている（労務行政研究所）。「コンメ3」は『3労働基準法』を、「コンメ4」は『4職業安定法・職業訓練法緊急失業対策法』を、「コンメ9」は『9労働者派遣法』を指し、それぞれ発行・改訂年を記す。
『派遣取扱要領』　労働省（厚労省）『労働者派遣事業関係業務取扱要領』（それぞれ発出年を記す）
『労供取扱要領』　労働省（厚労省）『労働者供給事業業務取扱要領』（それぞれ発出年を記す）
脇田『公正』　脇田滋『労働法の規制緩和と公正雇用保障』（法律文化社、1995年）
和田ほか『派遣』　和田肇ほか編『労働者派遣と法』（日本評論社、2013年）
和田『復権』　和田肇『労働法の復権－雇用の危機に抗して』（日本評論社、2016年）
和田古稀　武井寛ほか編：和田肇先生古稀記念論集『労働法の正義を求めて』（日本評論社、2023年）

※ 派遣法関連論文・判例評釈等一覧

【論文】論文名＝掲載誌、書

萬井論文1　労働時間・休憩・休日・休暇＝西谷ほか『実務』（法律文化社、1987年）
萬井論文2　労働者派遣法と労働者保護法制－労働者派遣・労働者供給・出向の概念をめぐって＝龍谷大学法学部創設20周年記念『法と民主主義の現代的課題』（有斐閣、1989年）
萬井論文3　労働者派遣と労働契約論－派遣元と派遣労働者との契約の性格について＝龍谷28巻1号（1995年）
萬井論文4　（山崎友香氏と共著）『労働者供給』の概念－労働者派遣法制定を契機とする労働省による解釈の変更とその問題点＝労旬1557号（2003年）
萬井論文5　偽装業務請負・労働者供給と労働契約論－ヨドバシカメラ事件を素材として＝Vita Futura10号（2004年）
萬井論文6　市場原理主義と労働者派遣－小嶌典明氏の労働者派遣論の批判的検討＝労旬1571号（2004年）
萬井論文7　若者の就業支援策の批判的検討－トライアル雇用と紹介予定派遣の法構造について＝脇田滋ほか編『若者の雇用・社会保障－主体形成と制度・政策の課題』（日本評論社、2008年）
萬井論文8　「出向」と「労働者供給」の概念上の混迷の淵源について＝労旬1685号（2008年）
萬井論文9　戦後労働法制と労働者派遣法＝月刊全労連150号（2009年）
萬井論文10　出向の概念について－労働者供給、派遣概念との関連性を視野に＝龍谷41巻4号（2009年）
萬井論文11　偽装請負における業者従業員と発注元との労働契約関係の成立について＝労旬1694号（2009年）
萬井論文12　労務提供に関わる三者間関係の概念について＝学会誌114号（2009年）
萬井論文13　業務請負、派遣のユーザーによる事前面接の法的意義－選抜試験、「関与」、「特定」とその関連＝労旬1721号（2010年）
萬井論文14　労働者派遣と労働契約＝西谷敏ほか編『労働契約と法』（旬報社、2011年）
萬井論文15　労組法上の「使用者」概念と義務的団交対象事項－偽装請負ユーザーに対する直接雇用の要求について＝労旬1739号（2011年）
萬井論文16　派遣対象業務限定の意義－主として「事務用機器の操作」について＝龍谷44巻1号（2011年）
萬井論文17　派遣切り事件裁判の最近の傾向・特徴と問題点＝労旬1764号（2013年）
萬井論文18　直用化・雇用保障問題と団体交渉法上の「使用者」＝労旬1792号（2013年）
萬井論文19　偽装請負、違法派遣と刑事的規制＝龍谷46巻4号（2014年）
萬井論文20　「採用の自由」論復活の試み－内容とその批判的検討＝労旬1834号（2015年）
萬井論文21　黙示の労働契約論：試論－労働者派遣法40条の6への架橋＝龍谷48巻3号（2015年）
萬井論文22　労働者派遣法における「派遣先」の概念－偽装請負の発注者と派遣法の適用＝龍谷48巻4号（2016年）
萬井論文23　派遣法40条の6の適用上の諸問題＝権利314号（2016年）
萬井論文24　労働者派遣法2015年改正の意義と問題点＝龍谷49巻4号（2017年）
萬井論文25　労働者派遣に関わる基礎概念と行政解釈＝労旬1903+04号（2018年）
萬井論文26　労働者派遣と2018年問題＝権利326号（2018年）
萬井論文27　業務請負契約による就業と「労働者」＝龍谷51巻1号（2018年）

萬井論文 28　『労働者派遣法論』の書評に応える＝労旬 1934 号（2019 年）
萬井論文 29　労働者派遣法 40 条の 7 の意義＝労旬 1937 号（2019 年）
萬井論文 30　労働組合による労働者供給事業の法理－職安法制定〜 45 条廃止論〜「供給・派遣」、そして立法論＝龍谷 52 巻 3 号（2019 年）
萬井論文 31　労働者派遣と「常用代替防止」論＝龍谷 52 巻 4 号（2020 年）
萬井論文 32　派遣法 40 条の 6 適用限定・否定論の批判的検討＝労旬 1957 号（2020 年）
萬井論文 33　偽装請負に対する法規制のあり方－翻弄される「労働者供給」概念に関して＝労旬 1980 号（2021 年）
萬井論文 34　労働者供給の構造：供給先と労働者の法的関係－労供労連と厚労省の交渉をめぐって＝龍谷 53 巻 4 号（2021 年）
萬井論文 35　職安法 45 条、5 条の 3 に係る厚労省の解釈および『業務取扱要領』の検討＝龍谷 54 巻 1 号（2021 年）
萬井論文 36　労供労連との協議に見る厚労省の理論的頽廃＝労旬 1998 号（2021 年）
萬井論文 37　近藤昭雄氏の職安法 45 条論について＝地域 262 号（2022 年）
萬井論文 38　短評：川副氏の「見解」について＝地域 264 号（2022 年）
萬井論文 39　労組労供で「供給先が雇用する」論の批判的検討－萩尾論考に応える＝地域 266 号（2022 年）
萬井論文 40　派遣法 40 条の 6 と偽装請負に認定のあり方の問題点＝労旬 2026 号（2023 年）
萬井論文 41　派遣法 40 条の 6 論の諸相の批判的検討＝労旬 2027 号（2023 年）
萬井論文 42　続・派遣法 40 条の 6 論の諸相の批判的検討－毛塚勝利氏、沼田雅之氏の見解について＝労旬 2033 号（2023 年）
萬井論文 43　続々・派遣法 40 条の 6 論の諸相の批判的検討－本庄淳志氏の「解釈問題」について＝労旬 2042 号（2023 年）
萬井論文 44　続々・派遣法 40 条の 6 論の諸相の批判的検討－橋本陽子氏の見解について＝労旬 2050 号（2024 年）
萬井論文 45　「労働者派遣」概念と 9.30 通達＝労旬 2055 号（2024 年）

【判例・命令評釈】　事件名＝掲載誌
萬井評釈 1　ブリティッシュ・エヤウェイズ・ボード事件・東京地判昭 54.11.29 ＝龍谷 14 巻 1 号（1981 年）
萬井評釈 2　朝日放送事件・最 3 小判平 7.2.28 ＝ジュリスト臨時増刊『平成 7 年重要判例解説』（1996 年）
萬井評釈 3　安田病院事件・最判平 10.9.8 ＝法時 71 巻 8 号（1999 年）
萬井評釈 4　JR 吹田工場事件・大阪地判平 12.3.9 ＝龍谷 34 巻 2 号（2001 年）
萬井評釈 5　ヨドバシカメラ事件・大阪地判平 16.6.9 ＝龍谷 37 巻 4 号（2005 年）
萬井評釈 6　松下 PDP 事件・大阪地判平 19.4.26 ＝労旬 1665 号（2008 年）
萬井評釈 7　松下 PDP 事件・大阪高判平 20.4.25 ＝労旬 1682 号（2008 年）
萬井評釈 8　松下 PDP 事件・最 2 小判平 21.12.18 ＝労旬 1714 号（2010 年）
萬井評釈 9　（豊川義明氏と共著）松下 PDP 事件・最 2 小判平 21.12.18 ＝和田ほか『派遣』（2013 年）
萬井評釈 10　国交省広島国道事務所等事件・中労委 24.11.21 ＝権利 298 号（2013 年）
萬井評釈 11　日産自動車横浜工場事件・横浜地判平 26.3.25 ＝労旬 1825 号（2014 年）
萬井評釈 12　国交省広島国道事務所等事件・東京地判平 27.9.10 ＝労旬 1853 号（2015 年）

萬井評釈 13　DNP ファイン事件・さいたま地判平 27.3.25、同事件・東京高判平 27.11.11＝労旬 1859 号（2016 年）
萬井評釈 14　凸版物流・フルキャスト事件＝労旬 1899 号（2017 年）
萬井評釈 15　凸版物流・フルキャスト事件・東京高裁判決について＝労旬 1911 号（2018 年）
萬井評釈 16　派遣可能期間制限を回避する違法派遣と黙示の労働契約－マツダ防府工場事件・山口地裁平成 25 年 3 月 13 日判決について＝龍谷 51 巻 4 号（2019 年）
萬井評釈 17　派遣法 40 条の 6 による契約申込みみなしと『偽装請負』＝労旬 1958 号（2020 年）
萬井評釈 18　派遣法 40 条の 6 適用の要件と労働者の「承諾」＝労旬 1970 号（2020 年）
萬井評釈 19　東リ事件・神戸地裁と大阪高裁の判断を分けたものは何か＝労旬 2003 号（2022 年）
萬井評釈 20　派遣法 40 条の 6 と脱法目的論－ハンプティ商会事件・東京地判令 2.6.11＝労旬 2007 号（2022 年）
萬井評釈 21　二重の偽装請負と派遣法 40 条の 6－竹中工務店事件・大阪地判令 4.3.30 について＝労旬 2010 号（2022 年）
萬井評釈 22　派遣法 40 条の 7 と「採用その他の適切な措置」の意義＝労旬 2017 号（2022 年）
萬井評釈 23　二重の偽装請負と労働契約申込みみなし制－竹中工務店事件・大阪高裁令 5.4．20 判決について＝労旬 2040 号（2023 年）
萬井評釈 24　派遣法 40 条の 6 と偽装請負の認定－大陽液送事件・大阪高裁判令 5.8.31 について＝労旬 2046 号（2023 年）

【意見書】　事件名（提出先裁判所）＝掲載誌
萬井意見 1　JR 西日本事件・大阪高裁宛（未公表）
萬井意見 2　大阪空港事業事件・大阪高裁宛＝民主法律協会『新たな権利闘争の地平をめざして』（2004 年）
萬井意見 3　ムサシ鉄工事件・名古屋地裁豊橋支部宛＝龍谷 42 巻 1 号（2009 年）
萬井意見 4　イナテック事件・名古屋地裁岡崎支部宛＝権利 282 号（2009 年）
萬井意見 5　松下 PDP 事件・最高裁宛＝労旬 1694 号（2009 年）
萬井意見 6　国交省広島国道事務所等事件・東京地裁宛＝権利 304 号（2014 年）
萬井意見 7　日産自動車本社事件・東京地裁宛（未公表）
萬井意見 8　NTT 多重派遣事件・京都地裁宛（未公表）
萬井意見 9　日本化薬事件・神戸地裁姫路支部宛（未公表）
萬井意見 10　二重の偽装請負と労働者派遣法 40 条の 6－竹中工務店事件・大阪地裁宛＝労旬 1997 号（2021 年）

【書評・論評】
萬井書評 1　脇田滋『労働法の規制緩和と公正雇用保障』（法律文化社）＝龍谷 28 巻 2 号（1995 年）
萬井書評 2　『労働法の争点』考（鎌田、本庄論文について）＝労旬 1843 号（2015 年）
萬井書評 3　高橋賢司『労働者派遣法の研究』＝労旬 1852 号（2015 年）
萬井書評 4　本庄淳志『労働市場における労働者派遣法の現代的役割』＝労旬 1870 号（2016 年）
萬井書評 5　鎌田耕一・諏訪康雄編『労働者派遣法』＝龍谷 50 巻 2 号（2017 年）
萬井書評 6　第一東京弁護士会編『労働者派遣法の詳解』＝労旬 1909 号（2018 年）
萬井書評 7　高橋賢司「労働者派遣法の法政策と解釈」＝立正法学 53 巻 2 号（2020 年）

第1章　労使関係の基本的あり方と労働者派遣

　労働法においては、労使関係は使用者と労働者という二者間の労働契約関係、すなわち直接雇用が基本原則である。その基本原則に則り、職業安定法44条は自らが支配下におく労働者を他に提供し、その使用に委ねる労働者供給事業（労供事業）を禁止し、違反に対しては罰則を科した。その後の雇用状況の変化に対応して、1985年制定の労働者派遣法は労供事業の一部を「労働者派遣」という概念で括って合法化した。ただ、労使関係の基本原則は不変であって、直接雇用を謳う職安法44条がわずか一か条ではあるが基本法であり、労働者派遣の意義や要件その他を規定する労働者派遣法が特別法という関係にある。もし、派遣を無条件に合法化するのであれば、単に職安法44条を削除すれば足りるが、そうはしていない。派遣法1条に「この法律は、職業安定法と相まって労働力の需給の適正な調整を図る……とともに派遣労働者の保護等を図り……」と謳っているように、直接雇用の原則は譲ることはできず、派遣はあくまで例外として許容されたにすぎないことを理解し、三者間の労務提供問題にかかわる問題を考察する場合の基礎とすることが緊要である。

第1節　非正規労働者の類型と派遣労働者

　日本経営者団体連盟（日経連）は1995年5月、『新時代の「日本的経営」─挑戦すべき方向とその具体策』と題して、雇用形態、職務、賃金形態などに応じて、労働者を「長期蓄積能力活用型」「高度専門能力活用型」「雇用柔軟型」というタイプに分類し、「仕事、人、コストをもっとも効率的に組み合わせた企業経営」の指針として提起した。まったく新規に発想したというのではなく、従来、個々の企業で実際に行なわれてきたものを集約し、検討を加え、将来に向けて推進すべき方向を確認したものと観られる。

　企業で就労する労働者は大別して、正規従業員（正社員）とそれ以外の非正規社員に分かれる。その中で、正社員だけを「長期蓄積能力活用型」とし、あとの2つの型には、「高度専門能力」を持つ労働者も含め、非正規社員を充てるとした。職務内容は専門的業務から定型的業務まで様々であるが、高度専門

能力を持つ労働者でさえ長期にわたって雇用し続けることは想定せず、必要とあれば契約を更新し続ける形で「活用」する、「雇用柔軟型」は有期契約によって企業の必要に応じて「柔軟」に人員調整を行なうことを想定している。

　この文書は、財界の労務部という性格を持つ日経連が非正規雇用の活用を公然と提言した点で注目された。その後、その指針に添う個々の企業の労務政策により労働者の中で非正規労働者が占める割合は増加し続け、2023年総務省統計局「労働力調査」によれば、今では全労働者の4割近くになっている。男性では23％程度であるが女性では53％を超えており、その数字が示すことは深刻である。派遣は非正規雇用の一部で、200万人前後ともいわれるが、この調査の時点では、雇用労働者の2.6％（149万人）となっており、変動の幅は大きい。

　派遣は雇用と使用が分離している点に特徴であり、非正規の中でも固有の意味をもって位置づけられている。さらにその外側に、業務請負の形で下請企業の労働者を利用する偽装請負があり、それは法的には違法派遣だがその実態は把握し難い。さらに、労働契約ではなく、請負、委託などの名称による契約によって就労する、「労働者」の枠外とされるフリーランスも少なくない。

1　正規労働者

　正社員は労働契約に期間の定めがなく、原則として定年までの長期雇用が保障され、配置転換により複数の業務について経験を積みつつ総合的力量を増し、能力を認められた者は徐々に昇進し、企業の幹部となっていくことが想定されている。労働条件も概ね、良好である。

　かつては、女性は正社員であっても、結婚退職制、若年定年制などの差別があったが、裁判によって次々と違法の判断を受け、その後、男女雇用機会均等法の制定など法制の改革もあり、今や、表面的な性差別は後景に退き、総合職と一般職といった、職務上の区分となっている。女性は結婚を機に退職することもあり、結婚後は家事、育児があること等を理由に最初から一般職とされることが多い。だが、総合職の場合でも「ガラスの天井」と呼ばれる実質的な昇進差別がある。性差別はすべて解消したとはとうてい言い難い状況にある。

　正社員を企業外に放出する場合には契約解除（解雇）という手続きが必要である。正社員は解雇できないという理解が一部にあるが、それは誤解である。

解雇には充分に説得的な合理的理由があることが不可欠であるが、解雇そのものの件数は少なくはない。その中で合理的理由の有無が焦点となった訴訟となった場合、当該解雇に合理的理由が認められない事案が多いため、それがそのような誤解を生んでいるにすぎない[1]。ただ、国際的には（差別的理由等の場合は別として）解雇は原則として自由とする例もあるから、それと比較すれば、合理的理由を要するということ自体が解雇に制約が課されていることになる。

2　多様な非正規労働者と派遣労働者

非正規労働者は一般に労働条件は正規雇用労働者のそれよりも低いことは共通しており、企業としてはそれが非正規の利用に惹かれる理由である。非正規といっても雇用形態は一様ではなく、有期雇用、パート、派遣の型があり、それぞれに固有の問題がある。

(1) 有期雇用

有期雇用は労働契約に期間の定めがある雇用形態で、期間は、中には3年とか5年というやや長期のものもあるが、2か月ないし3か月という短期のものも少なくない。労働契約法18条は「同一の使用者との間で締結された二以上の有期労働契約」が反復更新され、就労が通算5年を超える場合には、当該労働者が期間満了の日の前日までに、翌日以降について「期間の定めのない労働契約の締結の申込みをしたときは、使用者は当該申込みを承諾したものとみなす」と定めている。有期契約の締結あるいは更新の場合には更新の上限を明示し、タイミングごとに無期転換権を告げるべきこととし、法律としては、期間の定めのない契約に誘導する趣旨であるが、現実にはその適用を避けたい使用者は有期は長くても5年経つ前に更新を拒否する。労働者は失業し、次の就労先の確保の努力を強いられることになる。

期間が満了すると、企業側が継続して就労を求めたい場合にはその旨伝え、更新を繰り返すことになる。使用者は就労の継続を期待しない場合は契約更新をしなければ済み、解雇という手続きは不要であるため、景気変動に対応するとか企業組織の再編等の際に従業員数を調整する場合には好都合である。有

---

1) 小宮文人『雇用終了の法理』（信山社、2010年）、中窪裕也「解雇の法的規制」野田進ほか編『解雇と退職の法務』（商事法務、2012年）21頁。

期の場合は、低賃金、雇止めを避けるためには意見の表明を避けること（労働組合を結成し、加入することを躊躇う要因となる）、有給休暇などを利用し難いこと等の問題も指摘される[2]。労働者は期間の定めのない契約で就労していても、退職は自由であるから、契約上、企業に拘束されることはなく、労働者には有期契約で就労することに特にメリットはない。有期雇用は専ら企業にとっての都合により利用されている。

　有期の形態で10年以上就労し続ける例も稀ではないが、その場合は、期間の定めのない雇用と実質的に異ならないため、期間の定めが形骸化していると判断され、契約更新拒否についても合理的理由を要すると判断される。

(2) パート・タイマー

　パートは1日のうち2～3時間程度、企業にとって人手が特に必要な時間帯、たとえば食料品店で仕入れ、品出しの時や飲食店で客の多い夕方の食事時等に利用する形態である。学生アルバイトにはよく見られるが、労働者にとっても都合のつく時間帯を選ぶことができる場合には、労使双方とも好都合といえ、それなりに合理的な就労形態である。家事のために出勤時刻を1時間程度遅らせることができるとか、退勤時刻をやや早くすることできるという、専業主婦を主たる対象とした場合もそれに準ずる。

　もっとも、主婦の場合、パートの名目だけで、1日6～7時間も就労させながら、正規の時間帯の就労ではないという理由で、時間給を低くしている擬似パートも少なくはない。

(3) 派遣労働者

　労働者派遣はそれらの雇用とは著しい差異がある。

　有期雇用、パートは使用者と労働契約を締結し、その指揮命令下で就労する、直接雇用である。それと異なり、派遣では企業（派遣先）が直接に雇用はしないで、派遣会社（派遣元）が雇用する労働者の提供を受け、当該労働者を指揮命令して就労させ、労働の成果を自らのものとする。契約上の使用者（派遣元）と就労を指揮する者（派遣先）とが分離している点が特徴であり、間接雇用と

---

[2] 脇田滋「日本における失業・半失業と問題状況」脇田滋ほか編『常態化する失業と労働・社会保障』（日本評論社、2014年）16～20頁。

も呼ばれる。

　「雇用」は労働契約を締結している関係を指し、本来は直接雇用を意味するから、「間接雇用」は矛盾を含む表現であるが、派遣先が雇用主ではないにもかかわらず、あたかも雇用主であるかのように指揮命令して就労させる状況を巧みに描写している点で理解に好都合であるため、そう呼ばれて通用している。

　間接雇用においては労働者は法的に決定的に不安定な立場に置かれる。派遣元・労働者の間の労働契約には労働法が適用されるが、派遣元・派遣先間の労働者派遣契約は、労働者が主要な対象となる契約であるにもかかわらず、法的には一般の企業間の商取引契約であるとされ、労働法の範疇には入らないため、派遣法26条、44条等による若干の規制を除き、基本的には労働法的な規制を受けない。

　通常は派遣先のほうが大規模であるが、必ずしも規模の大小にかかわらず、派遣元の得意先であるという関係で、派遣先が優位な立場にあり[3]、それにより、派遣労働者の雇用の有無それ自体までその商取引に左右される。労働者を企業外へ追放することも、雇用されている労働者の解雇には合理的理由を要するが、派遣の場合は、派遣先は商取引契約である派遣契約を解除するだけで足りる。派遣契約を解除され、それにより派遣元が仕事を失った場合には労働者を雇い続けることは現実に無理となり、整理解雇を余儀なくされ、通常は、派遣元による解雇に合理性が認められることになる。わずかに、「使用者」概念

---

[3]　一例を挙げよう。ヨドバシカメラはJR大阪駅北口前に2001年末に開店したが、その情報を掴んだパソナは商機とみて、同店で就労する全労働者（社員、派遣労働者、派遣店員ら）の就業管理業務の請負とパソナが使用する派遣労働者に係る派遣契約の二つを持ち掛けた。派遣については合意が成立したものの就業管理業務については合意が成立せず、協議が続いていたが、開店数日前になって、ヨドバシは就業管理業務についての請負契約は結ばないことにしただけでなく、合意していた派遣契約は解除した。そのため、パソナは派遣を見込んで募集し、採用内定し、就業研修まで終えていた全員の内定を取消した。一人の労働者が内定取消を不当とし、損害賠償を請求したが、大阪地裁は、二つの契約の関係を理解できなかったようで、派遣契約の解除まで有効と判断し、請求を棄却した（同・大阪地判平16.6.9労判878号32頁、萬井評釈5＝龍谷37巻4号392頁）。

　労働者はパソナだけでなく、内定取消を余儀なくさせたヨドバシにも責任があるとして両社を被告としたが、訴訟の中途から互いに自社には責任はないと主張・立証し始めたため、通常は公開されない、企業間の営業交渉の経緯を示す書類が多数、書証として提出される事態になった。パソナは労働者募集の費用（数回の新聞広告等）や採用試験、内定者への研修、内定取消に対する補償など2000万円を超えると推測される出費をしたが、直接にヨドバシにその補填に関し、表面的には何らの請求をもしなかった。力関係によるものと推定される。

の拡大の法理により派遣先に損害賠償を請求することが考えられないではない。派遣を利用する企業は通常時はともかく、違法派遣等が問題視される可能性がある状況をも想定して、そのような事情を重視していると推測される。

(4) まとめ

　非正規の態様は主に3つであるが、有期雇用といっても期間の長短、更新の有無のバリエーションがある。また、パートには短時間であることに合理的な説明がつく場合もあるが、正規が1日7時間半でパートは6時間半といった、就労時間数に大差がなく、正規と労働条件の低い非正規を区別することが主たる狙いとみられる不合理な形態もある。派遣にも派遣元で期間の定めのない常用雇用のこともあれば、有期、さらには日雇いまで存在する。企業は正社員を従業員の中軸に据え、それらに非正規の就労形態を組合せて、全体として使い勝手の良い、好都合な従業員団を創り上げようとしている[4]。

第2節　三者間労務提供関係の基礎＝労働者供給事業禁止と直接雇用の原則

　労働者派遣に関わっては、常に、三者間労務提供関係の基礎である直接雇用の原則に立脚して考察することが緊要である。職安法44条が労働者供給事業（労供事業）を禁止しており、派遣法はいくつもの制約を充たすことを条件として労働者派遣を容認し、派遣法1条が「この法律は、職業安定法と相まって……」と定めているが、それらを総合的にどのように認識するのかがまず、問われねばならない。テキストなどにおいても、時おり、それが疎かにされ、労供事業禁止にはまったく言及せず、いきなり派遣法の概要から説き始める例もあるが、労供事業禁止と派遣の容認の理論的関係を等閑にすると、派遣法についての考察も疎かにされることになりがちである。派遣法40条の6第1項5号の「派遣の役務の提供を受ける」という場合の「派遣」は、当該文言の位置に照らしても、違法派遣であることは自明であるにもかかわらず、それを適法な派遣についての定義（派遣法2条1号）をもって解するのは典型的な悪しき

---

[4]　浪江巌『労働管理の基本構造』（晃洋書房、2010年）13頁。

例である。

　無条件で派遣が容認されているわけではないことの意義を再確認するために、迂遠なようでも、職安法44条の意義を述べることから始める。

1　労働者供給事業禁止の根拠

　労供事業禁止について、まず、実質的な社会経済的根拠を確認しておきたい。

　労供事業は、事業主（供給元）が労働契約に基づいて、あるいは事実上、支配下におく労働者を、供給先の指揮命令を受けて就労するよう指示して供給先に提供し、供給先は当該労働者を使用してそれによる成果を得る、供給先は供給元に代金を支払い、供給元はその代金から相当額を中間搾取し、労働者に賃金を支払うという構造である。

　菅野和夫氏、荒木尚志氏、野川忍氏らは、土木建築、港湾荷役などの人夫供給で典型的にみられた「親分子分的支配の下で」の事態を指摘し、それは「労働の強制、中間搾取、使用者責任の不明確化などの弊害を伴いがちである」こととか、「人身売買や反社会的組織の資金源」となっていること等を禁止の理由として指摘される[5]。

　職安法制定当時、戦前の天皇制の下で活用されてきたそのような就業形態の残滓が払拭されていなかった、あるいは放置しているといつまでも改善されないことになる可能性があったとすれば、それはたしかに労供事業禁止の実質的な根拠となるに相応しい。もっとも、「人身売買」の実情は把握し難いし、日々、労働者を供給し続ける労供事業を、一度、売ってしまえば終わる「労働力の売買」と捉えることが適切なのかは疑問であるが。

　1947年の職安法施行後、偽装請負を行なっていた多数の業務請負業者が廃業し、支配下にあった労働者が注文主に雇用されていった。制定当初は労働者を供給する行為のみを禁止していた法律を施行直後に改正し、偽装請負の注文主（供給先）が供給された労働者を使用することも禁止の対象として、職安法44条の趣旨を徹底した。

　今から顧みれば、当時、何をどのようにすることが「民主化」なのかを確認しないまま漠然と「労働の民主化」と呼び、直接雇用の原則として明確に定式

---

[5]　菅野〔13版〕83頁、荒木〔5版〕594頁、水町〔3版〕427頁、野川忍『労働法』（日本評論社、2018年）464頁。

化することがなかったことが禍根を残すことになった。

　なお、それらの半封建的労使関係の弊害は放置できないものであったとしても、戦後80年近くも経過した現在、経済社会も近代化が進み、社会構造も変化し、人権意識も向上しており、当時とは大幅に様相を異にする。たしかに一部に親分子分関係等が残っていることは否定できないとはいえ、それらを現在の職安法44条の一般的な根拠とみることは実情に適合せず、根拠づけとしては無理がある。暴力団が設立し経営するフロント企業は今なお存在するが、その場合でも大半は労働契約を結んで「近代化」している。他方で、一般の企業とみられるものの中にもブラック企業は存在しており、外見からは両者の区別は難しくなっている。2011年3月の東日本大震災による東京電力福島第一発電所の事故への対応に対処するため多数の労働者が必要となった際、むき出しの親分子分関係のまま他の企業に対して労働者を提供する状況が一時的に顕在化したが[6]、緊急事態の下での例外であり、現在までどの程度継続しているのか定かではない。菅野氏らは今なお、先のような根拠づけを述べられるが、それが実態に根差したものなのかは疑問で、現実離れの感を否めない。

　なお、仮にそのような事象や弊害が存在したとしても、それがそのまま労供事業禁止の根拠となるわけではない。一定の行為を罰則をもって禁止するからには、それを相当とするだけの法規範的な根拠が不可欠である。菅野氏らは、直接雇用の原則に言及されることはなく、したがって、それを否定も肯定もされないが、では、規範的根拠としては何を挙げるのか。それについては何も記されない。また、先のような指摘だけであると、労働の強制、ピンハネ等の懸念がなくなるとか、弊害が少なくなれば、労供事業は許されるのかという逆の疑問もある。労働者派遣は派遣法制定により合法化されたとはいえ、構造的には労働者供給と寸分変わらないが、1985年頃には適切な規制が行なわれれば「弊害」が許容範囲に収まるから、適当な制約さえ課せば容認してよいということになったとでも解されるのであろうか。

　沼田雅之氏は規範的根拠として「二者間の直接雇用よりも、労働者が不利益を被る可能性が高」く、毛塚勝利氏の提唱する「第三者労働者力適正利用義務」

---

[6] 川上武志『原発放浪記』(宝島社、2011年)、鈴木智彦『ヤクザと原発－福島第一潜入記』(文藝春秋社、2012年) など。緊急事態の下での例外であり、今も残っている可能性は否定できないが、現在では情報はほとんど伝えられない。

に違反することが労供事業禁止の規範的根拠だとされる[7]。だが、「不利益を被る可能性が高い」程度の漠然としたことが、近代法では契約の自由の範囲内であった労供事業を禁止し、違反に対して刑罰を科すことを正統化するとは考え難い。また次に述べるが、毛塚氏提唱の「第三者労働者力適正利用義務」の具体的な意義、内容に係る叙述は鮮明ではなく、規範的根拠となるに相応しいとは考えられない[8]。

2　近代法的な直接雇用の原則
(1) 近代法と直接雇用の原則、例外としての労供事業容認

　近代国家においては、人はそれぞれ独立した自由な法主体である。近代法の基本原則の一つは契約の自由であり、法律と自らが結んだ契約以外に拘束するものは存在しない。

　労使関係は労使の雇用契約に基礎を置く。民法623条は「雇用は、当事者の一方が相手方に対して労働に従事することを約し、相手方がこれに対してその報酬を与えることを約することによって、その効力を生ずる」と定める。労使関係の開始・存続は相手方（使用者）と当事者の一方（労働者）が直接に契約を結ぶ雇用契約によることを定めたもので、近代法的な直接雇用の原則を謳っている。

　ただし、それには重大な例外が定められている。民法625条は「使用者は、労働者の承諾を得なければ、その権利を第三者に譲り渡すことができない」と定めるから、逆に言えば、労働者の承諾を得れば、使用者が契約によって得た「その権利」、つまり労働者に対する労務給付請求権を第三者に譲渡することが認められ、そのような法的構成によって、近代法は当該第三者の指揮命令に従って就労するという三者間労務提供関係を成立させ、労働者供給を事業として行なうことを容認することになる。しかし、企業と労働者という力関係に厳然として大きな差がある状況の下では、労働者は自由な意志を貫くことはほとんど期待し難いから、その「承諾」は形骸化することは必至である、少なくとも危険性は大である。

---

[7]　沼田雅之「労働契約申込みみなし制度の制度趣旨と二重の労働者派遣」浜村古稀295頁。
[8]　萬井論文42＝労旬2033号40頁。

労供事業においては、構造全体として、人が労働することがあたかも物品の賃貸借のように扱われ、契約自由の原則の下で現実には労働者はモノ扱いされる。第二次世界大戦まで日本ではそうした口入れ、人夫出し等と呼ぶ労供事業が合法的に営まれてきた。

(2) 近代法的な直接雇用原則の提唱
(ア) 毛塚勝利氏の見解
(a) 毛塚氏は民法623条を根拠に直接雇用の原則を提唱される。職安法44条は「違法な第三者労働力の利用を禁止」はするが、その「利用一般に関して直接言及するものではない」と述べ、職安法が直接雇用の原則を謳っていると認めることには消極的である。ただ、三者間労務提供関係は「労働者の利益を損ねる蓋然性を持つから」職安法44条によって禁止されると解し、他社が提供する第三者労働力の適正利用義務を導かれる[9]。直接雇用の原則の根拠を民法623条に求めることと三者間労務提供関係は職安法44条によって禁止されると解することは矛盾しないのか、疑問である。

民法は基本的に任意法規であり、当事者の意思によって例外を許容する。それと異なり、強行法規である労働法規の一角を占める職安法44条に違反することは、仮に労働者が真に自由意思で選択した場合であっても有効とは認められない。毛塚氏の見解は、民法625条によれば例外として労供事業も容認されるという問題に眼をつぶり、直接雇用の原則を近代法的レベルに引き戻す点で妥当とは言い難い。

ちなみに、職安法44条は、毛塚氏の指摘とは逆に、第三者労働力の「利用一般」につき「言及」しないどころではなく、何らの制限も付さず明快に利用一般を禁止している。派遣法の諸規定を遵守した適法な派遣および労働組合による労供事業を除いて、「第三者労働力」の利用は職安法44条によって禁止されるから、法的には存在を認められない。毛塚氏が「第三者労働力適正利用義務」論の妥当する範囲をそのように明確に限定されていると解されているのか否かは判然としない。民法の規定を根拠に直接雇用の原則を説きながら、それを強行法規に格上げした職安法44条を何故根拠とされないのか不可解である

---

[9] 毛塚勝利「偽装請負・違法派遣と受入企業の雇用責任」労判966号(2008年)9頁。

し、労供事業禁止の根拠を漠然とした「労働者の利益を損ねる蓋然性」とするだけで済むのかも疑問である。毛塚氏は、その疑問に答えないまま、「信義則」に基づき「第三者労働力適正利用義務」を提唱される。

(b)　同義務の意味内容の検討に入る前に、「適正利用義務」の前提となる、労働者供給概念の理解について述べておきたい。

　毛塚氏は、広義の労働者供給は「受入先と労働者の間に雇用関係が成立するかも基本的に問うものではな」く、「価値中立的」に「中間搾取をもたらす蓋然性の高い契約形式のすべてを含みうる」ものと捉え、それには紹介型、(狭義の) 供給型、出向型、請負型など多様な形態があると指摘される[10]。しかし、たとえば紹介型は「受入先との雇用契約を成立」させることを確認して自ら労働者供給概念から除外されるし、請負型は偽装請負を指し、それは正に労働者供給事業であり、供給型と分ける意味がない。つまり、仔細に検討すると、型というほどのものは供給型だけであり、型をいくつか紹介し分析した積極的な意味は特に存在しない。

　供給型でも、労働組合による労供事業で労組が無資格の場合も含め、「受入先との雇用関係の成立を法形式的にとっていることから、受入先の使用者責任は当然に認められ、『黙示の労働契約』の推認作業を行うまでもな」い、受入先が「実質派遣であり受入先との雇用関係が成立するものではないと主張することは認められない」とされる[11]。だが、その説明には大いに疑問がある。

　「受入先との雇用関係の成立を法形式的にとっている」ものは通常の二者間の労使関係であり、そもそも、それは労働者供給ではない。後にみるように荒木尚志、鎌田耕一氏らを除いて、それを労働者供給と理解する研究者はいない(第2章第1節2参照)。

　労働者供給では、受入先の指示に従って就労している時点では「受入先との雇用関係の成立」は確認されない。受入先は雇用していないにもかかわらず、実際には労働者を指揮命令して使用しているからこそ、その責任を追及されることになる。労働者が三者間の労務提供関係の下で黙示の労働契約論等に基づいて雇用関係の存在を主張しているにしても、当該主張を肯定し、受入先を使用者と認定する確定判決を得るまでは、それはただ労働者が主張しているにす

---

10)　毛塚・前掲注9) 6〜10頁、萬井論文42＝労旬2033号40頁。
11)　毛塚・前掲注9) 9〜10頁。

ぎない。当該主張を肯定する判決を得て初めて「受入先との雇用関係」が認定され、本来の二者間の労使関係に移行する。別の面からいえば、すでに契約が成立していれば同原則は充たされており、改めて主張を要しない。派遣法40条の6第1項5号が偽装請負の注文主は労働契約を申込んだものとみなすのは、その時点では労働契約が締結されていないからに他ならない。その法的状況の相違・隔たりは乗り越え難い質的な差であり、契約関係の存否に関し、直接雇用の原則の主張と「受入先との雇用関係の成立」は両立し得ない。

　毛塚氏は供給型では受入先と雇用関係があると言いながら、別の個所ではそれとは真反対に、派遣型と請負型の労働者供給では「受入先との関係で法形式的には雇用契約が存在しないから、『黙示の労働契約』の成否の議論が必要となる」と述べ、しかも、「黙示の労働契約論は……過去および将来にわたる雇用責任を労働関係の実態から帰属・配分を決めるという意味での『規範的解釈』である」から派遣元が「独自の事業体としての基盤を持」ち、「雇用保険・社会保険の負担等においても遺漏がない等の事情があったときに裁判所がかかる事情（事業体としての独立性など──筆者注）を斟酌して……労働契約の成立を否定することもありえよう」とされる[12]。それでは、供給先の状況に結論が左右されることになり理論的にも実践的にも最大の争点となる、現に労働者を使用している企業と労働者との法的関係について、矛盾し整合性に欠ける主張になる。たしかに、現実には裁判所の結論が分かれることもあり得ようが、結論を裁判の成り行きに委ねるかのごとき論調は、筋が通らず、一貫性に欠ける。

　毛塚氏は何らかの形で労務提供関係に三者が絡むものを労働者供給として拾い上げ、整理を試みられた（はずである）。だが、叙述をみると、受入先（請負の注文主）・労働者間の関係という最も重要な問題を基本的にどのように認識されているのかは判然とせず、その時系列と状況・法的意味の変化の関係を明快に認識されているのか疑わしい。

(c)　毛塚氏は、「第三者労働力」と述べられるが、それは、労働者を独立の人格と捉え、使用者にとっては派遣労働者は第三者であると語られるわけではなく、他者（派遣元）が確保し提供する、派遣先からすれば第三者である労働者が労働するという意味の「第三者労働力」を指している。だが、職安法が存在

---

[12]　毛塚・前掲注9）10頁。

しており、派遣法が制定された現在、そのような「第三者労働力」を利用し得るのは適法な派遣の場合に限られる。労働者供給も同様な就労形態であるが、それは違法であるから、「適正利用」を検討する余地はまったくない。「第三者労働力適正利用義務」は、魅力的な表現ではあるが、派遣先が指揮命令して就労させる場合には労働時間制の遵守、安全衛生の確保など、そのあり方が「適正」でなければならないことは当然であり、実質的な内容に即して考えると、単に、労働者を使用する場合は労働者保護法が定める適法な基準を遵守しなければならないという訓示にすぎない。それは直接に雇用している労働者についても妥当することであって、それ以上の何か具体的な意味のあることを「第三者労働力」に関して鮮明に述べられるわけではない。

あえて考えれば、派遣法44条、45条は、労働基準法、労働安全衛生法上の「使用者」の義務について、派遣元と並んで派遣先も、あるいは派遣先のみを名宛人とする旨規定しているが、そこに列挙されていない条項についても、派遣の構造に照らし、ある規定は準用ないし類推適用により派遣先は名宛人に準ずる義務を負うとされるのであれば、「第三者労働力適正利用義務」の提唱はそれなりに有意義である。たとえば、時間外労働を行なわせる場合に締結が義務づけられる36協定に関して、派遣法44条は労基法36条1項の「当該事業場」は「派遣元の使用者が、当該派遣元の事業の事業場」と読み替えるものとしている。その規定では派遣元において一つの36協定を締結すれば済むとも解され得る。しかし、派遣元は通常、複数の派遣先と派遣契約を締結し、それぞれに労働者を派遣しているから、労働者が実際に就労する現場、事務所等によって時間外労働の状況がまったく異なることが想定されるが、それぞれ異なる具体的な就業状況に一つの協定によって対応することには無理がある。そこで、「事業場」単位で締結されるべき36協定の趣旨に照らし、派遣先は受け入れた労働者に時間外労働を求める場合には当該派遣労働者と自らが雇用する労働者を合わせた労働者の過半数代表と協定を締結する義務があるといった解釈論を提唱されるのであれば、「……適正利用義務」という概念は有意義である[13]。賃金に関わる労使協定などの締結、就業規則の制定改廃など、労働者の過半数代表が問題となる他の場合にも同様な例は考えられる。

---

13) 西谷ほか『実務』143頁（萬井）。

しかし、毛塚氏は「第三者労働力適正利用義務」を提唱されるものの、そこまで詳細には説かれない。具体的な例として説かれるのは、当該利用契約締結の根拠と送出元の「契約を締結する資格」の確認であるが、それは関係企業間での契約締結の際のことであり、「労働力の利用」以前の問題を「適正利用」義務に含めることは時間的関係および局面からみて適切ではない。履行過程については、「自ら負う法律上契約上の義務」の適正な履行を提唱されるが、それは自ら雇用する労働者についても常に求められる当然のことであって、「第三者労働力」利用に固有のものではない。次に、送出元については「当該契約を適法・適正に履行している」ことの確認を提唱されるが、企業当事者間では必要であるに違いないが、労働者に対する受入先の「適正利用」義務に含むというには無理がある。そして、当該契約が無効となった場合、たとえば送出元が賃金を支払っているという「当該受入契約が有効なときに成立する法的事実をもって」黙示の労働契約の成立を妨げる事実として主張・抗弁することが信義則上認められなくなることが「最も重要な法的効果」とされるが、黙示の労働契約論は違法な使用従属関係の状況を法の枠組みの中に引き戻すために、労働者を現に指揮命令して使用している企業と労働者の指揮命令関係の実態に即して判断する法理論であり、送出元の賃金支払い状況は受入先による「適正利用」とは局面が異なる、別次元の問題である[14]。

付言すれば、賃金の問題は、黙示の労働契約の存在確認を求められた受入先が賃金を支払っていない事実を契約の意思はなかった証拠として主張したため争点らしい外観を呈した、より正確に言えば、争点と誤解しただけのことで、本来は争点とすべきものではない。現に指揮命令して就労させた以上、契約の有無、有効無効にかかわらず支払うべきであるにもかかわらず支払っていなかったのであって、本来、契約論として考慮されるべきではない事柄である[15]。二重の労働契約の存在もあり得るから、送出元の賃金支払いによって受入先との黙示の労働契約の成立の認定が妨げられるわけではない。

---

[14] 小林大祐氏は、第三者の労働力利用は適法な派遣に限定されると指摘しつつ、「適正利用義務」については見解の①、②、③はほぼ忠実に受け容れられる。ただ東リ事件の判例評釈であり、同判決が黙示の労働契約論に関わるものではないこともあってか、④の、賃金の問題にまったく言及されない（同「労働者派遣法における労働契約申込みみなし規定の偽装請負への適用可能性－東リ事件大阪高裁判決を素材として」労判1264号（2020年）5頁）。

[15] 萬井『法論』310頁以下。

そのように、「適正利用義務」とは関わりないものを除いていくと、残る問題は、労働者供給は「常に、中間搾取になる危険性と蓋然性を持っている」からそれを現実化させないようにせよという指摘に尽きる。だが、そもそも中間搾取を伴わない労働者供給は存在しない。労供事業が中間搾取を伴うことは必至であって、「危険性と蓋然性」というレベルの問題ではない。それは別としても、それについては労基法6条を適用すれば済むことである。というよりも、派遣は要件を充たせば適法であるとはいっても、本質的に労働者の就労に介在して利益を得る事業であることは否定できないから、毛塚氏の当該指摘は、派遣は実質的には中間搾取であることを覆い隠すものだとの皮肉に遭遇することにもなる。

　結局、毛塚氏は「適正利用義務」という概念の具体的な意義や内容を何も鮮明にはされていないことになる。それと一体である近代法的な直接雇用の原則論は説得力を失うと言わざるを得ない。

(イ) 和田肇氏の見解

　和田肇氏も直接雇用の原則を提唱されるが、その際、民法623条に対置すると625条は憲法13条に根拠を有する規定とも解し得る強行法規的な意味合いも持っていると主張され、民法を同原則の根拠と解されるようにみられる[16]。

　しかし、強行法規的とはいっても、民法（任意法規）の枠内のことであって限定的であり、同意があれば例外を許容する民法625条の存在を無視することはできない。623条と625条の関係をどのように整理されるかが要点であって、それを説明されないから、和田氏の見解には重大な難点がある。

(ウ) 川口美貴氏の特異な労供事業禁止論

　川口美貴氏は、労供事業それ自体を正面から位置づけされることはなく、その禁止についてもそれに関連する解釈においても、常に、中間搾取の禁止を基礎ないし媒介とされる。派遣については、適法な派遣は「法律に基づいて許される場合」にあたるから労基法違反ではないと説明されるにとどまる。派遣は本質的には中間搾取であることの説明がつきかねるためか、職安法や労基法6

---

16) 和田『復権』116頁。

条等の解説に終始し、労働契約申込みみなし制については条文の紹介と解説だけであり、直接雇用の原則には言及されない[17]。

　今では、派遣は単なる求人と求職のマッチング論（政策論）で合法化される状況になっている。適法な派遣は労基法6条が例外扱いする、「法律において許される場合」に含まれるから中間搾取とされないだけのことであって、必要不可欠な事務経費を差し引き派遣業者が得る利潤は、労働者の就労に関し派遣先と派遣元の間に介在して得るもので、本質的に中間搾取以外のなにものでもない。

　毛塚氏も、職安法による労供事業の禁止の趣旨は中間搾取の排除にあるとされ、川口氏の見解について、労基法6条は直接雇用の促進をねらってはいるものの、「これだけで、直接雇用の原則を示した規定とまで読むことには難がある」とされる[18]。もっともそれは民法623条を根拠とされる自説に対する批判にもなるものでもあり、そのような指摘をしながら、毛塚氏が自説を維持し得るのか、自説との関係はどう理解すべきか、判断に苦しむ。

3　現代法的な直接雇用の原則

　立法は当然、一定の社会的な要請を背景とするが、菅野氏らが指摘されたナマの社会的要因の問題とは別に、法律による規制を肯定する法理念を核とする規範的根拠を独自に考察する必要がある。刑罰法規の中には、たとえば公然猥褻や売春、賭博のように「被害者のいない犯罪」と呼ばれ、もっぱら公衆の倫理観やそれに基づく社会秩序に焦点をあてた犯罪類型があるように、規範的根拠に基づいて一定の行為を禁止する例もあることに留意する必要がある。

　従来から労供事業について規範的根拠と主張されるのは、上記の近代法的なものを超えた、現代法的な直接雇用の原則である。

(1)　ILOフィラデルフィア宣言の意義

　国際労働機構（ILO）は第二次大戦の終了直前、戦後世界の労働環境のあり方を展望し、労働者の権利が尊重されることの重要性を確認して、「労働は商品ではない」と謳う一項を含むフィラデルフィア宣言を採択した。それは「労

---

17)　川口〔6版〕171頁、688頁以下。
18)　毛塚・前掲注9) 6頁、9頁。

働は商品ではない」という事実の描写ではない。労働（人が働くこと）をモノ扱いし、あたかも使い勝手の良い商品であるかのように売買、賃貸借など商取引の対象とし、企業が意のままに使用や廃棄をすることがあってはならないという国際的な労働規範の宣言である。

戦後日本では、民主国家構築の重要な一環として、労働の民主化が課題とされ、労働組合法制定による労働組合の結成や組合活動の合法化などとともに、1947年に職業安定法が制定され、同法44条は、労働者供給事業を（違反に対する罰則付きで）禁止した。内容的には近代法においても示されていた直接雇用の原則を法文化したものであるが、それは、仮に労働者が同意したとしても容認され得ない、現代法的な性格をもつ強行法規に発展し、国際的にも国内的にも現代労働法の重要な原則の中の一つである。

現在、かつての労供事業の一部は「労働者派遣」という概念で括って合法化されている。派遣労働者が日本では200万人前後にもなっており、しかも濫用というべき「使い捨てられ、買い叩かれ、摩滅させられている現実」が存在するから、その派遣のあり方を常に監視し、問い直す基盤となるべき法理でもあり、改めて、注目される国際的規範である[19]。

労供事業を禁止する職安法44条が謳う直接雇用の原則は、清正寛、伊藤博義、脇田滋、西谷敏、沼田雅之、（一時期の）鎌田耕一氏ら多くの研究者が提唱しており、同条は現代労働法における重要な基本原則の一つと認識されている[20]。

鎌田氏は派遣法制定の直前、派遣法の制定が日程に上っていた状況の下で、労働者派遣という問題を基礎から考察する趣旨で、職安法44条による労供事

---

19) 石田眞「ILO『労働は商品ではない』原則が意味するもの－労働法との関連をめぐって」早稲田商学428号（2011年）125頁。

20) 清正寛「雇用保障法における『直接雇用の法理』－労働者供給事業禁止法理の再検討」林迪廣先生還暦祝賀論文集『社会法の現代的課題』（法律文化社、1983年）276頁、伊藤博義『雇用形態の多様化と労働法〔新版〕』（慈学社、2009年）255頁、脇田『公正』9頁、39頁、鎌田耕一「労働者供給事業禁止規定の立法趣旨と意義」労旬1108号（1984年）72頁、中野麻美「労働者派遣を中心とした第三者労務供給関係の問題点と課題」学会誌112号（2008年）29頁、西谷敏「派遣法改正の基本的視点」労旬1694号（2009年）6頁等。

有田謙司氏は憲法27条が要請する原則と解されるし（同「偽装請負」法学教室318号（2007年）3頁）、根本到氏はより広く、憲法上の人権規定を指摘される（同「職安法44条、労基法6条と労働者派遣法の関係」和田ほか『派遣』56頁）。

業禁止の意義について、「法律上の『使用者』と現実の使用者とが乖離する」労供事業の「システムの社会経済的機能と、その成立根拠」から説き起こし、戦前の規制状況を概観した上で、GHQという、当時の超国家権力であり、労供事業禁止を規定する職安法の制定を後押しした（正確には、指導した）問題担当者の言動とそれに対応した日本政府（労働省）の解釈についての丹念な紹介も加えつつ、職安法44条の成立の経緯を詳細に検証して、「労働者供給の本質的機能は、供給を受ける企業と労働者（「供給する企業」が正確と考えられる——筆者注）との間の労働力商品交換であり、私的な職業紹介」であり、同条は「供給先企業の、労働者供給を利用する資本的合理性を規制するために制定された」と述べ、「供給先企業による供給労働者の直用主義が採用された」と結論づけられた。すでに、清正寛氏らが緻密な見解を展開されていたが、鎌田氏はそれに続き、職安法44条は鮮明に直用主義（直接雇用の原則）を労働法上の重要な原則と謳っているとする見解をさらに推進された。

留意すべきは、当時構想されていた労働者派遣の合法化について、「現在の放置されている人材派遣業をそのまま追認して、しかも供給先企業から使用者責任を引き離すことは、おおいに問題がある……人材派遣業制度化論が、職安法44条を過去のものだとする立論の基礎そのものに疑問を感じないではいられない」と明言されたことである[21]。

ところが鎌田氏は、何が契機なのかは想像がつかないが、その後、労働者供給と労働者派遣は「行為類型として大きく違う」、派遣法の制定によって労供事業と派遣事業とは「切り分けられ……現在では、直用主義を法原則とすることはできない」と、見解を変えられた[22]。先の論文が執筆されたのは、派遣法制定直前で、派遣法の概要はおおよそ想定することが可能となっていた時期であった。その後、客観的情勢に大きな変化は見られず、むしろ合法化された派遣がその後、濫用が放置できないほどになり、鎌田氏自身が厚労省の委嘱を受けて、座長を務めた「今後の労働者派遣制度の在り方に関する研究会」（以下、厚労省：在り方研）が直接雇用の原則の趣旨に添う、派遣法40条の6の違法派遣に対する民事制裁（労働契約申込みみなし制）を提案された経緯もあるだけに、

---

21) 鎌田・前掲注20) 62頁、75頁。
22) 鎌田耕一・野川忍「ディアローグ労働判例この1年の争点」労研652号（2014年）17頁、鎌田『市場』78頁。

その見解の変更は驚きないし不審の目で見られている。

(2) 派遣法における直接雇用の原則の「確認」について

　直接雇用の原則を実定法化した職安法 44 条が存在する状況の下で、労働者派遣法は対象業務、事業の許可制、派遣可能期間等に関しいくつかの規制を加えながらではあるがその例外を容認した。制定後しばらくは当該規制の緩和一辺倒であり、対象業務は自由化され、派遣可能の期間も派遣先労働者の過半数からの意見聴取手続きだけで制限はなきに等しいものに変えられたが、他方で、偽装請負の利用による派遣法の潜脱が著しく、弊害も無視できない状況が見え始めるに従い別の規制強化が図られ、複雑な構造となっている。

　派遣の濫用に対し、1999 年には直用化努力義務を定め（旧 40 条の 3）、2003 年改正で新設された旧 40 条の 4 は、派遣期間終了後、派遣先による直用を希望する労働者に対する労働契約の締結の申込みを義務づけて直用化を誘導した。ところが同条に係り、労働省は、当該義務は行政指導などの根拠規定に過ぎず、私法的効力を持たないと述べ、裁判所も同旨の解釈をとったため、期待された実効性を持ち得ず、立ち枯れ状態になっていった。そこで政権交代という政治状況の変化もあり、2012 年改正では、違法派遣の場合の労働契約申込みみなし制を定めた（40 条の 6）。それは、労働者が「承諾」すれば労働契約が成立することになる、まさに直接雇用の原則を復元する立法としての意義を持っていた。その他に、直用化を妨げる契約は法制定当初から禁止されていたが（33 条）、2015 年改正では、25 条で「派遣就業は臨時的かつ一時的なものであることを原則とするとの考え方」を鮮明にし、雇用安定化措置の最初に派遣先による直用化を掲げること（30 条）等により、例外として認められた派遣の不法な運用を厳しく牽制するものとなった。それらは、総合的に観て、直接雇用の原則を再確認し、実効性を持ってその原則への回帰を図るものであった。

4　小括

　三者間労務提供関係規制の基礎は労供事業禁止であり、理論的には現代法的な意味における直接雇用の原則である。その確認の後、求められることは、禁止される労働者供給の意義を明確にし、それと労働者派遣との関係を鮮明にしたうえで、個別の解釈論に取り組むことである。労働者供給概念を明確にする

ことは、三者間の労務提供関係を正確に理解することに繋がり、逆もまた真である。それを曖昧なままにしておくことは、労働者派遣概念についても正確な把握に至らず、理論的な混乱状況に陥る。そのことを示す端的な例がある。

派遣法40条の6第1項5号は、偽装請負の注文主（労供事業の供給先かつ違法派遣の派遣先）に対し、労働契約申込みみなしという民事制裁を課している。その時点では同注文主と労働者の間には労働契約は結ばれていないことが前提である。ところが、その制度を提案した、厚労省：在り方研の座長であった鎌田耕一氏は、ある書で労働者供給を図示し、そこでは労働者供給の供給先と労働者を結ぶ線を「雇用関係」とされている[23]。違法派遣状況に主要な責任を負うべき者に対し契約申込みをみなす制度は現に当該労働者と労働契約関係にある者という認識とは相容れないが、その矛盾する事態を鎌田氏はどのように説明されるのであろうか。

ところで、労働者供給と派遣の関係に関し、結論はまったく逆の、二つの認識が存在する。一つは、松下PDP事件における、「注文主と労働者との間に雇用契約が締結されていない」場合は、事案が「派遣である以上は、職業安定法4条6項にいう労働者供給に該当する余地はない」という最高裁の判示である。他は、「原告の本件業務従事は……労働者供給事業にかかる適用領域の問題であり、労働者派遣法の適用対象となる労働者派遣の役務提供問題ではないから……同法40条の6に定める労働契約申込みなし制度の適用はない」とする、請負は偽装であるとして契約申込みみなしに対し「承諾」したにもかかわらず、労働契約関係を認めない注文主に対し、労働者がその存在確認を請求した竹中工務店事件の被告答弁書にある一文である[24]。

両者とも論拠を示さないまま労働者供給と派遣を二者択一的に捉える点では共通するが、偽装請負を、最高裁は（違法）派遣であって労働者供給には該当しないと判示し、竹中工務店は労働者供給であって派遣ではない（から派遣法は適用されない）と主張する[25]。しかも、竹中工務店事件では地裁、高裁を経て

---

23) 鎌田・諏訪〔2版〕47頁。
24) 前者は松下PDP事件・最2小判平21.12.18労判993号11頁、後者は竹中工務店2020年3月16日答弁書10頁。谷真介「竹中工務店二重偽装請負事件」権利336号（2020年）76頁。
25) 松下PDP事件は注文主の工場内でその指示に従って働いていた労働者が黙示の労働契約関係確認を求めた裁判であり、結論として示されるべき「争点」についての判断を「前提」とすること自体が不適切である、萬井『法論』146頁以下。

最高裁においても被告勝訴で、最高裁は竹中工務店の上記主張を肯定した形になっており、最高裁自体が偽装請負の法的構造について矛盾する認識を示したことになる。

　労働者派遣は、禁止されていた労供事業の一部を新たな概念で括って合法化した経緯もあり、法文としても、定義規定である職安法4条8項は、労働者供給には「派遣法第2条第1号に規定する労働者派遣に該当するものを含まない」とし、他方で、派遣法1条は「職業安定法と相まって」派遣労働者の雇用の安定その他を図ることとしているから、両者の概念を曖昧にしたまま派遣の問題を論じることはできない。そのため、以下、本書において、労働者供給の説明の文中で派遣に、また逆に派遣に関わる文中で労働者供給に言及せざるを得ないことにもなるが、両者は常に互いに他と比較対照しながら考察しなければならない、いわば宿命にある。労働者供給と派遣は、具体的には、労働者供給事業であると同時に違法派遣である偽装請負を巡って交錯しながら論じられることは避けられない。

第3節　派遣と「常用代替防止」論

　派遣法の立法趣旨や派遣制度の意義に関連して、「常用代替防止」論が説かれることがある。「常用代替」とは派遣先の常用労働者が派遣労働者に代替される（したがって、派遣先の常用雇用労働者が減る）ことを指す。それを「防止」する立法政策論ではあるが、派遣の意義の把握や法解釈の在り方にも影響するものであり、理解を疎かにはできない。

1　「常用代替防止」の意義と提唱をする意図
(1)「常用代替防止」の意義

　労働者派遣法制定を展望して設置された中央職業安定審議会労働者派遣事業等小委員会（高梨昌座長。以下、中職審）は1984年11月、『労働者派遣事業問題についての立法化の構想』（以下、中職審『構想』）を公表し、専門的な職業群の増加および自己の都合の良い日時、場所で「専門的な知識、技術、経験をいかして就業することを希望する労働者層」の増加に応じて派遣形態の事業も増えていることに対応し、「労働力需給の迅速かつ的確な結合を図り、労働者

の保護と安定を図るため」、派遣の合法化を提言した。その際、「雇用慣行との調和に留意し、常用雇用の代替を促すこととならない」十分な配慮が必要であると強調し、対象とする専門業務の内容・分野、派遣元・先の講ずべき措置等の詳細な提案を行なった。

そこで念頭におかれていたのは、年功序列型賃金、企業別組合とのセットで日本型雇用の一つとして挙げられる、正社員は終身雇用で、原則として定年まで雇用し続けられるという終身雇用慣行である。当時でも、製造現場における臨時工や有期雇用の事務職員は「常用」ではなかったが、そのことには触れず、正社員を削減し、派遣労働者に替えること（常用代替）を避けるように「配慮」を求めた。

1985年7月に制定された派遣法はそれに沿って、対象を「迅速かつ的確に遂行するために専門的な知識、技術又は経験を必要とする」業務と特別な雇用管理が必要な業務に限定し（4条1項）、派遣可能期間を規制した（26条1項4号）。

正社員が担当していた業務を派遣社員が遂行することになれば、必然的に、それに見合う正社員は減らされ、「常用代替」が行なわれる。中職審の座長であった高梨氏は、同『構想』の段階では、対象業務を専門職等に限定したから、派遣労働者が「常用雇用労働者の代替となるとは予想しにくい」と認識されていた[26]。しかし、派遣と常用代替はコインの表・裏の関係にあり、派遣を容認しながら、常用雇用労働者が削減されないことは現実にはあり得ない。座長の認識とは異なり、中職審は冷静に、派遣対象業務を限定しても「常用代替」を惹起することは避けがたいと予測していたから、派遣を多くの業種に認めて長期就業を容認し、「常用代替」を促すことになることを避けるように「配慮」を求めるに止めた。つまり、穿っていえば、「常用代替防止」論は、反対論を鎮静化させ、派遣法制定を少しでも円滑に進めるために工夫し創作した、苦肉の弁明以上のものではなかった。それを、言葉どおりに、派遣が「常用雇用」に代替することはないかのように受け取ったとすれば[27]、派遣解禁が現実に惹き起こす事態を予測する想像力の欠如を示すのではあるまいか。

ちなみに、派遣の本質と利用価値を本能的に鋭敏かつ的確に捉えた企業は、雇用調整の安全弁であると同時に"安く使える派遣"の解禁を経営上の好機と

---

26) 高梨『詳解』12頁。
27) 大橋『弾力』25頁、53頁、鎌田・諏訪〔2版〕32頁（鎌田）、111〜113頁（竹内）。

見て、法施行前後から、業種の如何を問わず相次いで派遣業を営む子会社を設立し、正社員をそこへ移籍させ、ただちに派遣労働者として戻し受け入れる例が多発した。それは、「常用雇用代替」を露骨に絵に描いたものであった。

派遣法制定と同時に、女子差別撤廃条約の批准に備えるべく男女雇用機会均等法が制定された。正社員であっても結婚、出産を機に退職する女性が多かったから、企業においては終身雇用はもっぱら男性を想定していたという事情があり、派遣業の子会社への移籍は女姓が多かったが、当該子会社はもっぱら親会社への派遣を行なったため、派遣解禁の趣旨にあまりにも反することが覆い難くなり、遅れ馳せながら、1999 年に「専ら派遣」規制を定めた（99 年法 7 条 1 項 1 号）。その経緯は、派遣の解禁は必然的に常用雇用の代替を伴うことを雄弁に物語っている。

派遣法は、派遣は一時的臨時的なものと想定して有期契約に限り、それを限定した対象業務についてだけ容認することとして、一種の「入口規制」を行なったが、本来ならばそれと対となるべき、期間満了まで続けた場合には派遣先における直接雇用に転化する旨の規定を置くべきであった。しかし、そのような規定は制定されず、労働者派遣契約も有期の派遣労働契約も更新は放任されたため、派遣は更新され続けることになった。

さらに、1990 年代半ばからのパソコンのハード、ソフト両面における画期的な機能向上と低廉化により、専門業務と位置づけられてきた「事務用機器操作」が実質的には専門性のない業務に転化し、しかもパソコンを使用しない業務がむしろ稀なほどまで拡大することになり、学校教育でもパソコンが使われる状態になって、ますます事務用機器の操作に派遣が利用され、「過剰な……代替防止」「……無制限な拡張防止」は単なる掛け声の意味しか持たないものに変わった[28]。

ドイツにおいても労働者派遣の本質や事務用機器の利用状況等には大きくは変わりはないはずだが、ドイツ派遣法を研究される本庄淳志氏は、「常用代替防止」は内実のない単なる掛け声であることを示唆し、それが日本における、派遣法の「特徴」だと指摘される[29]。

---

[28] 萬井論文 16 = 龍谷 44 巻 1 号 66 頁。

[29] 本庄『役割』125 頁。

(2)「常用代替防止」の提唱と有期雇用

　「常用代替防止」の提唱は、提唱者が自覚しているか否かはともかく、本来は、労働者は企業が直接、期間の定めのない労働契約によって雇用する就労形態が望ましいという認識に基づいている。なぜなら、派遣に特に問題はないと認識するのであれば、こと改めて常用代替の「防止」を提唱する必要はないからである。反対論を考慮し、好ましくはないけれども、就業環境や産業構造の変化などに対応し、やむを得ず容認するが、それが過度に拡張することが無いよう配慮する必要があると考えたからこそ、「防止」という課題を挙げざるを得なかったのである。

　留意すべきは、「常用」代替の防止であって、有期雇用の代替は特に制約する趣旨ではなかったことである。当時、企業は多くの業務を直接雇用ではあるが有期の労働者に担当させていた。派遣を許容しながら直用の有期雇用を禁止ないし制限する論理は見出し難く、派遣労働者が有期雇用労働者に代替することを不都合な事態として抑制することまでは考えてはいなかったし、したがって、特に対応策を講じることもなかった。そのため、日経連『新時代の「日本的経営」』を契機に直接雇用でも派遣でも有期労働者が増加し、非正社員の大幅な拡大を導くことになった。

(3) まとめ

　要するに、「常用代替防止」は、派遣法を円滑に成立させるために創作された"過剰な常用代替の防止"という趣旨の弁明と、対象業務および派遣可能期間を定める際に"心得ておくべきこと"以上のものではなかった。

　「常用代替防止」を「政策原理」として肯定的に評価する見解もあるが[30]、それは実情から乖離している。派遣は必然的に「常用代替」を招く以上、「常用代替防止」が真実、「政策原理」であるならば、派遣は全面的に否定されねばならず、派遣法が制定されることはなかった。それが政策の一つであるとしても、派遣に関わる需給調整策こそが正面の政策であり、「常用代替防止」はそれに対する抑制的働きかけの要素に止まる。それを基本的な「政策原理」と評価することは、雇用の需給調整策としては労働者派遣の容認こそが正面の「政

---

30)　浜村彰「労働者派遣法の立法・改正論議から見た労働者派遣の基本的意義づけと政策原理」大原社会問題研究所雑誌712号（2018年）30頁。

策」であることを見誤ることになりかねない。

2　派遣の原則自由化と「常用代替防止」の修正

　法制定時には「常用雇用の代替を促すこととならないよう十分に配慮する」としていたが、施行後の実情を踏まえて、早くも1998年5月には、中職審（西川俊作会長）の『労働者派遣事業制度の改正について（建議）』は、①政令指定業務は「常用雇用の代替のおそれが少ない」から派遣可能期間に制限を設けない、②「社会経済情勢の変化への対応、労働者の多様な選択肢の確保等の観点から」自由化業務についての派遣を解禁することを「基本的考え方」と示した。ここでは派遣制度を「代替のおそれが少ないと考えられる臨時的・一時的な労働力の需給調整に関する対策」と位置づけて、「代替」の量的問題にのみ注意し、従来の「常用代替防止」という理念の維持は実質的には断念された。そして、「多様な形態での就労に係る労働者のニーズへの対応等」を前面に謳い、「労働力需給両面からのニーズ」に柔軟かつ的確に応える観点を持ち出して、派遣対象などについてのネガティブリスト化を提唱した。

　1999年改正において、派遣はネガティブリスト化により原則自由化され、専門職とされていた対象業務は政令指定業務と呼称を変え、それについては派遣可能期間は原則として制限しないこととされた。自由化された業務は期間を原則1年とされ（改正法40条の2）、「常用代替防止」は大幅に後退した[31]。

　労働政策審議会（西川俊作会長）は2002年12月26日、建議において、雇用慣行を踏まえると派遣期間の制限は「維持することが適当」だとしたものの、2003年改正により製造業務についての派遣が自由化され（改正法付則4項）、派遣はますます拡大する。労政審は、労働者代表委員の「常用代替防止」のための「措置を併せて講ずべきとの意見」は紹介だけで終わっている。

　ただ、同時に40条の4を新設し、派遣期間を超えて使用し続けようとする場合、希望する労働者に対しては労働契約締結を申込むことを義務づけて直用化への誘導を図った。しかし実際には、双方とも期間満了の時期は熟知しているから、派遣元からの「通知」は無用であったにもかかわらず、厚労省は、条文の、派遣先は派遣元から派遣契約終了に関する「通知を受けた場合」という

---

31)　神林龍・水町勇一郎「労働者派遣法の政策効果について」労研642号（2014年）64頁以下。

文言を杓子定規に、同通知を不可欠の要件と解し、同条の運用を封じ込めてしまい、そのうえ、それは行政指導の根拠規定であって私法的効力は有しないと解した結果、裁判所のそれへの追随もあり、40条の4は期待された効果をほとんど上げ得なかった。

2003年法では、「常用代替防止」は軽視され、「常用雇用との調和を図りつつ……」はもはや飾り言葉に過ぎなくなっていった。

パソコンがいっそう普及し、事務作業の大半がそれによって行なわれることになったが、その実態を無視して「事務用機器操作」を専門業務とする位置づけは変えられなかったため、「常用代替」が急速に進行した。本庄淳志氏は、1999年以降の政令指定業務について、「対象業務の棲み分けにより、そもそも常用代替の問題は生じない」と述べられるが[32]、むしろ、期間制限がない政令指定業務こそ「常用代替」を導く可能性が高いと見るのが常識ではあるまいか。本庄氏は実情に基づかない的外れの認識をされているという他ない。

行政の対応は遅れたが、引き締めに転じたのは、法理論の変化ではなく、リーマンショックを経て、2009年8月、民主党政権が誕生した政治状況の変化という外在的な要因におされて、厚労省が『期間制限を免れるために専門26業務と称した違法派遣への厳正な対応（専門26業務派遣適正化プラン）』を公にし、政令5号業務についての従来の解釈を修正した2010年2月のことであった[33]。

3　厚労省：在り方研が提起した「課題」

(1) 厚労省：在り方研の姿勢

厚労省：在り方研（鎌田耕一座長）は、2013年8月の『報告書』において、「現在の派遣制度は、『常用代替防止』を基礎となる考え方の一つとして作られ……常用代替のおそれの有無により業務を区分し……おそれのあるものについては派遣先の業務単位で期間制限を設け」ているという。

実際にはすでに放棄されていた「常用代替防止」論を再び、しかも大々的に持ち出したことは異様であり、奇異に感じられる。しかし、労政審（樋口美雄会長）は同『報告書』を叩き台として審議し、派遣先は労働者の過半数代表か

---

32) 本庄『役割』126頁。
33) 詳しくは萬井論文16＝龍谷44巻1号66頁。

らの意見聴取だけで派遣を利用し続けられるとする等、「生涯派遣」に道を開いたと批判された『建議』を行なった。

　厚労省：在り方研は、「パートや契約社員を中心に非正規雇用労働者は増加を続けて」いると指摘し、「労働市場の中で派遣労働をどう評価し位置づけていくかという視点が欠けている」という。だが、その指摘は、むしろ、派遣可能期間を超えた場合は派遣先による直接雇用を求めていた旧法40条の4を削除し、「雇用継続の期待は合理性を有さ」ないとして派遣可能期間の制限を労働契約解消の理由として容認する伊予銀行事件判決を肯定的に評価する厚労省：在り方研自体に向けられるべき批判である。

(2) 問題の取り上げ方への疑問

　厚労省：在り方研は、契約社員等が増加し、「派遣労働者のみを常用代替防止の対象とし続けることには十分な整合性はない」と述べるが、それは、全体的な労働政策の必要性を示唆するものではあっても、派遣と「常用代替防止」論との関係を蔑ろにしてよいことを意味するものではない。また、派遣労働者であっても正社員と同様の待遇を受けている者まで「一律に抑制の対象とすることは適当でない」というが、誰もそのようなことまで提唱してはいない。仮に、提唱されたとしても、意味がないと判断すれば無視すれば済むわけで、厚労省：在り方研の当該指摘は、問題でないものを問題があるかのように見せかけることによって、自らに対する批判を少しでも逸らそうとする姑息なもののように映る。

　また、自由化業務の期間制限は、派遣先における業務単位で制限されているため（当時の40条の4）、「雇用の不安定性の一因」でありキャリア形成を阻害するとも指摘するが、同条は派遣という就業形態を増やさない限りでわずかながらでも「常用代替防止」の効果は持つと考えられるが、厚労省：在り方研は何を根拠にそのように認識するのか、疑問である。

　派遣では「必要なときに、雇用主としての責任を負わずに容易に入手できる労働力としてみる傾向が生じ得る」ため「利用が拡大しやすい」、「派遣契約が終了すると、労働契約も終了しやすい面がある」とも指摘する。徒に揚げ足を取るつもりはないが、その程度の軽い表現は、厚労省：在り方研が派遣の実情を冷厳に見極めてはいないことの証左である。

職務経歴や経験のほか、訓練によって身に付けられる能力・スキル等をも「キャリア」と呼び、有期では雇用が不安定で「キャリアアップの機会が乏しい傾向がある」と問題視し、その観点から、派遣元における無期雇用労働者は、雇用は安定しキャリアアップも期待し得るから「今後の常用代替防止の対象から外すことが望ましい」とする。だが、派遣元における雇用の安定等は、派遣先における「常用代替」とは本来的には関係はない。派遣元における無期雇用労働者が派遣先において長期間、安定的に就労しキャリアもアップするならば、むしろ、無期雇用労働者のほうが派遣先において「常用代替」として活用される可能性に富み、その蓋然性が高い。厚労省：在り方研の認識は辻褄が合わないのではあるまいか。

さらに、有期雇用は「望ましくない利用が生じる可能性等を内包」するから制約を設けることが適当とし、「常用代替防止」策のあり方を、①派遣元では有期派遣を「無限定に拡大」せず、個人レベルでは無期化、キャリアアップを促進する、②派遣先では「多様な実態に適切に対応できる仕組み」を提案する。だが、①は範囲を限定しても派遣を認める以上は「常用代替」を伴うし、派遣元での無期化、キャリアアップの促進は、それ自体は派遣労働者にとって有益であるとしても、先に指摘したようにむしろ「常用代替」の条件整備にもなるもので、その「防止」という観点からは逆効果を生む。②は「多様な実態」が何かさえ不明であり、したがって、それに「対応できる仕組み」もどのようなことを想定しているのか予測できないが、そのことが、どのような論理で「常用代替防止」に繋がるのか、意味不明である。

また、「今後の常用代替防止のため」総合的な方策を探り、「同一の職場で……期間に上限を設定する」結果、労働者は「派遣先の仕事の状況に応じて職域を広げ……派遣就労を通じたキャリアアップの機会が増す」、派遣元がキャリアアップ措置を講じる契機を作る等の利点があるという。就業先を変えることでOJT等によりキャリアアップの機会が増すというのだが、就労しながらの教育・訓練であるOJTは、派遣先がそれを適切に行なう意思があり、実際に教育訓練を行なうのか否かに大きく依存する。就業先が変わる際は、以前の就労を終えてから次に就労するまでの間に独立した研修所などでキャリアアップの機会を創り、技術、知識を向上させていない限り、業務内容は以前と同じであることとならざるを得ないが、派遣元が無償で「キャリアアップの措置を

講じる」保障はないし、講習等には費用がかかるが、派遣元が講習などの機会を無償で提供するとも考え難い。また、収入が途絶えている労働者に経費を負担する経済的余裕はあるまい。そもそも、労働者が次々と新たな派遣先を見つけられるのかさえ確実ではないし、就労先が変化するだけではキャリアの幅が広がるとはいえまい。

　厚労省：在り方研は、派遣先について①派遣先の労働者との「均衡処遇の義務付け」の強化、②派遣の利用に関して派遣先の労使がチェックする枠組みの設定等を提案する。①は企業を超えた職種別賃金が普及していない日本では「均等待遇」は実施しにくいとの判断に基づいてであろうが、「均衡」により「安価な労働力としての派遣」の利用を抑制しないから「常用雇用代替」をむしろ進めることなる。②は「ドイツの事業所委員会による派遣受入れへの関与の仕組みに類似」した方法を提案したが、それは派遣先でその後も派遣を利用し続けるか否かに関わることであるし、しかも、それさえも、『報告書』提出後わずか3か月後には、厚労省：在り方研メンバーであった鎌田氏らが労政審公益委員としての立場では翻意し、労働者代表に対する意見聴取で済むことに変更され、実現しなかった（補論1後掲133頁以下参照）。

(3) まとめ

　当初、派遣は一時的臨時的なものとし、通常は正社員を充てない専門職に限定したが、1999年改正による全面的な派遣自由化でその論拠では辻褄が合わなくなった。2013年7月、日本経団連は「常用代替防止の考え方を維持していくことは限界」に来たとして、率直に、その「廃止」を公然と提起した。「常用代替防止」は派遣制度を創設する際の消極的弁明にすぎなかったことがもはや隠しおおせなくなっている。

　「常用代替防止」は労働者派遣は必然的に常用代替をもたらすことを裏面から示唆している。積極的意義を持つのであれば「防止」する必要はない。「常用代替」が不可避であるからこそ、法制定時、"過剰な代替"にならないよう、可能な限り「防止」に務める、派遣を合法化しても弊害は最小限に抑えると弁明することが必要であった。それは、派遣を終身雇用慣行との関係では肯定的には捉え得ないがゆえの「自戒的警告」である。厚労省：在り方研のように、派遣可能期間の規制がOJTの機会を増やすといった説明を繰り返すのは、派

遣の本質を正確には把握していないことを告白するもので、現実から目を背け、今なお「常用代替防止」の妄想に浸っているにすぎない。

　厚労省は、派遣可能期間の制限を派遣先の「常用労働者の派遣労働者による代替の防止の確保を図るため」と説明するが[34]、それは甚だしい誤りである。人が変わって別の派遣労働者が同じ作業に就けば、常用労働者の代替となることに変わりはないからである。

　2015年改正によって、厚労省に「運用上の配慮」を義務づける派遣法25条に、従来の「雇用慣行」に加え、「並びに派遣就業は臨時的かつ一時的なものであることを原則とするとの考え方」という文言が加えられた。派遣法40条の2第3項、4項は「生涯派遣」に道を開く一方、それと真反対の25条が併存するという、条文の上で言葉が弄ばれているという無様な法律になるとともに、2015年改正派遣法は実質的には「常用代替防止」の理念に別れを告げた。

4　派遣と「常用代替防止」に関わる判例および研究者の見解

　「常用代替防止」は派遣の本質を裏面から語る。それだけに、特に、派遣をめぐる具体的な紛争の公正・公平な解決を期待される裁判所、また理論の構築を使命とする研究者は正確な理解を強く求められるが、その期待は応えられていない。

(1)「常用代替防止」を理由として派遣労働者の請求を否定した判例

　派遣契約終了に伴い雇止めとなった労働者の派遣労働契約の継続あるいは派遣先との黙示の労働契約の存在確認の請求を、「常用代替防止」を理由として否定した奇妙な判例がある。

(a)　伊予銀行事件では、派遣元：いよぎんスタッフサービスに有期雇用され、派遣先：伊予銀行で13年余も為替業務等で就業し続けた労働者が、派遣契約の解除と有期契約の更新拒否により失業したため、派遣元に対しては雇止め無効、派遣先に対しては黙示の労働契約の存在を主張した。

　松山地裁は、派遣法は派遣労働者の保護だけでなく「常用代替防止、すなわち派遣先の常用労働者の雇用の安定をも立法目的とし、派遣期間の制限規定を

---

34)　厚労コンメ9（2013年）473頁。同旨、鎌田・諏訪〔2版〕111頁（竹内）。

おくなどして両目的の調和を図っている……ところ、同一労働者の同一事業所への派遣……を長期間継続することによって派遣労働者の雇用の安定を図ることは、常用代替防止の観点から同法の予定するところではない」として派遣元による雇止めを有効とした。高松高裁は当該部分をそのまま引用し、最高裁は上告不受理とした。

一橋出版事件、トルコ航空事件でも同趣旨の判決が相次いでいる[35]。
(b) 派遣元に対する雇止めを違法とする主張を容認したからといって派遣先の常用労働者にはいかなる影響も及ばないから、「常用代替防止」を楯に原告の主張を否定することは筋が通らない。裁判所は、派遣法は派遣先、派遣元の労働者の雇用安定という「両目的の調和を図っている」というが、派遣可能期間の制限は派遣労働者にとっては期間満了とともに派遣労働契約の解消を導き、仕事を失った派遣元から解雇される危険が増えこそすれ、「雇用安定」に繋がりはしない。したがって派遣労働者の保護と派遣先の労働者の雇用安定の「調和」を図ることなど可能なわけがない。

派遣法40条の4（当時）は、期間を超えて就業させようとした派遣先に対して、派遣の継続を超えて直用化すべきことを義務づけているのであるから、期間満了による雇用終了を肯定的に評価する根拠とはなり得ない。派遣元に対する請求については労働契約法18条、19条の適用が争点であった。裁判所は争点と「常用代替防止」の要請することの関連を理解できなかったわけである。

(2) 研究者の見解
「常用代替防止」に言及する研究者は多くはない。厚労省が設けた、鎌田耕一氏、山川隆一氏、竹内（奥野）寿氏等で構成された厚労省:在り方研の見解は、一応、研究会参加者の統一見解と見られるが、言葉数は多かったが、上記のように内容はまことに貧弱・拙劣であった。
(a) 高梨昌氏は、対象業務を専門職に限定すれば「常用代替」は起こらないと予測されたが、中職審『構想』の説明とは一致しなかった。法施行後の企業

---

35) 同事件・松山地判平15.5.22労判856号63頁、同事件・高松高判平18.5.18労判921号48頁、最2小決平21.3.27（掲載誌不詳）。脇田滋「伊予銀行・いよぎんスタッフサービス事件・最高裁上告不受理決定を批判する」労旬1705号（2009年）32頁。一橋出版事件・東京高判平18.6.29労判921号20頁、トルコ航空事件・東京地判平24.12.5労判1068号32頁。

による派遣業の子会社設立～従来の正社員の移籍～派遣労働者として戻入れが実証した常用代替の顕在化という事態は隠す術はない。予測は脆くも外れ、高梨氏は基本的認識を誤ったことになる。

　対象業務を自由化した1999年改正に対しては、高梨氏は研究者としての筋を通し、派遣法本来の性格を歪めると批判し、「外部と内部の両労働市場は相互に交流する市場ではないから、いわゆる『常用代替』は起きにくい」ことを改めて指摘して、法制定当初の「ポジティブリスト方式を中軸に据えた法体系」の再構築を主張された[36]。

(b)　高橋賢司氏は、1999年改正による自由化業務の派遣可能期間を1年としたこと等過剰な代替とならない程度の措置を「防止」と理解されていたが、期間制限違反は「常用代替禁止という労働者派遣制度の本質に関わる」とも指摘される[37]。「防止」と「禁止」では意味がまったく異なる。常用代替が一切、禁止されるのであれば、そもそも、労働者派遣は解禁され得ない。そのような語彙の異同について説明はないから、同氏の見解の真意は把握し難く、遡って、「常用代替防止」を的確に理解されていたのかも疑わしい。

(c)　本庄淳志氏は、「常用代替防止」は派遣労働者が派遣先で長期間就業することによって、派遣先における常用労働者を排除することのない措置をとるという、「日本の派遣法の特異な目的」だと指摘される。しかし、ドイツ法、オランダ法についても同様の措置を指摘されるから、どの点が日本に「特異」だというのか、判然としない。

　2015年改正以前の政令指定業務については「派遣先のいわゆる正社員と市場が異なる」から、建前上、「派遣対象業務の棲み分けにより、そもそも常用代替の問題は生じない」とされる。しかし、今日、小学校高学年からＰＣの操作が学校教育としては行なわれており、ＰＣを使わない事務業務はもはやどこにもない。すでに「事務用機器操作」や「ファイリング」は決して専門的な業務ではない。それは誰の目にも明らかな公然たる事実である。何を根拠に「業務の棲み分け……」がなされていると判断されるのか。本庄氏の指摘はあまりにも労働現場の実情から遊離しすぎている。

　自由化業務については、「特定の派遣先で継続的に使用されていたとしても、

---

36)　高梨〔3版〕44頁。
37)　高橋『研究』300頁、同「労働派遣法の法政策と解釈」立正法学52巻1号（2018年）121頁。

派遣法の枠組み（特に期間制限）に従った臨時的な派遣である限りは、派遣労働者が当該派遣先との関係を前提に、派遣元に雇用継続に対して期待を抱いたとしても、合理的とは評価できない」が、①期間制限の枠組みから外れ、違法に継続しているとか、②派遣先を変更することで派遣元との労働契約関係が長期間に及んでいるケースでは「事情は異なってくる」とし、上記伊予銀行事件判決らには賛成できないとされる[38]。

「常用代替防止」目的は「派遣先の直用労働者の利益を保護する観点から導入された」もので、「派遣労働者個人の権利を保護するという考え方は極めて希薄」であり、「派遣労働者の利益と抵触するケースも十分にあり得る」から、立法論としては、派遣法の目的を改め「派遣労働者個人の保護に軸足を移した法規制」にすべきであるとされながら、その視点から、15年改正は派遣期間に関する規制を「抜本的に変更」しており、その方向を「不十分ながらも実現している」と評価される[39]。

しかし、派遣が行なわれれば、それに応じて派遣先の直用労働者は減員され、しかも一定数の派遣労働者と混在して就業する状況になるが、派遣先労働者と派遣労働者との協業が円滑に行なわれる保障はない。分割統治の手法として企業が敢えて両者を競わせることもあり、そうでなくても、異なる立場、待遇の労働者の間で軋轢が起きることも多い。往々にして、派遣労働者が訳もないのに蔑視されたりするが、中には、様々な就業経験を持つ有能な派遣労働者が技術・知識・経験上において優位にあり、それを背景に直用労働者に対してパワハラ的言動をすることもある。派遣先の労働者は直用であるというだけで「保護」されているというのは、先入観に囚われているし、短絡的ではあるまいか。

2015年改正の評価は氏独自の解釈論の帰結に他ならない。派遣法を「業法」と捉え、たとえば15年改正以前の40条の4が期間を超えて使用し続けようとする派遣先に課した直用申込義務も「公法上の義務」と解されたから、その評価になるだけのことである。同条は派遣先に私法的にも直用申込義務を課していると解すべきであり、その解釈に従えば、本来は派遣労働者の保護に資する規定であった。

本庄氏が15年改正のどの規定を「労働者個人の保護に軸足」を置くと理解し、

---

[38]　本庄『役割』125〜126頁。
[39]　本庄『役割』128頁、381頁、390頁等。

どの仕組みを「派遣労働者の保護そのものに重点を置」いていると判断するのか、明快ではない。「労働者のニーズに反しない範囲で一定の配慮がなされている」と指摘される「配慮」とは、①派遣元で無期雇用であれば派遣先における就労に期間制限はない、②有期雇用であれば「継続的な利用を制限」し、派遣先の過半数労働者の代表からの意見聴取により直用労働者の意思を反映する仕組みだとされるが、②は、自ら、派遣労働者を犠牲にしながら直用労働者を保護するものとして批判してきたことではないのか。期間制限を受けて、派遣先や同一の派遣先企業で「組織単位」を変更して派遣労働者として働き続ければ「employability を高め、雇用の安定や処遇改善に繋がる可能性」があるといわれるが[40]、派遣先を転々とするだけで自然にemployabilityが高まるものなのか。派遣労働者として就労先が保障されているわけでもないし、派遣先で就労中にOJTが効果的になされる保障もない、派遣空白期間中に派遣元が教育・訓練をすることは現実性がない。結局、15年改正は、「労働者個人の保護に軸足」を置くという言葉はまさに言葉だけで、現実には派遣労働者を孤立化させ、自力で能力を付けろ、競争に勝ち残れと叱咤して終わる可能性が高いのではあるまいか。

　本庄氏は、説いてきたことと整合的なのか疑問だが、常用代替防止という「目的そのものに十分な正統性がない」として、後は、立法論に向われる[41]。
(d)　浜村彰氏は、かつては、「常用代替防止」すなわち労働者全体の雇用の安定という「規範的要請」は「派遣それ自体を積極的に許容するものではなく、例外的に許容する際の禁止の解除条件として……規範的に枠付けたもの」と説明され、派遣が容認される条件の一つとして、派遣は「労働者の能力開発・教育訓練を通じて市場のニーズに応じた人材の育成を図りながら、その能力に適した良好な就労・雇用機会を提供すること」が最大の特徴で、「こうした独自の機能を有する限りにおいて、はじめて労働者供給事業禁止の例外として法的に許容される規範的契機を獲得することができる」と述べられた。それはあくまで、「こうした独自の機能を有する限り……」という、仮定のことであり、それが実現しているという現状認識に立つものではなかった。
　ところが後に、その認識を大きく変更された。派遣法の「基本的意義づけや

---

40)　本庄『役割』394頁。
41)　本庄『役割』401頁。

法的に許容される論理（正当性）……それに規定づけられた政策原理」は十分に議論されてこなかったと指摘し、氏自身は、「当初から……第一義的に労働力の需給調整システムと位置づけつつも、その固有の特質として人材育成機能を重視するとともに……規範的に枠づける『労働者全体の雇用の安定』の配慮、すなわち常用雇用の代替防止という政策原理を内包するものとして」合法化したと、中職審『構想』、高梨見解、政府答弁等に依拠して、派遣法の「基本的意義づけ」や「政策原理」に関わって、立法作業の当事者が語ったことがそのまま現実になったかのように述べられる。しかし、それだけを根拠として把握するだけで充分なのか、大いに疑問である。彼らが語ったことを裏づける事実は実際に存在するのかをも併せて検討することが不可欠ではあるまいか。たとえば、「人材育成機能を重視する」というが、はたして、現実に「重視」され、「人材育成」を行なう具体的なシステムは設けられたのか。かつては仮定の問題とした主張からはあまりにも飛躍し過ぎて、論理が完全に切断されている。

　また浜村氏は、「常用代替防止」を派遣法の「政策原理」とされる[42]。しかし繰り返すが、派遣を容認すれば多少とも「常用代替」を伴うことは避けられない。対象の多くが「事務用機器操作」や「ファイリング」を担当する女性に限られており、もともと企業は彼女らを「常用」と観念していなかったとしても、派遣業の子会社を設立して社員を移籍し、派遣労働者として戻し入れたことは、「常用代替防止」を派遣法の「政策原理」と評価することとは両立し得ないことを実証しているのではあるまいか。派遣を「例外的に許容する際の禁止の解除条件」とまで厳格であったと評価し得るのか、疑問である。

5　まとめ

　「常用代替防止」論は、当初のもの、変容後のもの、いずれについての理解も一様ではなかった。2013年の厚労省：在り方研『報告書』は「常用代替防止」の意義をもともと的確には理解していないうえに、その変容を認識していなかった。

　再度言えば、派遣は、規模や業務の範囲等は同じではないにせよ、必然的に「常用代替」を伴う。それは避けられない。そうであるからこそ、企業は雇

---

42)　浜村彰「労働者派遣の今後の法的規制のあり方」学会誌112号（2008年）46～48頁、同・前掲注30）30頁。

用調整上の便宜や人件費の節減に有効とみて派遣を利用する。「常用代替防止」は派遣と両立し得るものではないから、厳密には単純な「常用代替防止」ではなく、過剰な「常用代替防止」が提唱されていたと理解して初めて、提唱の意義を評価し得る。

しかし、それも、1999年改正の際、政令指定業務については派遣可能期間は制限されないとしたことを転機に、急速に有名無実化しつつある。さらに2015年改正では、業務区分は無くされたものの、派遣元における無期雇用者は派遣可能期間が制限されないから、無視しえない。派遣先が、ある派遣労働者を継続的に使用し続けたいと考え、派遣元にその旨を伝えて交渉し、両社間で合意に達すれば、労働者が異議を唱えることはなかろうから派遣元で無期雇用とされ、当該労働者は派遣先で無期限で就労し続け得ることになる。そうなれば「常用代替」となることは必至である。派遣制度をどのように利用するかについての判断は主として派遣先に委ねられており、「常用代替」については制約がない状況になったという以外にない。また、派遣先レベルでは、労働者代表の意見聴取だけで派遣を利用し続けられるものとされた。それらは「常用代替防止」がさらに一層有名無実化する新たな転機となった。本久洋一氏は、「常用代替防止」は「労働者派遣という労働力需給調整制度の導入について既存の正社員雇用を侵食しないという消極的な法運営上の配慮事項」だと評し、15年改正によって、その「機能は大幅に減殺された」と指摘される[43]。

本庄氏が構想されるのは、基本的には派遣法を廃止し、派遣を自由化した状況下における外部労働市場の拡大である。もとより「常用代替防止」は跡形もなくなるし、口にされる「労働者の保護」は現実には検討の対象外で、結局、労働者は自らの努力によりemployabilityを高めて自衛する以外にない。派遣に関する限り、労働法が生成する以前の「自由競争」社会の再来である[44]。

同氏の著書は、労働政策研究・研修機構から第39回労働関係図書優秀賞を授与された。ただちに同機構が本庄氏の上記構想を評価したとまでは解されないが、審査委員会は専らドイツ、オランダについての比較法研究を評価しつつ、上記立法論も含め、「議論を喚起するに足る素材を提供している」という[45]。そ

---

43) 本久洋一「労働者派遣法の原理的考察」学会誌129号（2017年）145頁。
44) 萬井書評4＝労旬1870号54〜55頁。毛塚勝利氏による書評がある（労研674号（2016年）81頁）。
45) 村中孝史「授賞理由について」労研677号（2016年）94頁。

の確認も含め、改めて、派遣の意義と「常用代替防止」論の検討が求められている。

第4節　小括

「存在するものは合理的である」という言葉がある。派遣は厳然と「存在」しているし、たしかに経済的には合理的であるのかもしれない。ただし、それは、法理論的に何ら問題がないことを意味するわけではない。労働法上は直接雇用が原則であり、派遣は、例外的に、いくつかの制約の下で消極的に容認されているにすぎない。

仮に、直接雇用の原則については見解が異なるとしても、少なくとも法律研究者であれば、最低限、法律の条項を正確に読み理解することは必要不可欠である。

派遣法40条の6は労働者派遣を合法化した趣旨から外れる重大な5つの類型の違法派遣に限り、民事制裁として、当該派遣先は労働契約を申込んだものとみなし、承諾によって労働契約が成立することとした。とすれば、その法律の枠組みを外れて、二重の偽装請負を解消する際に、注文主とではなく元請負会社との間に労働契約関係が成立し、そこから注文主に派遣されることが「望ましい」という橋本陽子氏の判断（第2章第2節1(3)）は、個人的な好みでは存在するのかもしれないが、研究者として公然と主張し得ることではない。また、本庄淳志氏のように、同条に基づき従来の違法派遣先との間に労働契約関係が認められた後になお、従来の派遣元との労働契約関係が存続するという理解が存在することはあり得ない（後述──第3章第2節6(3)))。いずれも、派遣法の諸条項を正確に読むことを疎かにし、自己流の「解釈」で自己満足している結果のように映る。

派遣法の条項は多く、また、必ずしも明快なものばかりではないが、それだけに、常に法律の条項を厳格に読み、それを基礎に解釈する姿勢を堅持する必要がある。派遣についての基本見解が異なるからといって、恣意的で、法律の枠組みをはみ出す解釈は取り得ないことを誰しも自覚する必要がある。

第2章　派遣法に関わる基礎概念の意義

　労働者供給や派遣という三者間の労務提供関係は、当事者が三者になり契約も複数が関連し、しかも、同じ行為類型でありながら労働者供給は違法、派遣は法所定の要件を充たす場合は合法、充たさない場合は違法であるから、通常の、使用者と労働者という二者間の労使関係に比して、様々な要素が絡んで問題が一気に複雑になる。二重派遣が常に労働者供給に該当するわけではないし、偽装請負とは、請負、委託等の名目の契約を結び一定の業務の遂行を引き受けながら、請負った会社は自らはそれを遂行せず、支配下におく労働者を注文主に提供し、その指示の下で就労させることを指すが、それを規制する手法は刑事的と民事的の二種存在するから、それぞれの概念を的確に把握し、かつ関連する概念の相互の関係を整理しながら問題を考察することが不可欠である。

第1節　労働者供給の法的構造について

1　問題の所在

　職安法4条8項は、労働者供給を「供給契約に基づいて労働者を他人の指揮命令を受けて労働に従事させること」と定義し、それを事業とすることを44条によって禁止する。労働法上、三者間の労務提供関係は基本的に違法であることがそれに関わる諸問題を検討する場合の基礎である。派遣が何ら問題なく適法であれば、職安法44条を廃止すれば足りるが、同条は存続させつつ例外として派遣法を制定せざるを得なかったことを考えれば、労働者供給を的確に捉え、その法理を正確に理解することがすべての問題を考察する基点となる。
　供給元と労働者とは労働契約関係にある場合と事実上の支配関係の場合があり得るが、問題となるのは、供給先について、当該労働者とどのような法的関係にあるのかである。
　供給先は、労働契約を結んで初めて得られる、本来の適法な労務給付請求権を保持しないにもかかわらず、供給元から提供された労働者を指揮命令して就労させるからこそ労働者供給が禁止されたのである以上、当然、供給先と労働者との間には指揮命令関係だけしか存在しない（労働契約は結ばれていない）。

労働省も職安法制定当初は、供給先と労働者の関係は「使用関係」と述べ[1]、その見解はその後も維持され続けた。労働法学界でも同様の理解が多数であり、むしろ、当然のこととして、供給先と労働者との間に労働契約が存在するかといったことは問題にもならなかったというほうが正確であろう[2]。

しかし、次に詳述する70年ミスをきっかけに、それが「当然のこと」ではない事態に変化していく。ミスを修正せず、むしろ「上塗り」を繰り返して、今や厚労省は、指摘をされても率直には認めない頑な態度をとるほどになっている。さらに、時期はやや遅れるが、派遣法制定を境に、供給元と労働者との間の法的関係についての見解も混乱を見せることになり、三者間の労務提供関係に係る理論状況は混迷を極めている。

2　供給先と労働者との法的関係──理解の変遷

労働者供給事業は明文で禁止されていることであるから、公然と労働者供給契約と銘打って契約が結ばれることはない。近代社会であるから、契約がないまま何らかの事業が営まれることはない。通常は、名称は請負、委託その他多様であり得るが、何らかの契約関係によって展開される。

(1) 供給先と労働者の間には雇用関係はない
(ア) 職安法施行規則

職安法44条は労供事業を禁止するが、禁止違反に対する刑罰を免れるため、偽装請負、つまり業務請負などの契約を結び、それを履行する過程で、自己が支配下におく労働者を相手方に提供してその使用に委ねることが確実に予測されたから、同法施行と同時に、施行規則において適法な請負と認められるための4つの要件を定めた。いずれも、請負会社が請負った業務を自ら遂行することを求めるもので、①財政上、法律上の責任を負う、②作業に従事する労働者を指揮監督する、③労働者に対し法律上の使用者としての義務を負う、④作業に用いる資材等は自ら提供するものの4つである。そのすべて充たす場合にのみ適法とし、要件を充たしてもなお、脱法のための偽装は許さないと明記した。

[1) 労働省職業安定局庶務課編著『改正職業安定法解説』（雇用問題研究会、1949年）235頁。
2) 外尾健一『労働法実務体系9：採用・配転・出向・解雇』（総合労働研究所、1971年）では、労供事業についての概説はあるが、供給先との労働契約関係などについてはまったく論じられていない。

施行規則は、②、③だけでなく、④も業務遂行に用いる資材について述べながら、「単に肉体的な労働力を提供するものではないこと」と追記している。要するに、請負会社が労働者と労働契約を結び、指揮命令して就労させている実態を備えることが求められている。それは逆に、注文主は労働者との間に労働契約関係はないことを示唆している。注文主が労働者を雇用するとか、指揮命令して就労させることは請負とは相容れない。

(イ) 労働省の解説
　労働省は職安法施行直後に刊行した解説書において、「形式は問わない」が、供給先と労働者との間には「事実上の使用関係が発生する」と明記した[3]。供給先と労働者の間に雇用関係はないことを逆の形で表現している。
　留意すべきは、労供事業禁止の趣旨として、人身拘束、強制労働となる傾向および中間搾取などの弊害を指摘し、業者が労働者と労働契約関係にあり、労働法上の使用者としての責任を負うことが明らかな状況の下でもなお、「基本的人権を尊重し労働の民主化を促進するため……労働関係の開始について第三者の介入を排除して、近代的経済社会にふさわしい労働者の自由意思に基づく労働を保障しようとする」と説き、本来、労働者を使用する者は必ず法律上の使用者であるべきと、直接雇用の原則を述べていることである[4]。
　労働省は発足15年を記念して『労働法コンメンタール』の刊行を始め、1960年に『4：職業安定法・職業訓練法・緊急失業対策法』を刊行したが、そこにおいても、労働者供給を図示し、労供事業を行う者（供給元）＝甲、労働者の供給を受ける者（供給先）＝乙、供給される労働者＝丙とし、甲と丙を結ぶ線に「支配従属関係」、甲と乙を結ぶ線に「供給契約（不要式契約）」、乙と丙を結ぶ線に「使用関係」と記し、本文で、次のように説明している[5]。

> 　甲と乙との間に供給契約が存在し、甲と丙との間に支配従属関係が存在し、乙と丙との間には使用関係が存在するのである。労働者供給事業を行う者が他人の求めに応じて随時労働者を供給するためには、常に労働者を

---

3) 労働省職業安定局庶務課編著・前掲注1) 235頁。
4) 労働省職業安定局庶務課編著・前掲注1) 235～237頁。
5) 労働コンメ4 (1960年) 207頁。

自己の支配下におく必要があり、両者の間には支配従属関係が存在する

図①

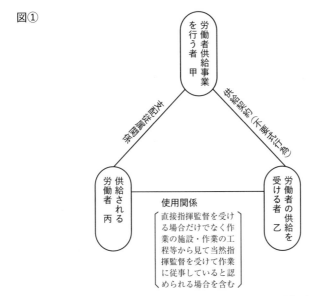

(出所) 労働コンメ4 (1960年) 207頁 (後掲253頁図③参照)。

(2) 1970年版刊行の際の変化

問題が生じたのは、それを1970年に改訂した際のことである。図も甲、乙、丙の説明も全く同じであったが、乙・丙間の「使用関係」に付された解説（「作業の施設・作業の工程等から見て……作業に従事していると認められる場合を含む」）は本文に移された。そして本文では、甲・乙間の契約には触れず、「丙は甲から提供され……」で済まされ、説明はいきなり乙と丙の関係から始まる。

乙と丙との間には使用関係が存在する。すなわち、丙は甲から提供されて乙の要求する作業に従事するからである。この使用関係とは、広く事実上の使用関係を意味するものであって、乙と丙との間に雇用関係が成立している場合はもちろん、たとえば労働基準法上の使用者としての責任を甲が持っている場合であっても、作業の施設、工程等の実態から見て、作業上、直接、間接に乙の指揮、監督の下にあると認められる場合も含むものと解される

と述べた[6]。やや読みづらいが、図では甲（供給元）と丙（労働者）を結ぶ線に「支配従属関係」とし、乙と丙は「使用関係」で結び、「丙は……乙の要求する作業に従事するから」だと説明し、重要なことは、続いて、「使用関係」について、乙（供給先）と甲（供給元）を取り違えて、「乙と丙との間に雇用関係が成立している場合はもちろん」と、乙（供給先）が丙と労働契約を結んでいると述べたことである[7]。特に説明もなく、慎重かつ丹念にその変更の意義を検討した上での書き替えとは考え難い。判決や研究者の論文においても「派遣先」と「派遣元」を書き間違える類のミスは時々みられるが[8]、70年改訂の際、甲、乙といった略号を使用したことも影響していると推測される。本文の「乙と丙との間に……」は、「甲と丙との間に……」を写し間違えるという、単純だが極めて重大なミス（70年ミス）を犯した。

　直接雇用の原則を明確に認識し、定式化していれば、三者間の労務提供関係において労働契約を結ぶ相手を取り違えることはあり得ないはずだが、その定式化を怠っていたことも一因とみられる。

　労働者供給では、供給先は法律上の使用者責任を負わないにもかかわらず、代金を払っただけで、あたかも使用者であるかのように作業に関わる指揮命令をして労働者を使用する際、労働時間制上の規律を無視したり、安全配慮に欠けるなどの弊害を伴いがちである。派遣においても、企業としての派遣労働者軽視は末端の従業員にも影響し、派遣労働者は職場で姓名を呼ばれず「ハケンさん……」と呼ばれるなど、まともに人間扱いされないこともあると言われる。

　労働者供給は直接雇用の原則に反するから禁止されている。70年ミスで、労働省が供給先と労働者とが労働契約関係にある状況も労働者供給であると述べたことは、作業の性質上複数の担当者が目を通しているに違いないから、労働省内の派遣労働者や派遣問題についての軽視が根底にあることの現われであり、改訂の際の不注意による単なる写し間違いでは済まされない、重大なことであった。

　労働省は当時、正面から、労働者供給において供給先が労働者を雇用しているという見解をとったわけではない。仮に、そうであったとすれば、労働者供

---

6)　労働コンメ4（1970年）432～433頁。
7)　詳しくは萬井論文8＝労旬1685号6頁。
8)　萬井『法論』150頁注（31）参照。

給概念についての従来の理解を根底から変更することになるから、そのような読みづらい表現によるのではなく、概念についての見解の変更であることを明確に解説したに違いない。70年ミスは労働省（の改訂作業の担当者達）がそれを明確に認識していないで犯した作業上の軽率なミスであったと解される。しかし、それが思わぬ形で先例となり、その後、当該記述は労供事業を禁止する理論的根拠を曖昧にし、捉えどころのない不明確な概念に変質させることになっていった。

(3) 見解の動揺
(ｱ) 派遣法制定をめぐって

　その後の行政解釈において、誰も70年ミスに気付かなかったのか、それとも気が付いた者はいたが何らかの事情（想像を逞しくすれば、たとえば、労働省に入ったばかりの若手が気が付き、上司に伝えたが、ミスを犯したとみられる当事者はすでに局長クラスになっており、その過誤を暴くと省内で気まずい関係になるといった忖度や気後れから、内密にするよう指示された）で、とにかく、当該記述が修正されることはなかった。

　派遣法制定に至る過程で、従来禁止されていた労働者供給事業を合法化するのであるから、当該「労働者供給」概念は審議の過程で常に俎上に上ったはずで、労働力需給システム研究会、労働者派遣事業問題調査会の審議を経て中央職業安定審議会労働者派遣事業等小委員会は1984年11月、『労働者派遣事業問題についての立法化の構想』（以下、中職審『構想』）を公表するまでの間に、ようやく誤記に気が付いたと推測される節がある。公式に担当者の間でも議論され、70年ミスのままでは適当でないと考えたのか、中職審『構想』では、労供事業の図で供給先と労働者を結ぶ線を「使（雇）用関係」という曖昧な説明に変えて、本文では何らの説明をしないまま、過去のミスを有耶無耶にしようと試みているようにみられる。

　だが、中職審『構想』もやはり「雇用関係」ということは引き継いでおり、大勢としては、その後はむしろ、労働省（厚労省）はそのミスを覆い隠す方向へ進んだ。悪しき「お役所仕事」である。

(イ) 派遣法施行の際に

　派遣法施行の際の1986年6月、労働省基発333号『労働者派遣事業の適正な運営の確保及び派遣労働者の就業条件の整備等に関する法律の施行について』(以下、派遣法施行通達)は、職安法施行規則を敷衍した1986年4月の告示37号に若干の説明を加えたものを『別添：労働者派遣と請負、出向、派遣店員及び労働者供給との関係等』として付記した後、労働者供給の概念を説明した。そこで、派遣の定義を定める派遣法2条1号の但書では「当該他人に雇用させることを約してするものを含まない」とあり、かつては、それは出向において出向先とも部分的な労働契約関係が生じると解す二重の労働契約関係説によって把握される出向を意味していた[9]にもかかわらず、供給元・労働者間に労働契約関係がない場合はすべて労働者供給と判断されるはずだが、派遣法施行通達はそのフレーズについて70年ミスを継承し、——何を意図したのか推測し難いが——供給元と「労働契約関係がある場合であっても、供給先に労働者を雇用させることを約しているものは労働者派遣に該当せず、労働者供給に該当する」と説明した。「約している」か否かは契約書等で確認するが、それ以外、①「派遣法の枠組みに従って行われる場合は、原則として……約して行われるものとは判断しない」、つまり、それは派遣であって、労働者供給とは判断しない、②提供元が「企業としての人的物的な実体（独立性）を有しない……派遣先の組織に組み込まれてその一部と化している場合……派遣先の労働者募集、賃金支払の代行となっているような場合その他これに準ずるような場合は……例外的に……約して行われるものと判断することがある」とした。

　もって回った表現で、論理は不鮮明であり、「……判断することがある」といって結論を避けているようにもみえる。だが、基調としては、70年ミスを引き継ぎ、労働者供給において供給先と労働者との間に労働契約関係があると認められることがあると強弁した。

(ウ) 見解の「堅持」

　労働省は、下記((4)(ア))のように、1999年、職安法45条に基づき労供事

---

[9] 派遣法制定に主導的役割を果たした高梨昌氏は、それが出向を念頭におくことを詳しく説明されている。高梨『詳解』189〜190頁。同旨、鎌田・諏訪〔2版〕37頁（鎌田）、西谷〔3版〕533頁、荒木〔5版〕597頁、菅野〔13版〕883頁など。

業を行なう労働組合が設立した事業体に組合員を供給して「雇用」させ、当該事業体が派遣事業を行なうという「供給・派遣」システムを創設した。それとかかわり、1999年12月『派遣取扱要領』は、労働者派遣の意義を解説する一環として、労働者供給との差異について第1−3図を示し、①供給元と労働者が「支配従属関係（雇用関係を除く）」の場合は、供給先と労働者とは「雇用関係・指揮命令関係」と説明し、②供給元と労働者が「雇用関係」の場合は、供給先と労働者とは「雇用関係」にあると説明し、さらに、後者の場合、「供給先に労働者を雇用させることを約して行われるものについては、労働者派遣には該当せず、労働者供給となる」（法第2条1号）と述べた。ただ、それで終わらず、──いかなる発想なのか推測し難いが──「労働者の自由な意思に基づいて結果として供給先と直接雇用契約が締結されたとしても、これは前もって供給元が供給先に労働者を雇用させる旨の契約があった訳ではないため、労働者派遣に該当する」と付言する。その記述はその後の厚労省2018年9月『労供取扱要領』の第1−1(1)ハ②もほぼ同文である。やはり、供給先に雇用される場合は労働者供給に当たるという論証は不在なのだが、「前もって……雇用させる旨の契約」があった場合は何故、当初から労働者供給と観るのか。「前もって……雇用させる旨の契約があった」か、「労働者の自由な意思に基づいて結果として……」であったかは、本来、問題の焦点ではないはずである。契約締結の時間的関係がどうであれ、現に労働者を指揮命令して就労させるものが、当該労働者と合意して直接に労働契約を締結しているのであれば、それは、派遣法の定義規定に照らしても、「労働者派遣」にあたらないことは明白である。常識的に考えれば、──「結果として」というフレーズで厚労省が何を指すのか、判らないが──「結果として」契約が成立するよりも、「前もって……雇用させる旨の契約」があるほうが労働者に将来的に身分を保障することになるのだが、それが何故、供給先・元ともに刑罰を科される違法な労働者供給と判断されるのか。逆に、その契約がないほうが供給先に雇用されるまで労働者としては身分不安定であるが、何故、それは合法的な派遣と観られるのか。正反対のように考えられるが、両者の区別にも論証はなく、それもまた根拠は明らかではない。いずれにしても、労働者が自由な意思で供給先と労働契約を締結した場合は「労働者派遣に該当する」というが、いかなる論理でそう判断するのか、理解し難い。

派遣法制定当時はまだ、「使（雇）用関係」といった曖昧表現を用いたように、供給先が雇用している労働者供給もあると断言することは躊躇していたが、時間が経つに従い、そのような逡巡を示すことはなくなり、慎重さは後退していく。労働省（厚労省）は上記の写し間違いに端を発する問題を見直し、修正することなく、今や、それを具体的に指摘されても頑なに間違いと認めようとはしない。

(4) 最近の例
(ア) 労働組合の労供事業と「供給・派遣」
(a)　1999年派遣法改正の際、職安法45条を削除する案が浮上した。これに反対する、労働者供給事業関連労働組合協議会（労供労組協）と労働省が折衝の末、「供給・派遣」システムを設けることで妥協が成立した。それは、労働組合が中小企業等協同組合法に基づき労働者の相互扶助を目的とする企業組合あるいは一般の有限会社等を新たに設立し、それを派遣事業体として供給元（労供労組）と派遣先（一般の企業）の中間に嵌め込む方式である。つまり、まず労働組合が創設した事業体に労働者を供給し、当該事業体は当該労働者を雇用して、派遣法上の許可を得て派遣事業者となって、彼らを他の企業に派遣するという、労働組合の労供事業を派遣制度の傘に入れる形をとる。労働組合が擬制的に設立した事業体を経由して就業先に派遣するという法律構成としたから、労働省としては、供給先が労働者を雇用するという従来の見解を（表面には出さないが）維持しつつ、派遣法における「派遣」の定義に沿う形式を整え、あとは派遣法の運用として対応すれば済むことになった。労働者供給の定義や44条との関係等、理論問題に悩まされることはない状況を強引に創設したわけである。

　労働組合からすれば、労供事業では、労基法上の「使用者」ではない供給先が労働者に直接、賃金を支払うことはないし、社会保険の加入手続きをすることはできない等、現実には不都合な問題をすべて事業体が対応することによって解消し得るというメリットがあったから、理論上の難点には目をつぶり、妥協したものと推測される。しかし、形式だけとはいえ、中間に入る派遣事業会社は形式上は独立した企業であるから、その体裁を保つ運営組織を整える必要があり、それを運営することは当該労働組合にとっては新たな負担であるため

か、その後、いくつかの「供給・派遣」システムが発足したが、必ずしも順調に運営されてはいないと伝えられる[10]。それは、労働者供給の場合、供給先が労働者を雇用するという、労働省の歪んだ見解を維持することに固執したことに起因すると考えられる。

(b)「供給・派遣」システムの創設と同時に、職安法に5条の3が新たに規定された。第1項は公共職安等と労供事業を営む労働組合に対し、事業を行なう際、求職者や「供給される労働者」に対し「従事すべき業務の内容及び賃金、労働時間その他の労働条件」の明示を義務づけ、第2項は「求人者は求人の申込みにあたり」職安等に対し、「労働者供給を受けようとする者はあらかじめ労働者供給事業者」に対し、労働条件を明示すべきことを義務づけている。2017年3月法改正の際、第3項が追加された。職業紹介後は紹介を受けた企業と労働者本人の関係へ移行するから、第3項では第1項で名宛人とされた職安等は消え、代わりに求人者らおよび「供給される労働者を雇用する場合に限る」供給先を名宛人とし、当初示した条件を変更する場合には当該変更の内容を明示すべきことを規定した。

5条の3は、労基法15条に準じ、求人者と求職者の間で労働契約締結に際して労働条件が明示され、労働者が適切な条件であることを確認しながら労働契約を結んでいくことが可能となるよう配慮をしている。厚労省は、法理論の是非はともかく、労働者供給の場合に供給先との間に労働契約が存在するという従来の自らの見解を立法措置によって定着させ、「供給・派遣」システムの円滑な運用を図ったものと解される。

だが、第1項において、労供事業を行なう労働組合が「供給に当たり……労働者に対し」あるいは供給先が労供労組に対し条件明示を義務づけるのは、労働者（組合員）と供給先との労働契約締結を想定したものではなく、供給先で就労する際の労働条件を明らかにするためである。ちなみに、派遣に関しては、派遣法34条は派遣する際に労働者に派遣先における「就業条件等の明示」をすることを派遣元に義務づけるが、職安法5条の3第1項はその派遣法34条に匹敵する。つまり、職安に対して労働条件の明示を義務づけることは紹介先が労働者と雇用するにあたり労基法15条により義務づけられている条件明示

---

10) 萬井論文30＝龍谷52巻3号88頁。

義務の前段階の地ならし的な意義を有するが、労働組合に対する条件明示の義務づけは、労働組合が労供事業を営む上で求められる組合員への供給先における労働条件の説明であり、実は、条文作成上の不手際により、5条の3第1項には異質なものが含まれていることになる。

　理論的には必ずしも解決済みとはいえず、疑義のある事柄であるから、職安法5条の3に第3項を追加することについても、本来ならば労働政策審議会において慎重に議論されるべきものであったが、必ずしもそうではなく、厚労省の強い意向が労政審を圧したように見受けられる。労政審職業安定分科会労働力需給制度部会において鎌田耕一部会長は第3項追加の意義については言及されない。2017年1月5日第251回会議における、鎌田氏の「改めて法律案要綱を一生懸命読んで概ね理解しました」との発言は、有識者として厚労省の提案の当否を判断する側の労政審の部会長の発言としては穏当ではないが、上記の模様・雰囲気をよく伝えている。国会審議でも、終結討論において、当初は意図的に虚偽の条件を示し、後に過酷な長時間、固定残業代制等を強いる条件の大幅引下げに道を開くもので反対という、原則的だが一般論的な発言があったにとどまる[11]。労働組合から労働者供給を受ける供給先が「労働者を雇用する場合」とはどのような状況かといった法理論的に緻密な質疑はなかった。

(イ) 労供労連への歪んだ解説
　厚労省は「使用」概念についてのその歪んだ叙述を頑なに固持し、最近は開き直りともいうべき姿勢をとっている。
(a)　職安法44条が禁止する労供事業は、一般の労働市場で不特定で多数の労働者を対象に供給する労働者を募集し、採用試験を行なって採用し確保している者（親分子分関係など事実上の支配下におく労働者は稀である）のうち、供給を求めてきた企業（供給先）の要望に添う労働者を提供し、代金を得る、供給元の営業活動（利得行為）である。
　これに対し、職安法45条に基づく労働組合の労供事業は、当該組合の主たる組合活動として、就労機会を求める組合員にその機会を提供し、組合員の賃金収入を保障するものである。組合員は労働組合に雇用されてはいないし、「支

---

11) 2017年3月8〜15日の第193衆議院厚生労働委員会議事録。

配」されてもいない、理念的には、組合の指示に従って派遣先へ出向くのではなく、組合と話し合った上で主体的に自らの組合活動として就労する。組合員は収入から組合規約に従い組合費を納入するが、それは労働組合としての利得行為ではないから、中間搾取には当たらない。社会的には市場原理が働くから、労働組合の労供活動は一般の企業が行なう派遣事業と競争状態になることは避けられないが、それは利潤獲得を第一とする民間の派遣事業を牽制し、排除するという効果をもつから、戦後日本の民主化の一助となると期待されたことであった[12]。

(b)　労供事業を営む労働組合は、存立の法的基礎であるから「労働者供給」概念には敏感である。

　供給された労働者を事業体が雇用するという「供給・派遣」システムを受け入れていたにもかかわらず、その論理には不審感を持っていたことになるが、2018年8月、全国労働者供給事業労働組合連合会（労供労連）が厚労省に雇用保険の適用状況の改善を求めた際、併せて組合員が供給先と労働契約を結ぶことはあり得ないのではないかと、『労供取扱要領』等において供給先との関係を「雇用関係」と記していることの説明を求めた。厚労省としては職安法44条と45条の立法の趣旨の相違、したがって、同じ「労働者供給事業」という表現が異なる意味を持つことを丁寧に説明する良い機会であったが、即答することができず、持ち帰り検討するとして、回答は先延ばしされた。

　4年後、2022年10月13日、厚労省（堀職安局需給調整事業課・派遣請負企画官、松原課長補佐、黒野係長）は、定義規定である職安法5条の解説部分（労働コンメ3（1960年）32〜39頁）を提示し、「この法律で労働者供給とは、供給契約に基いて労働者を他人に使用させること」という文章における「使用」とは、「他人の労働力を自己のために利用することをいう。この場合、使用者と労働者との間に直接雇用関係がない場合でも事実上使用し、両者の間に使用従属関係があれば足りる」とする解説するフレーズを指して、「直接雇用関係がない場合でも……」だから論理的に当然、直接雇用関係がある場合は労働者供給にあたる、その理解は60年版からで、70年版で変わったわけではない、と説明した。付き添っていた初鹿衆議院議員は了解し、労供労連の浦田支部長、太田書記長

---

12)　労働省職業安定局庶務課編著・前掲注1) 275頁以下。2018年9月『労供取扱要領』も「違法な労働者供給事業を行う者を事実上排除することとなる効果も考えられる」とする。

は無言で聞き過ごしたが[13]、その問答は看過できない。

　当該フレーズは、文脈に照らせば、「他人」、つまり供給先に労働者を「使用させる」というのであるから、当然、当該「使用者」は労働者を提供する供給元を指す。供給先は現実に指揮命令して就労させるのであり、労働者との間に事実上、使用従属関係が生じ、存在することは自明のことであって、雇用関係があるかないかを「問わない」と改めて解説するまでもない。労働者供給では、労働者に指示して「他人」である供給先に「使用させる」ことが法的には供給元として労働者を「使用」することと評価されるが、同コンメンタールのいう、供給できる状況におく基礎である「使用従属関係」が雇用によるか事実上の支配関係に基づくかは「問わない」「足りる」とは、「直接雇用関係がない場合……」でも職安法44条違反として供給元の刑事責任を追及し得るという解説である。

　あるフレーズは、そこでは何についてどのように論じられているのか、脈絡を正確に把握しながら読み、理解していくことが肝要である。だが、厚労省はそうではなく、自らの主張に沿うとみられる文言を探す姑息な姿勢のためであろうが——脈絡からは外れるがたまたま——場違いなところに書かれていた供給元と労働者との関係を解説する「使用」についてのフレーズを見付け、それを供給先との関係についての説明と勘違いしたものとみられる。供給元と労働者との関係に関わるフレーズを供給先と労働者の関係に関わるものと取り違える失態である。派遣問題について専門的な見識を備えた担当者が複数で携わっていながら、数年も協議した末、法律論に関する素養に欠けるのか、「使用させる」供給元と「使用する」供給先との関係や「使用」の意味を正確に理解していない状況にある。

　なお、派遣法40条の6第1項5号は、労働者が「承諾」すれば供給先に雇用されることになるとするから、「承諾」以前には偽装請負の注文主（労供事業の供給先）と労働者は労働契約関係にないことを前提とする。したがって、供給先が雇用するという見解はその明文の規定と齟齬する。厚労省は自ら当該規定の法案を作成したことを忘れたのであろうか。

---

[13] 労供労連『厚労省交渉記録：音声ファイル No.201013-001』5頁。厚労省も当該協議の概要の記録は残している、萬井論文36＝龍谷54巻1号24頁。

(5) 行政解釈に同調する学説

　行政解釈のそのような状況に同調される研究者も散見される。

(ｱ) 菅野和夫氏の見解

　菅野和夫氏は当初、供給先と労働者の間には「雇傭契約が締結されないことが多い」と、供給先との間の労働契約の有無は労働者供給にとって本質的な問題であるにもかかわらず、量的な問題であるかのように扱われた。つまり、それでは理論的には供給先と労働者間に労働契約がある労働者供給も存在することになる。他方で、請負契約に基づいて受入れ企業が労務給付請求権を有して作業上の指揮命令をして社外労働者を就労させており、賃金の決定・支払や出・退勤の管理を行なっている場合には黙示の労働契約関係が認められるとも指摘された。労務給付請求権は労働契約の当事者（使用者）が契約を締結して初めて取得するものであって、請負契約の注文主（受入企業）が保持している道理がないが、当該指摘はその道理から外れており、法理論上、成り立ち得ないものであった。ただ、労働者供給の場合には常に供給先と労働者の間に労働契約が成立すると主張されたわけでもなく、見解は曖昧であった。現在でも、偽装請負は「実態は労働者派遣（または労働者供給）であるが、業務処理請負を偽装しているものを指している」と述べ、偽装請負を労働者派遣と労働者供給のいずれでもあり得るかのような曖昧な表現であり、菅野氏および山川隆一氏は両者を明確に識別されていない[14]。結局、労働者供給を基本的にどのように理解されているかは曖昧である。

(ｲ) 荒木尚志氏の見解

　荒木氏は、労働者供給の４つの形態を図示された。

　三者間の労務提供関係に関わっては、「多様な労働者供給形態と労働者派遣」と題しながら、労働者供給について、図①で供給元との関係が「事実上の支配」の場合に限り、供給先とは「指揮命令関係」となることについても説明はない。労働者供給概念について法的に独自に説かれることはなく、供給先と労働契約

---

14) 菅野〔初版〕43 頁、76〜77 頁、同〔13 版〕889 頁。13 版から山川氏が改訂に参加され、「分析、立論が……広さ、深さ、確かさを一段増した」ということだから（「はしがき」）、それは山川氏の見解でもある。

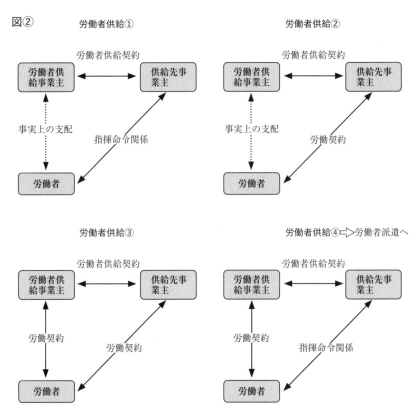

(出所）荒木〔初版〕433頁（〔5版〕596頁も同様）。

が結ばれることは当然であるかのごとき叙述であり、その論拠を慎重に検討する態度は見られない。図②は職業紹介と解することもあり得るが、それとどの点で異なるのかといった説明はされない。労働者供給について、供給元と労働者を結ぶ線は図②では「事実上の支配」、図③では「労働契約」とされているが、供給先と労働者はいずれも「労働契約」で結ばれており、労働者供給では供給先が労働者を雇用すると理解されている。図③について「①、②タイプの労働者供給や出向と区別される」のは、供給元との関係が「事実上の支配」か「労働契約」かの相違を指している。

水町勇一郎氏もほぼ同じ構図を描かれる[15]。

---

15) 荒木〔初版〕433頁、〔5版〕596頁も同文。水町〔3版〕428〜429頁。

(ウ) 諏訪康雄氏の見解

諏訪氏は、派遣法の前史については「雇用主と使用主が一致する『直接雇用』が原則であると捉えられてきた」と述べられる。にもかかわらず、「慣れない場所を訪れるとき地図が不可欠である。複雑で分かりづらい労働者派遣法の世界に踏み入る場合も、道しるべを確認しておくことが望ましい」と書き出し、労働者供給では供給元と雇用関係がある場合と事実上の支配関係だけがある場合があるが、前者では「供給先との間に雇用関係があり、後者では両者間に雇用関係があるときと……指揮命令関係だけがあるときがある」と述べられる。労働者供給をそのように説明し、「派遣労働を例外的な就労形態とする基本的な発想には、直接雇用を原則とみて三者間雇用に懸念を示す見方が強かった」と記し、派遣法については「間接雇用そのものになるため、その法的位置付けが正面から問題となった」とまで書きながら、労働者派遣とは何か、労働者供給とどこが異なるのかという肝心な点についての説明はない[16]。それでは三者間の労務提供関係について理解する「道しるべ」にはならないが、労働者供給において供給先と労働者の間に雇用関係があると述べられたことだけは明確である。

(エ) 鎌田耕一氏の見解

鎌田耕一氏が労働者供給として示される図は、荒木氏の図①、②が鎌田氏の図2に統合されている点を除けば、内容的には同じである。労働者供給とは何かについて独自に説かれることはない。

派遣先が労働者を「特定」したうえで受け入れた場合は、「配置に関する権限を継続的に派遣先が行使している」から両者間に「雇用関係が成立していると判断され、労働者供給にあたる」と明言される[17]。

しかし、厚労省1999年告示138号『派遣先が講ずべき措置に関する指針』は性別や年齢の限定、履歴書の送付指示等を禁止の対象としていることが示すように、派遣法上の位置づけに照らせば、「特定」として想定されていることは、精々、派遣元が派遣する労働者を決めた後、派遣先に通知する以前に、――どのような実益があるのか判らないが――実際に就労するまでの間に当該労働者

---

[16] 鎌田・諏訪〔2版〕2頁、12〜14頁（諏訪）。
[17] 鎌田・諏訪〔2版〕51頁（鎌田）。

の氏名、職歴、特性等を把握する程度のことである[18]。業務請負、労働者供給、派遣、いずれの形態であれ、提供先が実質的に労働者の採用を決定したのであれば黙示の労働契約の成立と主張し得るが、単に「特定」しただけで当該労働者と「雇用関係」が成立するわけがない。

　派遣法上は紹介予定派遣の場合を除き、「特定」は派遣先としては避けるべき努力義務とされ（26条6項）、法違反は指導助言といった行政指導の対象になる。派遣労働者や派遣会社の業務担当者らからの聴取りによれば、企業が派遣会社に派遣候補者を連れてこさせ、実技、口頭試問を含む試験を行なって適性を確認し、不合格者は派遣しないよう伝えたうえで派遣を要請することがある。時には、予定数よりも多い労働者を連れてこさせることもあり、その場合には必然的に選抜試験となり、合格者が派遣会社に採用され、派遣されることになる。それらの場合は、「特定」の字義を超える、実質的には派遣先による採否決定である。だが、それは派遣法が想定する、派遣元が雇用し、「当該雇用関係の下」で派遣先に派遣するという労働者派遣の構造に根本的に反する。26条6項違反に対しては罰則もなく、行政指導に従わなかった場合も企業名の公表といったサンクションも予定されないから、行為の評価とのバランスを考えると、「特定」が採用決定を左右するようなことまで含むとすれば、派遣の構造にも概念にも大きく反するものであり、法律上、それが避止努力義務に留まるとは考え難い。

　派遣法が紹介予定の場合に例外扱いする趣旨も不明であるが、それはさておくとしても、派遣契約による制約がない限り、派遣先は受け入れた派遣労働者をどの部署に配置し、どの作業を担当させるかは自由であるから、労働者を「特定」することが何故、派遣先の配置権限を行使しているとして法的非難の対象となるのか。何の説明もなく脈絡も不明なまま突然、「特定」と派遣先の配置権限を関連付けられるのか、趣旨はまったく不明である。

　結局、「特定」は、精々、派遣元が派遣する労働者を決めた後、派遣先に通知する以前に、（どのような実益があるのか判らないが）実際に就労するまでの間に当該労働者の氏名、職歴、特性等を把握する程度のことで、再度言えば、

---

18)　萬井論文13＝労旬1721号7頁、沼田雅之「派遣労働者の特定行為の禁止」中野麻美ほか編『最新労働者派遣法Q＆A』（旬報社、2004年）60頁（後には「区別はそれほど困難でもない」と言われる、沼田・浜村古稀303頁）、勝亦啓文「派遣労働者の保護」季労211号（2005年）52頁等。

単に「特定」しただけで当該労働者と「雇用関係」が成立するわけがない。派遣先と労働者との間に「雇用関係」が成立していれば二者間の労使関係であり、法的性格は労働者供給でも派遣でもないという問題もある。

　それ以外は、労働者供給と派遣との関係を、両概念についての理解を明快に説明されないまま論じられる。たとえば、派遣法2条1号の派遣の定義の後半「労働者を当該他人に雇用させる」は「出向（在籍出向）との違いを明らかにするために設けられた規定」と説明し、図の解説に際しては「労働者供給」にあたると述べながら、『労供取扱要領』に依拠して、「労働者の自由意思に基づいて結果として供給先と直接雇用契約が締結されたとしても、これは前もって供給元が供給先に労働者を雇用させる旨の契約があった訳ではないので、労働者供給ではなく、労働者派遣に該当する」と述べられるように[19]、供給先や派遣先が労働者を雇用することもあると述べられているが、労働者供給と派遣の区分も定かではなく、真意がどこにあるのかは捉え難い。派遣法2条1号は派遣先が雇用するものは労働者派遣ではないと定めるが、契約締結が「前もって」か就業開始後かによって結論が異なり、派遣が始まった後に労働契約が結ばれた場合には派遣と解されることを示唆する趣旨という理解を支える解説は存在しない。派遣就業開始後に労働契約が締結されれば、その時点で、三者間の労務提供関係が二者間の労使関係に移行し、それはもはや間接雇用ではなくなる。労供事業が禁止されたのは、人が働くということをあたかも商品のように売買や賃貸借の対象としてはならない、という認識によるものであり、注文主が労働者と労働契約を結ぶのであれば、それは通常の二者間の労使関係であり、労働者供給にも派遣にもあたらない。

　他にも、松下PDP事件最高裁判決（最2小判平21.12.18労判993号11頁）は職安法4条6項（当時）にいう派遣を「合法、違法を問わずに、労働者供給とは異なった行為類型」とみて、注文主・労働者間に雇用契約が「締結されていないことを、労働者派遣と労働者供給とを分かつ本質的要素」として択一的にいずれかと判断したと紹介される[20]。同判決に、派遣である以上は労働者供給

---

19)　鎌田・諏訪〔2版〕50頁。やや表現は異なるが、同旨、鎌田耕一「偽装請負における注文者・請負労働者間の雇用契約成立」唐津ほか『読むⅠ』65頁。前者では『労供取扱要領』第1の1（5）ハを、後者では高梨〔3版〕272頁を参照される。

20)　鎌田・前掲注19) 64～65頁。

に該当する余地はないとする判示はあるが、行為類型論を窺わせる判示はない。両者は行為類型が異なると言いながら、どこがどのように異なるのかさえ指摘されない。

　他に、論拠を示す意図であろうか、派遣は労働者供給から「切り分けられて……」と述べられる[21]。だが、「切り分けられ」たとしても、業者が雇用する労働者の提供を受けた企業が指揮命令して自己のために就労させるという就業のあり方に関する限り、派遣と労働者供給は何ら異なる点はない。たしかに適法な派遣と労働者供給とは切り分けられたが、それは偽装請負のような違法な派遣も労働者供給と切り分けることまで含むものではない。

　多重偽装請負については　職発0930第13号『労働契約申込みみなし制について』(以下、9.30通達)に依拠されたと推測されるが、元請会社が雇用関係にない労働者を注文主に供給していた場合は労働者供給であるとも述べられる[22]。だが、9.30通達においてさえ、元請会社に同条が適用された後、偽装請負が続いていれば注文主に適用されると注記しているのであって、同通達について慎重な検討をされた上での記述とは見えない。

　直接雇用の原則は、現実に労働者を使用しながら労働契約を締結していないことを強く非難することを含むが、鎌田氏は先に述べたように(第1章第2節3(1))、過去(といっても、派遣法制定の直前)には、直用主義という表現だが、直接雇用の原則を力説された。労働契約申込みみなし制の創設は直接雇用の原則を再確認し、実効性を持って一定の違法派遣についてその原則への回帰を図るものであった。ところが近年、派遣法制定により労働者供給と派遣が「切り分けられ……現在では、直用主義を法原則とすることはできない」と明言されるし、労働者供給の図では供給先と労働者を結ぶ線に「雇用関係」と記される[23]。その見解の変更の根拠は明らかではないが、労働者供給の図解と自ら創設に関与した派遣法40条の6第1項5号の関係については、矛盾する解説の根拠が明らかではないままでは済まされない。

　2012年派遣法改正によって創設された労働契約申込みみなし制(40条の6)

---

21)　鎌田耕一・野川忍「ディアローグ労働判例この1年の争点」労研652号(2014年)19頁、鎌田『市場』79頁。
22)　鎌田・諏訪〔2版〕61～62頁。
23)　鎌田『市場』77頁。

によれば、違法提供先は労働契約の締結を申込んだものとみなされ、労働者が「承諾」すれば労働契約が成立する。同条第1項5号は偽装請負（労働者供給）を対象とし、注文主（供給先）は違法派遣先でもあるが、すでに労働契約を結んでいるのであれば、契約申込みをみなして重ねて労働契約を成立させる必要もないから、当然、当該条項はその時点では労働者と労働契約を結んでいないことを前提としている。鎌田氏は、厚労省：在り方研の座長を務め、引き続き労政審の派遣関連部会の部会長として、派遣法40条の6の創設に主体的に関与された。ところが、労働者供給において労働者は供給先と労働契約で結ばれ雇用関係にあるという説明と、労働契約は結ばれていないことを前提とする40条の6とは明らかに矛盾する。いかなる論理をとれば両者は矛盾なく両立し得ると説明することが可能になるのであろうか。

　一般に、後になって、自らの以前の見解について理由を説明して変更することはあり得ないわけではないし、許されないことでもない。ただ、ここでは間接雇用に関する最も基礎的な概念に関わる問題であり、それを変更するのであれば、他を納得させるに足る、よほど丁寧な説明が求められる。だが、直接雇用の原則についての見解変更につき説明はない。

　このように見てくると、労働者供給、派遣という三者間の労務提供関係は何を基準として判断し、他と区分されているのか論拠はまったく不明確であるし、記述はあちこち飛び、論旨は甚だしく一貫性を欠いている。鎌田氏は、今、ある見解および一度述べた見解の変更についてはすべからく論拠を明らかにすべきであるという一般に課せられた責任に応えることが、厳しく求められている。

(オ)　その他

　桑村裕美子氏は「労働契約がY₁（二重の偽装請負の注文主――筆者注）との間に（も）存在すれば労働者供給に該当しうる」と述べられたが、短い判例評釈の中でもあり、その論拠を詳しく示されることはない[24]。

(6) 近藤昭雄氏の見解

　近藤昭雄氏は、かつては、労供事業禁止は「憲法の人権保障理念を労働市場

---

24)　桑村裕美子「労働者派遣法40条の6第1項5号の『免れる目的』の有無」ジュリ1562号（2021年）130頁。

の場で具現化したもの」で、直接雇用の原則と「表裏一体」であるとし、供給先は労働者を雇用していないとの認識を示されていた[25]。ところが、最近、職安法45条を念頭におきながらではあるが、労働者供給概念については44条と特に区別しない論文において、見解を改め、行政解釈とは論調は異なるものの、労働者供給においても供給先と労働者との間には労働契約が存在すると述べられた。その、氏独自の論理は、労働者供給においても「労働者は、自己の意思に基づいて、供給先企業に赴き、他方、供給先企業は、それを受けて、同じく、自己の意思をもって、その労働者を、受け入れ、その業務組織の中に組み入れて（指揮命令して）、労務に従事させる……このような意思関係を、法的には、『労働契約（雇用契約）』と観念」するという黙示の労働契約論である[26]。

労働者が人間である以上、強引に引き立てられるわけではなく、供給先（就労場所）に赴くのも、他方、供給先が指揮命令して就労させるのも、「自己の意思」によることは間違いない。しかし、それを自由意思の合致による労働契約成立と評価し得るのか、甚だ疑問である。近藤氏の論法が通用するのであれば、ほとんどすべての偽装請負において注文主と請負会社の労働者との間に労働契約が成立していることになり、直接雇用の原則の下に職安法44条が禁止したはずのことが法的根拠を失い、すべて合法とされるに至る。

契約の名称が実体を正確に反映しているとは限らない。社会事象の実体を把握し分析すれば、労働者供給という名で進んだ就業形態が労働契約を成立させるための仲介の機能を果たしているとすれば、職安法4条1項が「求人者と求職者との間における雇用関係の成立をあっせんする」と定義する「職業紹介」に該当するのではないのか。

近藤氏は、職安法44条が禁止する労供事業と区別する趣旨と推測されるが、労働組合が行なう労働者供給は、紹介を経て折り合いがつき合意に達すれば雇用するというものではなく、「当初より、企業は『供給契約』上……雇用する義務があり、その労働条件は、労働協約により規制される」点で、職業紹介とは異なるとされる[27]。「供給・派遣」システムの下では、労働者供給契約は、契

---

[25] 近藤昭雄「職安法45条の歴史的意義と労組労供の法的関係」地域215号（2019年）14、16頁。
[26] 近藤昭雄「職安法45条の趣旨と労組労供の法的関係」地域261号（2022年）5頁。同論文による批判について、萬井論文37＝地域262号24頁を参照されたい。
[27] 近藤・前掲注25）35〜36頁。

約締結主体の面でも内容に労働条件に関する事項を含むことからしても、たしかに法的には労働協約の性格をも兼ね備えている。だが、労働条件の基準についてはともかく、それ以外については協約による義務づけはあくまで使用者と労働組合の間の契約の債務的効力であり、労働契約は本人との合意によって成立する以上、協約上合意したからといってそれで組合員それぞれについて労働契約が成立するわけではあるまい。職安法44条は「労供という行為そのもの、および、その利用を、直接、禁止した」ことに尽き、「供給先と被供給労働者との関係の性格を、なんら、問題にしていない」と述べられるが[28]、職安法44条に書かれていないからといって、「なんら、問題にしていない」というのは論理の飛躍も甚だしい。供給先に赴き、その指示に従って就労する際の意思を労働者の労働契約締結の意思とみるのは擬制にすぎる。そもそも、供給先は労働者と労働契約関係になることを避けたいからこそ、請負契約を偽装するなどの工夫を凝らした。契約成立には当事者の意思の合致が不可欠であるが、少なくとも、供給先には労働契約を締結したくない、しないという強固な意思がありこそすれ、労働契約締結の意思はまったく持ってはいない。それでもなお、労働者が労働契約について意思の合致があると「観念」さえすれば済むものなのか。あるいは、それは近藤氏の「観念」なのか。その「観念」を妥当とする合理的な論証が不可欠であるが、その論証は存在しない。供給先が労働者を受け入れたからといって、契約締結の意思がないことは疑いようもなく、契約成立の根拠はないという以外にない。

　近藤氏は黙示の労働契約論を誤解されている。黙示の労働契約論は、当事者の意思が現実に合致しているから黙示のうちに労働契約が成立したと認定するというものではない。企業が労働者を指揮命令して就労させている実態を観察し、客観的には黙示的に労働契約が成立している状況だと認定し、司法機関の権限において当該認定を企業に対して受け容れるよう迫る、押し付ける、その実態に責任を有する企業には異論を述べることを許さない、それが黙示の労働契約論であり、そして裁判の意義である。近藤氏は企業が契約締結の意思を持っているかのように理論構成を試みられたが、主観的な意欲だけでは法律論とはいえない。

---

28)　近藤・前掲注26) 3頁。

(7) 判例等について

(ア) 泰進交通事件と東京地裁判決

　労働組合による労働者供給について、契約を結んでいた泰進交通から更新しない旨の通知を受けた労働組合はそれを受諾したが、組合員が泰進交通を相手方として解雇予告手当の支払いを請求した訴訟において、供給先と労働者との労働契約関係の存否が争点とされた。東京地裁は、労務提供の対価として賃金を支払われていたし、泰進交通が雇用保険等の事業主とされていたから、「本件労働協約に定めのない事項については労働基準法や被告の就業規則が適用され、雇用保険法の適用等の面では被告が事業主となってその雇用責任を負う特殊な労働契約関係である」とし、「供給先に労働者を雇用させることを約して行われるものについては……労働者供給となる」と解説する厚労省労基局監督課編著『改訂2版：派遣労働者の労務管理』（労働調査会）を参照しつつ、「供給元も供給先もいずれも労働者に対する雇用責任を負わないこと」を法は許容しないとして、泰進交通の雇用責任を認め、解雇予告手当を支払う義務があると判示した[29]。

　雇用保険の適用については、合意は重視されず、労働組合は供給契約の中でも「使用」と「雇用」を区別しており、「雇用させることを約して」いるとは解されないにもかかわらず、東京地裁は「特殊な労働契約関係」にあったとして請求を認容した。いずれかが雇用責任を負わねばならないという政策的見地から、供給元（労働組合）ではあり得ないから、供給先に責任を負わせたものと推測される。

　職安法45条が容認する労働組合による労供事業は、態様は似ており、同じ名ではあるが、職安法44条が禁止する労供事業と同一ではない。それは企業の営利活動ではなく、労働組合および組合員にとっては組合活動としての労働者供給であり、組合員に就労の機会を保障しつつ、提供の対価（代金）を組合が収入への貢献度を勘案しながら組合員に分配するものである（補論3参照）。それを同一視することは理論的に無理があるし、同判決は職安法44条が禁止する労供事業における供給先と労働者との雇用関係の存在を肯定したものとみることはできない。

---

29) 同事件・東京地判平19.11.16労判952号32頁。

(イ) 萩尾健太氏の見解について

萩尾氏は、弁護士として関与し「長年にわたる痛苦の闘いの成果」として、「供給先が労働者を雇用する」という理論の「実質化と一般化を勝ち取ってきた」とし、①新運転東京の組合員Aは労基署に申告し「労働基準法に基づき解雇予告手当」を支払わせた、②元組合員BやCが保険者（公的機関）から厚生年金被保険者の資格認定を受けた、③2017年にはDら2000人余が「供給先－労働者（労働契約）、労働組合－供給先（個別供給契約とそれを含む労働協約）、労働者－労働組合（組合加入関係）」という三面契約を認められ、三保に加入することになった（三保として、萩尾氏は雇用保険、健康保険、厚生年金を指される）という例を挙げられる[30]。

最初の例についていえば、労使紛争が生じ、和解で終結する例は多いが、和解の内実は一様ではない。解雇無効を主張する法的論拠を詳しく記し、使用者はそれを認めて謝罪し、労働契約関係を認めたうえで、未払賃金等を支払う例もあれば、紛争状態を終結させることと和解金額だけを記す調書もある。和解に係る法律論の詳細は不明なことが多く、労働者の主張だけから当該和解の内容を判断することはできない。萩尾氏はAは解雇予告手当等を支払わせたと紹介されるが、早期の紛争終結を望む企業は、将来にわたり拘束されることにはならない労働契約の存否などの法律論は捨象し、和解という結論だけを優先する例もあり、当該和解が労働契約関係が存在したと認め、それを基礎に解雇予告手当を算定の基礎として解決金を支払ったと解するのは早計である。和解の具体的内容を示されないままでは、論証不充分という他ない。

次の例では、雇用保険は失業ないし雇用継続が困難となった事態に対する保険であり、被保険者の定義は「適用事業に雇用される労働者」である（雇用保険法4条1項）。ただ、留意すべきは、社会保険、労働保険とも労働者を対象とする社会保障制度の一環であって、制度の本質は総資本と国家による労働者保護だということである。財源については、保険の対象となる「事故」に応じて、労使折半の場合ももっぱら企業のみとするものもあり、また、労災保険のようにメリットシステムにより労災を多発させる企業の負担額は増やすといった負担額の調整が行なわれる等、負担の公平は重視されるが、保険の性格上、保

---

30) 萩尾健太「労働組合の労働者供給事業は供給先が労働者を雇用する」地域264号（2022年）16頁。

険の対象となる傷病、解雇等の内容や使用従属関係の有無（労働者性）は問題とされるが、どの企業に雇用されているかは焦点ではないから、被保険者と個別企業との直接的な契約関係は問われない。法文上、「使用」「雇用」のいずれの言葉が用いられているかは決定的な意味を持たない。しかも、被保険者の認定については、主婦パート等短時間労働者は人数が多いから源資負担も含めて保険運用に対する影響も大きいが、偽装請負であれば業者（供給元）が雇用しているから、認定に躊躇する理由はない。労組労供であれば関係する労働者は多くはないし、「労働者」性を有することは間違いないから、供給先が「雇用」していると認定して負担を強いても、保険事業全体からみれば運営の大勢に影響はない。組合員BやCについては、厚労省が保険適用の申立てに応じたことの根拠を労働契約の存在というのは強弁にすぎるのではあるまいか[31]。

第三の例では、Dら 2000 人余が厚生年金等の被保険者の資格認定を受けたことは、実践的には労働組合が勝ち得た成果である。ただ、厚労省によれば、健康保険法上、被保険者は「使用される者」であり、実務上、「事実上の使用関係があれば」たり、事業主との間の法律上の雇用関係の存否は、使用関係を認定する参考となるに過ぎない」。2019 年厚労省告示 122 号『職安法における労働者供給事業者等の責務に関する「指針」』においても、労働組合にむけて「労働者供給を受ける者が社会保険及び労働保険の適用手続を適切に進めるよう管理する」ことを指示している。実際には、事業主が健康保険協会に被保険者として届ければ、ほぼそのまま被保険者として「確認」されている。定義は事業所に「使用」されていることであって、「雇用」によるか否かは問われないから、当該保険について「労働者」性を認めたことにはなるとしても、それが、「供給先が雇用する」例として適切なのかは別の問題である。

「闘いの成果」だとしても、和解の詳しい内容が不明であり、保険適用の例はただ紹介されるだけあり、供給先と労働者の間の労働契約の存在に係る例証として、理論的な解説は充分ではない[32]。

(8)「供給先が労働者を雇用する『労働者供給』」の実在可能性と法理論

法概念は妥当性を有することが不可欠であるが、それに劣らず、法解釈はそ

---

31) 厚労省保険局健康保険課編『健康保険法の解釈と運用』（法研、2003 年）129 〜 130 頁。
32) 萩尾論考を検討する萬井論文 39 ＝地域 266 号 31 頁。

の基礎として一般的事実が存在することが前提であって、対象とする事実が実在しないのであれば、法解釈論は対象のない空虚なままで終わらざるを得ない。その角度から見る時、「供給先が労働者を雇用する『労働者供給』」なるものが実在するのかが疑問である。

「供給先が労働者を雇用する労働者供給」の具体像が示された例は「供給・派遣」システムを除き、寡聞にして知らない。だが、供給先が雇用しているというからには、理屈の上では、労働者を雇用していながら、当該労働者を一旦他の企業の支配下におき、当該企業から改めて提供を受けて指揮命令して就労させていることになるが、企業として手間暇かけてそうすることに何か経営合理性があるのか。労働者を雇用していれば、当該労働者に対して賃金を支払わねばならないし、安全配慮義務を負うから健康診断その他の措置を執る、合理的理由がなければ解雇し得ない等、労基法上の使用者としての対応を迫られる。それらの負担、リスクを避けたいからこそ、様々な制約や不便もあることを知りながら請負等の形をとったのではあるまいか。雇用していながら、あえて偽装請負を行ない、職安法による刑罰を受ける危険を犯してまで、手間をとり経費をかける、いかなる特段の理由があるのか、推測が付かない。

要するに、「供給先が労働者を雇用する『労働者供給』」は実体のない妄想でしかないのではないか。法概念というものの性格上、それは提唱して済むわけではない。提唱者が当該概念について何らかの具体的イメージを持っているのであろうが、その現実性が問われる。同見解は、提唱者のもつ基本的な「労働者供給」概念について、ひいては職安法44条の立法趣旨についての理解への疑念を呼び起こすもので、決して些末な問題ではない。

労働省のテキスト改訂の際の写し間違いが、その後、労働省（厚労省）には「先例は無条件に尊重する」という慣例でもあるかのように継承され蓄積されて確固たるものになっていった観がある。荒木氏、鎌田氏らは論拠を示されないから、その行政解釈にただ追随しているように映る。

労使関係は二者間の労働契約関係が原則である。例外的に、出向のような形態が、出向先とも契約が結ばれ、二重の労働契約関係として容認されるが、直接雇用の原則の下で労働者供給は禁止され、供給先と労働者との間に労働契約が結ばれるようなことは想定されてはいなかった。そのことを再度、振り返り、供給先と労働者との間に労働契約があるとすれば、何故に労供事業が禁止され

ねばならないか、問い返す必要がある。

　その際、留意すべき問題が3つある。第一に、労働者供給は「契約に基づいて労働者を他人の指揮命令を受けて労働に従事させ……」と定義されるが、そこには労働者の他に、契約に基づいて自己の雇用する労働者を「他人」（供給先）に供給するもの（供給元）、供給を受けて当該労働者を指揮命令して労働に従事させるもの（供給先）、すなわち三者が存在する。ところが、労働省（厚労省）、荒木氏、鎌田氏らによれば、図では供給元が示されているものの、供給先が労働者と労働契約を結ぶから、法的には供給元は消え去り、労働者と「他人」（供給先）の二者の関係になってしまい、法律の定義にそわないことになる。法文から遊離するそのような解釈が成り立ち得るものなのか。第二に、上記見解は、いかなる場合に供給先と労働者が労働契約を結んだと判断するのか、その状況なり要件・基準を何ら説明していない。そのため具体的には判断の拠り所として機能する余地がない。第三に、派遣法40条の6は一定の状況の場合、供給先は労働契約を申込んだものとみなすとするから、論理的に、「承諾」までは労働契約は存在しないと認識していることになる。供給先との労働契約があると認められるのであれば、その存在確認を訴求すれば足りることで、改めて40条の6を規定して労働契約の申込みをみなす必要はない。仮に同条に基づき労働者が「承諾」し新たな労働契約が成立すれば、同じ供給先と労働者との間に二つの労働契約が併存する事態になる。当事者間で存在する二つの労働契約というものがあり得るのか、両者はどのような関係になるのか。

　それらの問題もあるから、単に上記「見解」を述べるだけでは済まない。厚労省にはそれを明快に説明すべき所轄官庁としての責任があるし、研究者は論拠を示して見解を述べるという、固有の社会的責任を果たさなければなるまい。同時に、労供事業は何故禁止されるのかに対する適切な解答・説明が伴なわれなければならない。

(9) 要点

　敗戦後も、また1947年の職安法制定当時まで、世間では現実に労供事業が展開していたから、政府の関係者はその弊害を見聞し、職安法の施行によって直接雇用が実現していく過程をも観察していた。直接雇用の原則は、労働者を指揮命令して自己のために就労させるためには、当該労働者と直接に労働契約

を締結して指揮命令権を得なければならないというだけのことで、民法も一応はそれを原則としており、なんの変哲もないことである。労働法は強行法規であるから、当事者の合意によって例外を設けることを認めないが、法律家でなくてもその原則は容易に理解し得る。それだけに、国会審議の過程で、労供事業を禁止した趣旨について、直接雇用を労働法の「原則」として自然に直感的に捉えていたと見られる。

ところが、感覚的に捉えた直接雇用の原則を積極的に評価したものの、明確に理論化して叙述し、労働法の基本原則として定式化し、確認するまでには至らなかった。言葉としては「封建的な雇用慣習の残滓」を排除し「労働の民主化」を目指すといっても、その「封建的な雇用慣習」とは具体的に何を指し、その「残滓」がどのような形で残っているのか、非・民主的労働関係とはどのようなことで「労働の民主化」とはそれを具体的にどのように変革することなのかを、明快に叙述し、客観化（文章化）し、理解を共有することがなかった。その結果、政府内部でも、各人各様にあるいは各部署で、その時の雰囲気とか状況に任せて、行政解釈を行なっていた、と言っても過言ではないほどであったことが禍根を残し、その後の行政解釈の内容が動揺していくことになったのではあるまいか。

市民法のレベルで考えても、雇用契約を結んで初めて労働者を指示して就労させることができる。契約を結ばないまま指揮命令して就労させ、労働災害や賃金未払い等が発生した場合にも使用者としての責任をとらず、労働者保護に欠けるからこそ、偽装請負（労働者供給）は反価値的であり、職安法は罰則をもって禁止し、派遣法は派遣を合法化する際、多くの規制を加えた。直接雇用の原則を的確に定義していれば、供給先と労働契約が結ばれていてもなお労働者供給にあたる、といった、何のために労供事業を禁止したのか判らない事態を招く、奇怪としかいいようのない解釈が生まれることはなかったのではあるまいか。

二重の偽装請負である竹中工務店事件において、大阪高裁は、偽装請負は労供事業であると解したうえで、労働者供給の全体構造を示し、労働者、供給先、供給元を結ぶものとして、上記の行政解釈と同様、支配関係、雇用関係の2様があり、したがって、4つの類型があると解説した。結論も行政解釈等と同様

であった[33]。判決において労働者供給概念につき全体構造を示すようなことは稀な例であり、知見を示したのだが、反って自らの浮薄な認識を告白するという皮肉な結果となっている。

3　供給元と労働者との法的関係

供給元と労働者との法的関係については、労働契約関係にある場合と事実上の支配関係の場合があり得る。

(1) 事実上の支配関係の場合のみ、労働者供給とする見解

職安法44条が労供事業を禁止しているから、それが公然と営なまれることはない。必然的に偽装請負の形が多くなるが、派遣法制定以前は、労供事業は違法として処罰の対象となるという、法的には単純な状況であったから、供給元が労働者を雇用しているか、それとも事実上支配しているだけかが特に問題となることはなく、労働者を現実に指揮命令して就労させている者が労働法上の「使用者」の要件を充たしているかがほぼ唯一の着眼点であり、その判断さえなされれば、職安法44条の適用に問題はなかった。

派遣法が制定されて、派遣と労働者供給とを区別することが実務上も理論上も不可欠になり、それとともに、改めて供給元と労働者との法的関係も論じられることになった。

(ｱ) 行政解釈

派遣法施行通達は、「供給元と労働者との間に労働契約関係がない場合には供給先と労働者の間の労働契約関係の有無を問わず供給契約に基づいて労働者を供給先の指揮命令を受けて労働に従事させるものが労働者供給に該当する」と述べた。供給元と労働契約関係がない、事実上の支配の状態にある労働者の提供を労働者供給としたこと自体は妥当である。

労供事業の典型である偽装請負は、現実には下請会社は自ら業務を行なうことはなく、確保している労働者を注文主の指揮命令下の使用に委ねるものだが、下請会社の労働者確保の手段が事実上の支配か雇用によるかは問われない、職

---

[33]　竹中工務店事件・大阪高判令5.4.20労旬2040号61頁。同判決について、萬井評釈23＝労旬2040号14頁。

安法制定以来、一貫してそう理解されてきた[34]。派遣法制定後も事情は同じであり、法理論も同じはずであるにもかかわらず、下請会社が雇用している場合は派遣であり、労働者供給ではないと理解する、労働者供給と違法派遣を二者択一的に捉えている点で不適切な行政解釈および最高裁判決がある。

派遣法施行通達（行政解釈）は、再度言えば、70年ミスを引き継ぎ、供給元と労働契約関係がある場合でも「供給先に労働者を雇用させることを約しているものは……労働者供給に該当する」と述べた。偽装請負では請負会社は通常、労働者を雇用しており、また注文主に「雇用させることを約して」いることは現実にはほとんどないから、偽装請負は派遣であり、労働者供給ではないと解したわけである。松下PDP事件は偽装請負の事案であり、原告は黙示の労働契約論に依拠して労働契約関係の存在の確認を請求した。最高裁は派遣法施行通達とは反対に、それを違法派遣と把握し、「派遣である以上は……労働者供給に該当する余地はない」と判示した[35]。ただ、派遣か労働者供給かが争点の事件ではないから、同判示は傍論にすぎない。偽装請負を背景とした同じ類型の訴訟は多いが、寡聞にして、労働者の提供元が雇用していたか、事実上の支配関係であったかが主要な争点となった事件は聞かない。

(イ) 行政解釈に同調する学説

派遣法制定時には推測もされなかったことであるが、近年、労働契約申込みみなし制の適用の可否に関し、労働者供給は違法派遣ではないという厚労省見解 (9.30通達等) と接合して、事実上支配説は裁判所の判断に影響を与えている。かつて中職審『構想』が示したその見解を支持する研究者が存在する。

(a) 菅野和夫氏は、派遣法制定・施行への動きを横に見ながら執筆されていたことになるが、法制定直後に上梓された『労働法』（初版、弘文堂、1985年）において、従来は「たとえ契約形式が請負であっても」職安法施行規則4条の要件を充たさないものは労働者供給にあたるとされてきたが、派遣法制定とそれに伴う職安法改正以降は、「自己の雇用する労働者を他人の指揮命令下にその他人に使用させる『労働者派遣』も『労働者供給』の適用範囲外に置かれる」

---

34) 萬井論文4＝労旬1557号6頁。
35) 同事件・最2小判平21.12.18労判993号11頁。

と述べられた[36]。明快な表現ではないが、要件を充たす労働者派遣は職安法が定める「労働者供給」から除外されるから、職安法44条の適用範囲外に置かれると読めば妥当なものである。

しかし、すぐその後に続く、「このような『労働者派遣』に該当しない形態」で労働者を業として他人に提供することが労供事業とされるというフレーズが問題である。前半の「労働者派遣に該当しない形態」が自己の雇用しない労働者を提供するものを指し、それだけが労供事業とされるという趣旨であるとすれば、雇用する労働者を他者に提供して使用に委ねることは違法な派遣ではあるが労供事業ではないとする事実上支配説になる。あとは、適法な業務請負、出向等と比較しながら労働者派遣の意義を説かれるだけで、偽装請負を正面から取り上げ、それと労供事業との関係を詳述されることはなかった。

2010年刊の『労働法』〔9版〕に至って、「『労働者派遣』に該当する偽装請負は、労働者派遣法が定める要件や規制を充足していない点で違法性が生じるが、他方、それに該当する以上『労働者供給』の定義からは除かれる」と明記された。「『労働者派遣』に該当する偽装請負」とは典型的な偽装請負（同氏のいう「労働者派遣タイプ」）を指す。下請会社が労働者と労働契約を結んでいる場合、偽装請負は（違法）派遣であり、派遣と労働者供給は二者択一であるから、それは労働者供給ではないという論理である。そして、「業者Aが業者Bから業務の処理を請け負い、その遂行を個人事業主である業者Xに下請させて、XがBの事業場でBの指揮命令を受けて業務処理に従事するという個人請負タイプ、業者Aが業者Bから業務の処理を請け負ったうえ、これを業者Cに下請させ、業者Cがさらに業者Dに下請させ、業者Dの労働者がBの事業場でその指揮命令を受けて業務に従事するという多重請負タイプ」は「労働者供給に該当しうる」とされた[37]。明確な事実上支配説であり、多重請負タイプについての指摘は9.30通達に先行している点で注目される。しかし、偽装請負は職安法上は労働者供給であり、同時に派遣法上は違法派遣であると解すべきであり（第2節5で詳述する）、到底、賛同できない。

---

36) 菅野〔初版〕44頁（1985年）。この記述は同〔8版〕46～47頁（2008年）まで続く。
37) 菅野〔9版〕214～215頁(2010年)。菅野氏は、偽装請負は派遣または労働者供給にあたるといった曖昧な表現も繰り返しながら、結局、同〔13版〕(84頁、889～890頁)に至るまで、同見解を維持されている。松下PDP事件・最高裁判決・前掲注36）と符節が合うから、同判決への批判が妥当する。

(b)　はしがきで「掛け値なしの『共同執筆』」とされるから同一見解ということになるが、野田進氏、中窪裕也氏は「労働者供給では供給元と労働者の間には事実上の支配関係しかない」と断言され、後に、派遣は派遣元が雇用する点で「労働者供給と区別される」と表現を改められたが、引き続き事実上支配説をとられる[38]。

(c)　鎌田氏は、他の企業へ労働者を供給するもので、供給元と雇用関係になく事実上の支配関係だけのもの、および、供給元に雇用されているがあらかじめ供給先に「雇用させることを約し」たものは労働者供給にあたるが、「労働者の自由な意思に基づいて結果として供給先と直接雇用契約が締結された」場合は「前もって……雇用させる旨の契約があった訳ではないので、労働者供給ではなく、労働者派遣に該当する」とされる[39]。

　供給先による雇用が就業以前に約されていたのか、供給先における就業が始まった後、しばらくして、労働者の自由意思に基づいてそうなったのかの違いによって、前者は労働者供給であり、後者は派遣に該当するという解釈の根拠については、研究者らしからぬことだが、ただ『派遣取扱要領』を参照されるだけで、氏独自の説明は何もない。しかし、時点がいつであれ、労働者が供給先に雇用されたのであれば、それ以降は二者間の労働契約関係である。直接雇用の原則を充たすものになったのであるから、間接雇用ではなく、職安法や派遣法による規制の対象となる労働者供給でも派遣でもあり得ない。

　鎌田氏は、図2では供給元とは「支配従属関係（雇用関係を除く）」、供給先とは「指揮命令関係又は雇用関係」にあるものを、図3では供給元、供給先とも「雇用関係」があるものをいずれも労働者供給とし、図4では供給元と雇用関係、供給先と指揮命令関係のものは「労働者派遣として労働者供給から除外」と述べられる[40]。だが、図4で派遣に移行するのは適法な派遣だけであって、実態が偽装請負である場合は、やはり労働者供給であると言わざるを得まい。先にみた齟齬もあり、結局、鎌田氏が労働者供給をどのようなものと認識されているのかは曖昧で、厳格な定義を持たれてはいないと観られる。ただ、供給元と事実上の支配関係にある労働者が供給された場合は労働者供給にあたると

---

[38]　野田進・中窪裕也『労働法の世界〔第13版〕』（有斐閣、2019年）159頁。
[39]　鎌田・諏訪〔2版〕49～50頁（鎌田）。
[40]　鎌田・諏訪〔2版〕47頁（鎌田）。

述べておられることは間違いない。

(d)　近年、事実上支配説をあらためて説く見解がある。沼田雅之氏は労働者供給の図を示し、供給元と労働者を結んだ線に「支配従属関係」との説明を付し、本文に「労働者供給では供給元と労働者の間には事実上の支配関係しかない」と、山川和義氏は「供給元が実質的に支配している労働者（ただし、供給元との労働契約関係はない）を……」と明記される[41]。結論だけで、研究者らしからぬことだが、紙幅が少ないことは論証がないことの理由にはならない。

(ウ)　まとめ
(a)　現実に行なわれる偽装請負では下請会社は労働者を雇用していることが大半である。事実上支配説をとり、偽装請負の場合、下請会社が事実上支配下においている場合にのみ職安法44条が適用されるとすると、実際に適用される対象はほとんど存在しないことになり、職安法44条はほぼ死文化する。また、事実上支配説は9.30通達に理論的根拠を提供し、それを支えて、偽装請負の注文主に対する労働契約申込みみなし制（派遣法40条の6第1項5号）を適用される余地のない条項にすることになる。

そのような多大な負の効果を導くにもかかわらず、事実上支配説を採る人は結論だけで、その解釈を合理的だとする論証をされないことが多い。理論的にも実践的にも、労働者供給の概念と提供元・労働者間の関係にかかわる問題があまりにも軽視されている。

(b)　荒木尚志氏がその論証を試みられた点は評価したい。だが、職安法4条8項が派遣法2条1号にいう「労働者派遣」は労働者供給には含まれないと規定したこと、派遣法2条1号は派遣元が「雇用する労働者を……」と定めていることを指摘し、労働者派遣は「自己の雇用する労働者を当該雇用関係の下に労働させる点で、労働契約関係のない図表18-11①②タイプの労働者供給と区別される」といい、アプリオリに労働者供給と派遣は二者択一的関係にあると解したうえで、雇用する労働者を他人の指揮命令下で就労させることは違法合法を問わず、すべて「派遣」であると定めたものと解し、それは職安法4条8項により「労働者供給」から除外されるから、雇用しない、事実上の支配下に

---

41)　藤本茂ほか編著『ファーストステップ労働法』（エイデル研究所、2020年）309頁（沼田）、和田肇ほか『労働法〔第2版〕』（日本評論社、2019年）84頁（山川）。

ある労働者を他の企業に提供するものだけが労働者供給にあたると説かれる[42]。だが、図③では供給元と労働者を「労働契約」で結んで、それも労働者供給に含まれるとしており、主張に看過し難い矛盾がある。

　派遣法において、派遣会社が労働者を雇用していることは適法な派遣の必須の要件である。しかし、現実の偽装請負を見れば明らかなように、労働者を雇用してさえいれば、当該労働者を他の企業に提供し、その使用に委ねることはすべて派遣である（労働者供給には該当しない）と認められるわけではない。派遣法2条1号自体が、自らが雇用する労働者を他の企業が部分的な労働契約を結んで使用するものは（二重の労働契約説による）出向としている。派遣業についての許可を得ていなければ適法に派遣を行なうことはできないし、派遣を行なうためには労働者派遣契約を結ぶ必要もある。供給元が雇用しているからといって、それが職安法の適用を免れるために「故意に偽装されたもので……事業の真の目的が労働力の提供であるとき」は労供事業とみなされる（職安法施行規則4条2項）。三者間の労務提供関係を、労働者供給ではなく、違法派遣と判断するためには、それらいくつもの論点を検討しなければならない。

　職安法4条8項は派遣法の要件を充たす適法な派遣は「労働者供給」には含まれないと定めたにすぎないし、労働者を「雇用」していることは労働者の提供が適法な派遣と認められるための必要条件の中の一つにすぎない。適法な「派遣」に係る定義規定の趣旨と職安法の違法な「労働者供給」の定義規定の意義を総合的に理解する必要があるにもかかわらず、事実上支配説は、派遣の定義規定のうち全体の文脈の中から「雇用する……」が唯一の派遣の要件であるとでも錯覚したのか、「雇用」という文言だけを抜き出して、それを職安法の、派遣法2条1号に「規定する労働者派遣」の中の「派遣」と機械的に直結させただけで、あるいは移し替えただけで、それは「労働者供給」から除かれると解した。類似の概念と比較検討するわけでもなく、関連するいくつかの規定、特に故意の偽装を戒めた職安法施行規則4条2項の趣旨を慎重に考察するでもない、短絡的で粗雑な立論という以外にない。

　何故、供給元が雇用せず、事実上の支配関係にある場合にのみ労働者供給となるのか論証することなく、職安法4条8項の「労働者供給」の定義を紹介す

---

[42]　荒木〔初版〕432頁、同〔5版〕（2022年）596〜598頁も同じである。同旨、菅野〔13版〕890頁、安西『多様』23頁。

るだけで済まされる問題ではない。その結論が、偽装請負の場合には請負会社が労働者を雇用していないから労働者供給であり違法派遣ではない、したがって、労働契約申込みみなし制は適用されないとする 9.30 通達を支えていることを再度、顧みる必要がある。

(2) 労働契約関係がある場合も、労働者供給となるとする見解

職安法施行以降、提供される労働者が供給元と労働契約を結び、雇用されている場合があると解されてきた。職安法施行規則 4 条 3 号は、「作業に従事する労働者に対し、使用者として法律に規定されたすべての義務を負うものであること」と定めている。それは業者と労働者は労働契約を締結し、労働法上の使用者としての責任を負うことを前提としている。労働者を雇用している業者であって初めて、適法な業務請負を行ない得ることを定めた同条項は、派遣法制定後もそのまま有効に維持されている。上記の学説が多数を占めることは自然なことである[43]。

4 小括

(1) 理論上の問題

労供事業においては、供給先は供給元から提供される労働者をあたかも使用者であるかのように指揮命令して就労させ、その成果を得る。だが、労働者と労働契約を結んでいるわけではなく、供給元に対して労働者提供の代価を支払うだけで、それは労働者がモノのように賃貸借の対象となった状況であり、「労働は商品ではない」とする ILO が定める国際的規範および職安法 44 条に違反する。

職安法 44 条は主要には供給先の行為を問責する。供給先は労働者を雇用していないまま指揮命令して就労させる点で直接雇用の原則にもとるから問責される。雇用していれば供給先と労働者は通常の二者間の労使関係であり、職安法 44 条が問題となることはない。派遣法 40 条の 6 第 1 項 5 号は偽装請負の注文主（違法供給先・違法派遣先）による労働契約申込みをみなすが、偽装請負は

---

[43] 阿久沢亀夫「臨時工・社外工をめぐる諸問題」日本労働法学会編『新労働法講座 8：労働者保護法 (2)』(有斐閣、1967 年) 408 頁、島田信義「社外工をめぐる法律問題」労旬 421 号 (1961 年) 10 頁、外尾・前掲注 2) 79 頁等および萬井論文 4 = 労旬 1557 号 6 頁。

労働者供給事業の典型的な形態であり、それについてみなし制が適用されることは、その時点では偽装請負の注文主と労働者の間に労働契約が存在していないことが前提である。供給先が雇用している場合も労働者供給であるとする荒木氏や鎌田氏らはその根拠を説明し得ず、労働契約申込みみなし制の説明に窮する。当該条項について説明できないことは、その理論がもとから成り立ち得ないことを強く示唆する。

他方、就労の構造が客観的に労働者供給の形態であれば、供給元としても職安法44条違反の責任を免れることはできない。供給する労働者を雇用しているか、それとも事実上の支配下にあるだけなのかは問題にはならない。それは当事者間で解雇、賃金不払い、就労中の事故などの場合に、雇用されているか否かによって差別は許されないことを前提に、どのような法的処理がなされるかといった局面で問題となる性格のことである。

なお本庄氏は、偽装請負は「業務遂行、労務管理および事業運営」のすべてについて「注文主からの独立性」の有無を判断基準とされる[44]。判断対象は事業運営全体に限られるという主張であるとすれば、適切ではない。ある特定の業務に関して当該業務の遂行を注文主が指揮命令していれば、その限りにおいて派遣法40条の6第1項5号違反となり、当該業務に関わっていた労働者に対する契約申込みみなしが成立すると解すべきである。

職安法による労供事業禁止だけの法制の下では、それは罰則の適用対象となる行為か否かの問題で済まされたが、1985年、派遣法が制定されて以降は、間接雇用に、違法な労供事業と適法とされる派遣が併存することになったから、両者の区別が重要な意味を持つことになった。ところが、その「労働者供給事業」をどのように捉えるかが曖昧なままでは、相関的に「労働者派遣」の意義も曖昧にされ、さらには、それらと機能的に類似点をもつ「出向」との区別までも曖昧にされる。したがって、それら三者間労務提供関係の起点であり、また基点でもある「労働者供給事業」概念を明快に定義づけることが重要な意味を持つことも再確認する必要がある。

---

44) 本庄淳志「直接雇用の申込みみなし規制をめぐる解釈問題：1項各号の関係整理、および『承諾』の意思表示のあり方を中心に」静岡26巻2号（2022年）89〜90頁。

(2) 法解釈の社会的妥当性

　労働者供給における供給元と労働者の関係についての事実上支配説は論理の筋も通らないが、それが9.30通達の理論的支柱となっており、法解釈の社会的妥当性という視点からも不適切だと言わざるを得ない。法解釈が導く現実問題は当該法解釈の妥当性と深く関わる。事実上支配説をとった菅野氏（山川氏）、荒木氏、沼田氏らはその現実的なマイナス効果についても責任を問われることは避けられない。

第2節　労働者派遣の構造と違法派遣

1　派遣制度の趣旨
(1) 対象業務の無限定化と派遣制度

　労働者派遣法は派遣を合法化し雇用者と使用者が分離することを容認することになったが、それは職安法45条に基づき労働組合が営む場合を除いて、労働者供給事業をすべて禁止してきた従来の雇用法制を根本から改変するものであった。

　労供事業禁止から一気に全面的に派遣が容認されたわけではない。最初は、政令95号（派遣法施行令2条）により、対象を「専門的な知識、技術、経験を必要とする業務」および特殊な雇用管理を要する業務とし、企業内で恒常的に雇用し続けることは効率が悪く不合理だという説明で、ソフトウェア開発、事務用機器操作、通訳・速記、原価計算・決算等の会計・経理など13の業務に限定して合法化された。その後、対象業務は徐々に拡張され、1999年法改正によって基本的に自由化され、2003年には就労には危険が伴うという理由で除外されていた製造業務までも派遣可能とされた。

　派遣対象業務の無限定的な拡張は派遣制度の趣旨そのものの変更である。それに対しては、「専門性や臨時的・一時的必要性という要件が廃棄されると、そもそも労働者派遣制度はなぜ必要なのかという根本的な疑問が生じる」と述べる西谷敏氏や、「テンポラリーワークとしての労働者派遣の性格を無きに等しいものにする」という浜村彰氏等の批判があるが、政府（厚労省）にその批判に対応する姿勢はなく、今や派遣対象業務の制限はほとんど存在しない。伍賀一道氏は、端的に、労働者派遣は「派遣先が必要とする時に、必要な種類の

労働者を必要な人数だけ送り込み、労働者は派遣先の事業の機構に組み込まれ、そこでの指揮命令を受けながら就労する」ものだと説明される[45]。

現在、派遣は労働者を求める企業と職を求める労働者のマッチングに有効であるといった、一般的な位置づけで容認されている。企業の需要に適合する技術、経験などを備えた労働者を派遣会社が確保できさえすれば、企業にとって派遣制度は利用するにきわめて好都合である。しかし、労働者にしてみれば、派遣会社に期間の定めのない正社員として雇用されるとは限らないし、常用雇用されたとしても就業して賃金収入を得たいときに適当な派遣先が見つかるという保障はない。その時は、休業する以外にないから、休業手当は得られるとしても、安定的に収入を確保できるとは言い難い。また、派遣先が確保されたとしても、現実に指揮命令を受けて就労することになる派遣先としてどのような企業を指定されるかは不明であるといった点も含め、不安が多い就業形態である。

派遣システムとしては、従来は曲がりなりにも派遣事業の適正な運用のために派遣元を規制する法律であったものを、2015年法改正により、事業所レベルでは従業員の過半数代表の意見を徴しさえすれば（合意がなくとも）派遣システムを利用し続けられることとした派遣法40条の2第4項が象徴するように、"派遣の運用を派遣先の都合に合わせる法律"へと法律の性格が大きく変わり、派遣の利用に対する制度上の制約は極めて乏しくなった。しかし、それでもなお、社会的には派遣そのものに対する根強い批判的な見解が依然として存在していることを反映して、労働者個人レベルでは同一の企業では派遣可能期間は3年に制限される等、様々な規制は存続し、さらに、偽装請負を含む違法派遣が目に余る事態もあったから、2012年改正に際し、一定の違法派遣が行なわれた場合、違法派遣先が労働契約を申込んだものとみなし、労働者が「承諾」すれば労働契約が成立する制度が創設されたように、規制が強化された面もある。

具体的な問題や紛争について検討する場合、研究者は派遣法、派遣制度を客観的に正確に把握して理論的に対応することが求められる。

---

[45] 15年改正案について毛塚勝利氏は「間接雇用促進法」と命名された（「『2014年労働者派遣法改正法立案要綱』を読み解く」労旬1816号（2014年）7頁）。西谷敏『労働法の基礎構造』（法律文化社、2016年）194頁、浜村彰「これはもう労働者派遣法ではない」労旬1847号（2015年）4頁、伍賀一道『「非正規大国」日本の雇用と労働』（新日本出版社、2014年）114頁、萬井『法論』96頁等。

(2) 労働者にとっての派遣の「メリット」

　派遣は労働者にとってもメリットがあるという見解がある。それは、就労の時期や就労先を自由に決定することができ、また、企業に全面的には包摂されないので、人間関係に拘束されるとか煩わされることが少なく、就業時間が終われば確実に自由になることができる等を理由としている。就労の時期や就労先の決定が実際に自由なのかは疑問であるが。

　ただ、アンケート方式による調査やインタビューについては、留意すべき点がある。それは、人は一般に、現在自らが置かれている状況を否定的に見ることを可能な限り避ける傾向があるということである。それを否定的に見ることは自らの存在それ自体を否定的に見ることに通じ、愉快なことではない。人は誰しも、できれば自らと自らが置かれている状況を肯定的に捉えたい。したがって、労働環境などについて問われた時には、無意識で、より肯定的楽観的に答えることになる。それをそのまま客観的な状況と理解することは必ずしも、事態を正確に捉えたことにはならない。

　正規労働者と比較して、派遣労働者を含め非正規労働者が企業に包摂されない状況にあることは間違いない。しかし、それはサービス残業や年次有給休暇の取得状況、さらには過労死などが象徴する、法律違反をも含む、正規労働者の不正常な状況の反映である場合もあり、むしろ歪められた認識と観るべき点もある。労基法の視点からは時間外労働は基本的に無く、時間外労働があればそれに対応する割増賃金の支払いがあり、また、年休は完全消化することが正常な状態である。派遣労働者を含む非正規労働者が、勤務時間が終了する時刻に就業を終えるとか、時間外労働について割増賃金を請求できること等を「メリット」と観る状況が存在することこそ異常である。正規労働者の不正常な労働状態が一般化しているため、規矩のあり方が不正常となり、それが歪んだ認識を醸成している。派遣の「メリット」なるものは根本から見直す必要がある。

(3) 派遣法から逸脱する見解について——橋本陽子氏の例

　一部に、見解の相違では済まされない、派遣法の枠組みから逸脱する見解がある。

　橋本陽子氏は、二重の偽装請負に契約申込みみなし制を援用し、注文主に「承諾」の意思を伝えて労働契約関係の存在確認を求めた竹中工務店事件について、

原告Xは三次元CADを使用する建築設計（BIM業務）を行なうことを希望していたから、「引き続き、Y$_1$（注文主：竹中工務店──筆者注）でBIM業務に従事するためには、Y$_2$（元請け：TAK──筆者注）からY$_1$に派遣されるという方法を実現する必要」がある、注文主との間に「無期の雇用関係が成立するという結果が必ずしも適切であるとはいえない」、「解決策としては、XがY$_2$に雇用され、Y$_2$からY$_1$へ派遣されるという就労形態の実現が望ましかった」、と述べられた[46]。だが、それにはいくつかの疑問がある。

厚労省は改正法施行に伴う9.30通達において、二重の偽装請負の場合は、「原則として、労働者を雇用する者（下請負人）と直接請負契約を締結している者（元請負人）が労働契約の申込みをしたものとみなされる……注文主は下請負人とは直接請負契約を締結していないため……原則として元請負人から労働者供給を受けているものと解され、この場合に本条の適用はない」とし、大阪地裁は同通達に準拠して、竹中工務店への適用を否定した。しかし、同通達はそれだけでは終わらず、労働者が元請負人に「承諾の意思表示をした後……注文主が偽装請負等の目的をもって偽装請負等の状態で役務の提供を受けた場合には、みなし制が適用され」るとしている。Xは竹中工務店、TAKの両社に同時に「承諾」しており、同通達によっても、「承諾」が届きTAKに雇用された瞬間、同条が適用され、Xと竹中工務店との間に労働契約が成立したことになる[47]。Xは竹中工務店が雇用する労働者としてBIM業務に就くことができるから、まずTAKに雇用され、それから竹中工務店に派遣されるという迂遠な方法は必要ではない。

竹中工務店に直接雇用されたとしても、具体的にどのような業務に就くかは基本的に使用者が決めるから、Xが望むBIM業務を指示されるとは限らない。しかし、三次元CADを使用する建築設計（BIM業務）という業務を担当することは労働者にとっては重要な「労働条件」であるが、Xは契約申込みみなし制に基づき違法派遣当時と「同一の労働条件」で雇用されることになるから、順当ならば竹中工務店において当該業務を担当することになる。派遣法40条の6の適用あるいは類推適用を否定することは解釈論として誤っているだけで

---

[46]　橋本陽子「二重派遣（二重偽装請負）と労働者派遣法40条の6－竹中工務店事件の検討と派遣から職業紹介への転換可能性について」労旬2040号（2023年）49頁。

[47]　同旨、鎌田・諏訪〔2版〕342頁（山川）。

なく、橋本氏は無用の配慮をされたことになる。

次に、TAKから竹中工務店への派遣という就労形態が「望ましい」と述べられることも疑問である。派遣法40条の6で契約申込みをしたとみなされるのは偽装請負の注文主である。単純な偽装請負の場合、注文主は一社であるから紛れることはない。

二重の偽装請負の場合、元請会社も下請会社から提供を受けた労働者に注文主の指揮命令に従って就労するよう指示するから、その限りにおいて「派遣の役務の提供を受ける者」として同条項の名宛人に該当する。注文主、元請会社のいずれが適用対象となるのかについて規定されてはいない。ただ、元請会社は具体的に就労について指揮命令するわけではない。元請は注文主の下で就業するよう指示し、その限りでは労働法上の「使用者」ではあるが、労働者は現実には注文主の指揮命令に従って就労している（だからこそ、二重の偽装請負と判断される）から、社会的には当該注文主が「使用者」というに相応しいし、注文主との間に労働契約関係を創設し、引き続きその状況で就労が可能となるようにすることが適切であるから、それが同条項の趣旨と解される。そうして初めて、直接雇用の原則が活かされることにもなる。

竹中工務店事件では、原告は注文主（竹中工務店）を主たる相手方として訴えを提起しており、元請会社（TAK）は第二次的な相手方という位置づけである。仮にTAKに雇用されたとしても、引き続き竹中工務店に派遣される保障はなく、TAKによる雇用－竹中工務店への派遣ということが実現するとは限らないから、橋本氏が「望ましい」という、元請けのTAKに雇用され、そこから注文主の竹中工務店に派遣されるということは、解釈論として法律の条文に反するだけでなく、何よりも、当事者の意思にも反する。

橋本氏も、二重の偽装請負の場合、注文主と元請会社の二社とも契約申込みみなし制の適用対象であることは否定されまいが、なぜ、元請会社による採用を認めながら、原告の意思を無視して、注文主による採用を認めない高裁判決を「妥当」と評価されるのか。その説明はなされていない。もっとも、試みたとしても、論証が可能なこととは考えられないが。

第三に、訴状によれば、Xは下請会社キャリアの期間の定めのない従業員であったから派遣可能期間の制限はないが（派遣法40条の2第1項）、派遣労働者は有期雇用である場合も多い。派遣は本来、企業が臨時の必要があって一時

的に利用し得る就労形態である（25条）。派遣元において有期雇用の場合には、同一の労働者を3年以上、派遣し続けることはできないから（40条の2第2項）、Xが仮に有期雇用であった場合には、竹中工務店へ派遣されて希望するBIM業務に就き続けることはできない。本来、同条項は派遣元に3年で雇用の打切りを促す趣旨ではない。雇用労働者は本来、期間の定めのない労働契約によって就労することが望ましいと考えられ、派遣先が期間の定めのない契約による雇用の形態へ移行する、あるいは、少なくとも派遣元が無期雇用に切り替えて従来と同一の派遣先で就労し続けられるよう促す趣旨である。

橋本氏は、事案の概要として、キャリアと「無期労働契約」を締結したとは紹介されるが、重要なはずの、それが「同一の労働条件」として引き継がれることの指摘はないから、キャリアで無期雇用であることを論拠として、TAKに雇用され、竹中工務店に派遣されることが「望ましい」と述べられたのかは不明である。また、派遣元で無期雇用であったとしても、派遣元と派遣先との間の労働者派遣契約が、通常の商取引として合理的理由の有無も問われないまま中途で解除されることがないわけではない。そうなれば、仕事を失った派遣元は労働者を解雇せざるを得なくなる。その意味で、派遣という就労形態そのものが不安定就労形態である。そこまで見越してなお、派遣が「望ましい」と述べられる理由は何であろうか。

橋本氏は労働者派遣というシステムをどのようなものと認識されているのか推測し難い。一般的に論じる場合であれば、ある程度は自由な考察に委ねられる。しかし、判決評釈の場合には、当該事件の事実関係、当事者の主張、適用される派遣法の条文の解釈等から遊離することはできない。原告が竹中工務店に対し派遣法40条の6第1項5号を適用し、同社との労働契約関係の存在確認を求めているにもかかわらず、同条項の解釈として認め難いと論証されないでいながら、TAKに雇用されて竹中工務店へ派遣されるという就労形態が「望ましい」と感じるというだけで、原告の主張を否定することは妥当とはいえない。法解釈論を徹底されない点で疑問であるだけでなく、客観的な根拠に裏打ちされない、「望ましい」というだけの個人的感情論、事件の解決方法に関する好みの表明にすぎず、判決評釈の筋から外れている。解釈論もさることながら、解釈する際の基本的姿勢に問題があるといわざるを得ない。

2　派遣の定義——適法な派遣と違法派遣

　派遣という言葉は日常の用語として新聞記事などでも一般的に用いられる。辞典では、選手団とか外交使節の派遣を例に、「仕事や役目を与え、命じてある場所へ行かせること」とか「任務を負わせて、他の地に行かせること」と説明されている[48]。一般の派遣の場合には、当該派遣をした選手団の所属する体育協会なり外交使節の本国政府が派遣先での活動を指示する。ただ、災害地へ自治体が支援のために職員を派遣する例もあり、その場合には、派遣された職員は当該被災地の自治体の具体的な指示や要請に従って活動するから、企業による派遣と共通する点もある。

(1) 労働者派遣の構造

　辞書の説明は外形的には派遣法上の「労働者派遣」にも妥当する。労働法上、派遣は、派遣元が雇用する労働者を派遣先へ提供し、その使用に委ねる三者間の関係であり、法律論は通常の二者の労使関係の場合よりも複雑な様相を呈する。法的には適法な派遣とそれには含まれない違法派遣とを明確に分けて考察し、違法な派遣については、特にその三者の関係をリアルに捉えて、具体的な紛争の解決に向けた法理論を構築する必要がある。

　派遣先は就労させる業務を具体的に予定し、それに適合するように、資格や経験、技能等を指定して派遣の引き合い行なったうえで、派遣会社に労働者の派遣を求める。派遣会社は即座にその要請に応えられなければ営業が立ち行かないから、その要請に応えることは喫緊の課題であり、条件を充たす労働者を探し確保するため、常々、可能な限りの努力を怠らない。派遣では即戦力が期待され、派遣の時点において作業能力を身に付けていることが前提とされる。派遣を受けてから、就労に先立って不可欠な現場の状況や使用する機器の説明などは行なうが、派遣先が労働者に基礎的な労働研修をさせることはなく、採用の際にはその視点から労働者を選抜する。そのような状況に対処するために、派遣会社が技能や知識を維持向上させるために研修施設を別会社として経営している例も多い。注文があればただちに応じられるようあらかじめ採用して確保する常用雇用型の場合はもとより、登録という形で労働者をプールし、注文

---

48)　山口明穂・秋本守英編『詳解国語辞典』（旺文社、1992年）、松村明・佐和隆光・養老孟司監修『辞林21』（三省堂、1993年）。

があればその中から選抜し雇用して派遣する登録型の場合にせよ、派遣元が設定した一定水準の労働能力があると判断した労働者だけが登録される。水準に満たない労働者は登録を拒否され、派遣の機会に恵まれないことになる。

派遣労働者は、現に身に付けている技術や経験をもって応募する以外にない。賃金をはじめとする労働条件も希望どおりのものが提示されるとは限らないし、通勤距離、時間等も無視できないから、労働者は派遣先を自由に選べるわけではない。派遣会社間の競争もあるし、派遣元と派遣先間の駆け引きもある。当然のことだが、派遣に関わる三者は互いに自由に行動し得るし、実際に行動しているというわけではない。

労働者は独立の人格として企業と対等平等であるが、現実には力関係に質的な差があるという、労働法の生成や存在意義にも関わる基礎的認識を欠くことはできない。派遣先と派遣元の関係も、法的にはともかく、企業同士だからといって社会的には必ずしも常に対等平等というわけではない。派遣先となる企業は派遣会社を自由に選ぶことができるが、派遣会社は数も多く、企業間競争も激しいという立場の相違があり、一般には派遣先となる企業が優位にあり、そのため、不条理とみられる状況がみられることもある[49]。常に、派遣というものをリアルに捉える視点が不可欠である。

法的には、適法な派遣と違法な派遣との区別は常に重要な課題となるが、時折、その事情を蔑ろにした論述があり、そのため、問題を不要かつ不当に複雑化させていることがある。自明のことのはずだが、派遣には適法、違法という2つの形が存在することを確認しておきたい。

(2) 適法な派遣

派遣法2条1号は、派遣を「自己の雇用する労働者を、当該雇用関係の下に、かつ、他人の指揮命令を受けて、当該他人のために労働に従事させること」と定義し、消極的に「当該他人に雇用させることを約」さないものと注記している。後段は、出向を意味していると解されている[50]。派遣は、禁止されていた労供事業の一部を合法化する際、適法化される派遣について一定の定義で括ることが不可欠であったから、「自己の雇用する労働者」が対象となり、「他人」に提

---

49) 第1章第1節2 (3) 注3) のヨドバシ、パソナの関係を参照されたい。
50) 菅野〔初版〕153頁、高梨『詳解』189～190頁、和田ほか『派遣』71～73頁（西谷）。

供されて当該「他人の指揮命令を受け」て就労する等は、適法な派遣として当然である。派遣の合法化の経緯をふまえた派遣概念の意義を確認しておく必要がある。

(3) 違法派遣

　違法派遣は、社会的には偽装請負などの形で実態として多数存在するが、法的な定義は存在しない。自らが支配下におく労働者を他の企業に提供し、当該企業の指揮命令に従って就労させることは違法、適法いずれにも共通する。その場合に、適法な派遣の要件である、当該労働者が「自己の雇用する労働者」ではないことをはじめとして、当該業務が派遣対象業務から外れる（派遣法4条違反）、労働者を提供する者が厚労省の派遣事業の許可を得ていない（同法5条違反）、労働者派遣契約を締結していない（同法26条違反）、労働者と派遣について合意していない（同法32条違反）など、どれか一つでも該当する場合は違法派遣である。違法派遣はすべてただちに労働者供給を構成するわけではないが、その多くは、同時に、労供事業を行なったことになり職安法44条に抵触する。職安法44条は刑罰法規の側面をも持っているから、労働者供給についての判断は罪刑法定主義による厳密な解釈に委ねられる。

　違法派遣と判断されることになる行為がどのような態様でなされるかはあらかじめ推測し難いから、定義することは難しい。あえて定義すれば、同義反復になるが、「違法派遣とは適法な要件を充たさない派遣である」とでもいう他はない。誰が、法の網を潜るいかなる脱法策を考えつき、いかなる形態の違法派遣が出現するかは予測できないため、あらかじめ定義することはそれを狭く捉えることになる危険性があるから、定義しないことがむしろ適切である。定義をすると、その枠による規制を免れさえすれば法的には当該定義に当てはまらないため、社会的に不当と考えられる行為まで違法派遣とは認定されないといった不都合な事態を招くことになりかねないからである。

　適法、違法2つの「派遣」概念の意義とその関連の考察が理論的にも実践的にも重要である。ところが実際には、漫然と、違法な派遣派遣についても適法な派遣についての定義が利用され、実際にはその確認が疎かにされる傾向がある。端的な例は、派遣法40条の6は違法派遣の類型を列挙して、それに対する民事制裁を定めた規定であるから、第1項5号の「労働者派遣の役務の提

供を受ける……」という場合の「労働者派遣」は違法派遣であることは自明のことであるにもかかわらず、それに対して適法な派遣の定義である2条1号の規定を当てはめて解釈するといった筋の通らない解釈が行なわれることがあり、意外にもその例は少なくない[51]。それは、主として規定の趣旨を正しく理解していないことに起因するが、派遣といっても適法な場合と違法な場合があるという常識をわきまえて、慎重に解釈論を考えていく姿勢があれば確実に避けることができた過誤でもある。

3 派遣法上の「労働者派遣」概念について
(1) 行政解釈における「労働者派遣」概念
(ア) 派遣法施行通達において

1986年6月の派遣法施行通達以来続いていることだが、1999年の『派遣取扱要領』は「前もって……雇用させる旨の契約があった訳ではないため」というフレーズを挟んで、提供元が雇用している形態の労働者供給であっても、「他人に雇用を約し……」たものは「労働者派遣に該当する」と記した。だが、「自由な意思」であれ「前もって……ではない」であれ、労働者と提供先が労働契約を結べば、その時点で二者間の労使関係となり、それ以降は、雇用主は労働者を指揮命令して自らのために労働に従事させることになるから、それは、2条1号が派遣元が「当該雇用関係の下に……他人のために労働に従事させ」るとする定義に照らしても、「派遣」ではあり得ない。

所轄官庁の労働省（厚労省）が、なぜ、そのような解釈をするのか、不可解である。また、ある見解をとる場合には常にその論証をすべき研究者が、特に論拠を示すこともなく、それと同じ見解をとることには不審を抱かずにはいられない[52]。

(イ) 厚労省9.30通達──労働者供給・派遣二者択一論

9・30通達および行政解釈は、多重の偽装請負では「原則として、労働者を

---
51) 厚労省9.30通達、ハンプティ商会（AQソリューションズ）事件・東京地判令2.6.11労判1233号39頁、竹中工務店事件・大阪高判令5.4.20労旬2040号57頁、鎌田耕一「下請事業者がフリーランスを元請事業者の事業所内で就業させたことの『労働者派遣』該当性」季労282号（2023年）204頁など。
52) 『派遣取扱要領』10頁、それと同旨の鎌田・諏訪〔2版〕50頁（鎌田）など。

雇用する者と直接請負契約をしている者が労働契約の申込みをしたものとみなされ」る、「注文主が下請負人が雇用する労働者に対して指揮命令等を行った場合は、原則として、元請負人から労働者供給を受けている」から職安法44条違反であるが、「下請負人とは直接請負契約していない」から注文主に対して派遣法は適用されないと述べている[53]。だが、何故、労働者供給であることが違法派遣として民事制裁の対象にはならないのか。その、肝腎な論点について説明はない。労働者供給か派遣かと二者択一的に問うことの愚を悟るべきである。

現実の紛争が多い単純な偽装請負の場合は、下請業者は労働者を雇用していることが多いため、従来、業者による雇用か事実上の支配かという問題はさほど議論されなかった。ところが先にもみたように2011年3月の東日本大震災による東京電力福島第一原子力発電所の事故の後処理にあたった労働者の雇用形態の状況の表面化を契機に、原発関係の建設業務等には請負が活用されており、フロント企業と呼ばれる反社会的企業では事実上支配する労働者を就労させている例が多数、表面化した[54]。今では、ハンプティ商会（AQソリューションズ）事件（東京地判令2.6.11労判1233号26頁）がそうであったように、情報関係をはじめ、アニメなど多種の業界で、反社会的企業でなくても請負業者が事実上支配下におく労働者を提供する例が多い。

9.30通達は、二重の偽装請負の注文主に対する派遣法40条の6適用を否定するが、単純な偽装請負と特に区別する合理的理由はなく、論理的に、単純な偽装請負の場合も提供者が雇用していない場合は同条項が適用されないことになる。同通達は条文が「『派遣の役務の提供を受ける者』としているため」というだけで、それが何故、同条項の適用は提供者に労働者が雇用されている場合に限られるのか、論証はない。厚労省も「原則として」を2度も繰り返しているのは、論証不充分と自覚していることの現われと推測される。

(ウ) まとめ

一つの行為に対して性格が相違する複数の法律が適用され、ペナルティの内容も相違する例は多数存在する（6で詳述する）。偽装請負は、職安法44条違

---

53) 厚労コンメ9（2021年）666頁、『派遣取扱要領』（2022年7月）11頁。
54) 第1章・注6)参照。

反の労供事業であり、同時に、派遣法40条の6第1項5号が民事制裁の対象とする違法派遣である。それぞれの条文の解釈として否定できないことではあるまいか。

(2) 偽装請負と「労働者派遣」概念

偽装請負に係る訴訟がすでに数件あるが、請負人が提供した労働者を雇用していた場合には当然のことだが、派遣概念との関わりで「雇用する労働者」問題は問われない[55]。問題は、現段階では、ハンプティ商会（AQソリューションズ）事件を単純な偽装請負、二重の偽装請負のいずれとみるのかということと、二重の偽装請負の竹中工務店事件における派遣法40条の6適用の可否である。

(ア) ハンプティ商会（AQソリューションズ）事件判決の捉え方

(a) ハンプティ商会（H）は管理ソフトのカスタマイズ開発業務をAQソリューションズ（AQ）に請負わせ、AQはさらに当該業務を原告に請負わせてHの事業所において遂行させた。原告は、Hの指示を受けて業務を遂行しており、実態はH・AQ間の偽装請負で、AQ・原告間の請負契約は黙示の派遣労働契約であったと主張して、Hに「承諾」を告げ、労働契約関係の存在確認を請求した。

Hは、9.30通達に依拠し、AQは原告を雇用していないから労働者供給ではあるが違法派遣ではないのでみなし制は適用されないと反論することもあり得たし、東京地裁がその論理をとることもあり得た。しかしHはそうは主張せず、地裁は、原告の主張に対応して、まず従来の基準にそって業務遂行の実態を総合的に検討した結果、実質的にはAQとの間に黙示の労働契約があると判示し、その「雇用関係の下、被告Hのために労働に従事させる」という派遣であったが、適法な派遣の要件を充たしていない偽装請負と認定し、40条の6の適用を認めた（脱法目的を認定せず、結論的に請求を却下したが）[56]。

---

55) 東リ事件・神戸地判令2.3.13労判1958号44頁、同事件・大阪高判令3.11.4労判2003号59頁、同事件・最3小決令4.6.7（判例集未掲載）、日本貨物検数協会事件・名古屋地判令2.7.20労判1970号64頁、同事件・名古屋高判令3.10.12労判1258号46頁、大阪液送事件・大阪地裁堺支判令4.7.12労判2026号60頁、同事件・大阪高判令5.8.31労判2046号74頁。

56) ハンプティ商会（AQソリューションズ）事件・東京地判・前掲注51)労判1233号39〜41頁。ただ、判決は「雇用関係の下に……派遣の役務の提供を受け……」と、あたかも適法な派遣であったかの

(b) 個別化が可能で、単独の労働者によって処理し得る業務についてはフリーランス化が図られることがある。2023年4月には特定受託事業者に係る取引の適正化等に関する法律、いわゆるフリーランス法も制定され、政府も財界も「雇われない働き方」の活用に積極的である[57]。労働者は使用者から要請ないし打診された場合には（将来的な紛争を予見して断ることも難しいから）応じることが推察され、フリーランス化の拡大が予測される。それとともに、フリーランスを他の企業に提供する偽装請負が多くなることが想定される。

鎌田氏は、H事件を「自己の雇用する労働者ではなく、業務委託契約に基づいて業務に従事させた就業者（フリーランス）を発注事業者に派遣した事案」と紹介し、当該判決の構成を妥当とされるが[58]、それは誤読である。東京地裁は9.30通達を意識したものと推測されるが、原告の主張に対応して事件の構造を単純な偽装請負に仕立て直し、AQによる労働者の雇用が要件とみて、まずAQとの雇用関係の存在を認めて、9.30通達との理論的関連の問題を回避した。

H事件の特徴はフリーランスが関わる偽装請負という点にある。鎌田氏は、派遣法2条1号の労働者派遣の定義を引き、派遣元と労働者の間の「雇用関係」の存在が要件であるとした事件整理の仕方を「納得」し、地裁判決は「『労働契約申込みみなし』の利用可能性を示唆し、立証のプロセスを示した点に意義」があり、また、「フリーランスを発注事業者に派遣した場合……派遣に該当することを認めた点」に意義があると述べられる[59]。

しかし、二つの評価は両立し得ない。前者はAQとの雇用関係の存在を認めて単純な偽装請負として処理したことを指し、後者はフリーランス（個人請負の就労者）をHへ提供した二重の偽装請負に契約申込みみなし制の適用を認めたことを指し、それは9.30通達とは乖離をきたす。したがって、本来なら

ように判示しており、それは単なる不適切な叙述として看過できない、萬井評釈20＝労旬2007号49〜50頁。
[57] 沼田雅之「フリーランス新法はフリーランスの需要を満たすものか」労旬2035号（2023年）6頁、内閣官房・公正取引委員会・中小企業庁・厚労省『フリーランスとして安心して働ける環境を整備するためのガイドライン』（2021年3月26日）、日本経済団体連合会『改訂：Society 5.0の実現に向けた規制・制度改革に関する提言』（2020年2月13日）10頁。
[58] 鎌田・前掲注51）204頁。桑村裕美子氏は「請負契約との区別を明確に行うことなく労働者性を肯定した判旨」を疑問とされる、桑村・前掲注24）2頁。萬井評釈20＝労旬2007号47頁。
[59] 鎌田・前掲注51）208頁。

ば、順序として、「フリーランス」の法的意義を確認し、原告と AQ、AQ と H の偽装請負が連なるから、9.30 通達についての評価も交えて、派遣法 40 条の 6 の適用に関わる二重の偽装請負と単純な偽装請負との関係を詳しく説き、後者の処理を評価されるのであれば、判決はフリーランスが関わる二重の偽装請負を単純な偽装請負に整理した、姑息な事案処理と批判的に論評されるべきであった。しかし、鎌田氏は 9.30 通達には一言も触れず、派遣法施行の際の 1986 年 4 月 17 日労働省告示 37 号との関連でのみ論じ、適法な派遣についての定義が派遣法 40 条の 6 が適用される偽装請負という（労働者供給であると同時に）違法派遣について、そのまま妥当するのかという肝腎な問題については検討を回避し、見解は示されない。ハンプティ商会（AQ ソリューションズ）事件地裁判決について争点を正確に把握し損ねた評釈だとの誹りを免れない。

(イ) 竹中工務店（二重の偽装請負）事件

竹中工務店事件では TAK は竹中から請け負った施行図作成業務をキャリアに再下請けさせ、キャリアに雇用された原告はキャリアの指示に従い、竹中の作業事務所で現場責任者から指揮命令を受けて竹中所有の機器を用いて作業した。大阪労働局の指導を受けて、両社は派遣形態への変更を試みたが協議が難航している間に原告を含む三者間の関係が悪化し、竹中らは請負契約を解除し、仕事を失ったキャリアは原告を解雇した。

大阪地裁は 9.30 通達に依拠し、契約形式と就労の実態は実質的にみて「二重の労働者供給（二重派遣）の状態」だが、「TAK は……原告とは雇用関係にはないため、被告竹中と被告 TAK は、労働者派遣法 2 条 1 項にいう労働者派遣関係には立たない」、みなし制は「労働者供給にまで準用ないし類推することは予定されていない」と判示した。

大阪高裁も、TAK・原告に雇用関係はなく、竹中はキャリアと原告を「竹中の業務に従事させるという契約を締結していない」ことを理由に契約申込みみなし制の適用を否定したが、「趣旨が妥当する面もある」として検討を続けた。だが、①「供給元・労働者間に労働契約があり、供給先・労働者間に……事実上の労働関係のみがある形態」が「派遣」として合法化された、②解釈の変更が必要な「社会情勢の変化等」はない、③仮に注文主に適用されるとすれば、職安法による規制も重複して適用されるのか問題となる、④元請負人には

適用されるから「労働者の保護につき著しい不均衡」は生じない等を理由として、注文主への類推適用も否定した[60]。

高裁は「要件について判断するまでもな」いと述べて契約申込みみなし制の適用を否定するが、①で述べていることは間違いないとしても、「労働者派遣」という言葉が同じだから、適法な派遣も違法な派遣も法的意義は同じだと解したとすれば、あまりにも短絡的である。条文から自動的に結論を得られるものではなく、TAK の雇用が要件となるか否かは同条項の解釈に委ねられる。だが、③については注文主に職安法と派遣法が重複して適用されると一体どのような不都合なことがあるのか、④については元請負人に派遣法 40 条の 6 が適用されれば労働者の保護に欠けることはないというが現実にその保障は存在するのか等、自ら挙げた点についてさえ慎重に審理した形跡はみられない。

なお、同事件は上告を棄却され確定した。かつて最高裁は松下 PDP 事件において、偽装請負は労働者派遣に該当し「派遣である以上は……労働者供給に該当する余地はない」と判示したが、竹中工務店事件で、「二重の労働者供給」だが「TAK は……原告とは雇用関係にはないため、被告竹中と被告 TAK は……労働者派遣関係には立たない」判示した高裁判決を維持した。最高裁は先例を無視し、矛盾する論理をとったことになる。理論的な整理が不可欠である。

(3) まとめ

二重の偽装請負と 9.30 通達の関連が問われる訴訟はハンプティ商会（AQ ソリューションズ）事件をいれても 2 件であり、判例の動向を論ずる条件は熟していない。

今後、フリーランスが関わる紛争が生じた場合、9.30 通達に依拠した主張が多くなることが想定され、9.30 通達を正面から批判的に検討することの重要度が増すことは必至である。

4 「労働者派遣」に対する法的評価

派遣法 2 条 1 号と職安法 4 条 8 項を比較対照すれば明らかだが、適法な派遣では派遣元による雇用が要件であること以外は、派遣と労働者供給は業態も行

---

60) 竹中工務店事件・大阪地判令 4.3.30 労旬 2010 号 54 頁、同事件・大阪高判令 5.4.20 労旬 2040 号 57 頁。

為内容も同様である。派遣法制定の経緯に照らしても、適法な派遣において派遣元の雇用を要件とすることは当然である。ただ、派遣法制定により労働者供給と派遣は「切り分け」られたとしても、労働者供給と違法な派遣まで切り分けられたわけではない。

9.30通達や上記判決は、「労働者派遣」の構造をどのように把握し、それを法的には基本的にどのように評価しているのか。雇用していない労働者を提供することは労働者供給ではあるが違法派遣ではないから派遣法40条の6は適用されないという見解が合理的なのか。たとえば親分子分関係で支配下におく労働者を提供した場合に、提供元が「雇用」していないことを理由に契約申込みみなし制の適用を否定することが、理論的にも現実的にも、その当否は「判断するまで」もないことなのであろうか。状況はむしろ逆で、回避することなく、議論を尽くして判断することが求められている。

(1) 考察の基点──法的批判はどこに向けられるか
(ｱ) みなし制について──考察の基点
　考察の基点は直接雇用の原則である。
　偽装請負は職安法上は労働者供給であり、刑罰を科されるが、それは同時に派遣法上は違法派遣であって、派遣法40条の6第1項5号により民事制裁を受ける。両者が相まって、偽装請負の社会的排除を構想している。派遣法1条が、「この法律は、職業安定法と相まって……派遣労働者の雇用の安定その他福祉の増進に資することを目的とする」と謳う、その「相まって」はまさに職安法の刑罰と派遣法の民事制裁の併用を示唆している。
　職安法44条が主たる批判を向け、派遣法40条の6が民事制裁の対象とするのは、労働者の提供を受け、労働契約を結ぶことなく指揮命令して就労させる違法提供先である。提供先は適法な派遣の要件を遵守していないことについて制裁を受けるのであって、提供元が労働者を支配下におく方法が雇用によるか否かは当該提供先に対する批判とは直接は関わりのないことである。
　一般に、労働者の提供元と比較し、提供先のほうが規模も大きく、社会的勢力も大であるから、労働政策としても、提供先に対する制裁によって違法行為を抑制することが効果的である。職安法44条違反については供給先、供給元とともに処罰の対象とされるが、民事制裁は、違法提供先に対してのみ課され

る。それは違法状態の主要な責任は提供先にあり、また、現実的な労働者救済のためには、現にその指示に従って労務を提供している当該提供先に直用化させることが効果的かつ不可欠だと判断されたからに他ならない。

　労働者を事実上支配することは反社会的関係もあり得るが、他に、技能研修機関が受講生に実習として民間企業の業務に携わらせるとか、学生サークルが運営費捻出のためにメンバーに割り振ってアルバイトをさせる等、多様である。それについて、受講生や学生を使用していることが法的に「労働」と評価された場合には、当該研修機関やサークルが反社会的でなくとも「労働者供給」と解され、反社会的団体や研修機関、サークルの責任問題がどうであれ、労働者の提供を受けた提供先は民事制裁を受けることは免れない。事実上の支配下におかれ、使用者責任が誰に帰属するのか曖昧な労働者こそ、むしろ手厚く保護されるべきである。研修機関の受講生やサークルの部員が現実に契約申込みみなし制を援用し、「承諾」したならば、提供先との間に労働契約の成立が認められることになる。

(イ)「雇用」の確認
(a)　違法派遣の実態と派遣法40条の6の規定を照合すれば、労働者が違法提供元（偽装請負の請負会社）に雇用されていない場合に、違法提供先（偽装請負の注文主）が民事制裁を免れるとする9.30通達のような理解にはならない。

　派遣法40条の6の対象となる違法派遣には5つの類型があるが、この中で、法定の許可を得ていない者からの派遣を受ける2号（24条の2違反）の場合、派遣元が許可を得ていないことを隠し、得ているかのように装って労働者派遣契約を結ぶこともあり得る。だが、労働者派遣契約を結ぶ前提として、派遣先は派遣元に対し、適法な派遣であることについて説明を求めること、その一環として、派遣元が労働者を雇用していることを確認することは可能である。派遣法上、派遣元は契約締結に際し許可を得ている旨の明示義務があり（26条3項）、派遣先は許可証の提示を請求できるから（8条2項）、派遣先がその措置を怠りながら無許可とは知らなかったという弁明は許されない。その確認をとる際、派遣先が雇用についてたずねれば、派遣をしようとする者は説明を拒むとは考え難い。適法な派遣であればそれを拒む理由はないから、拒めば、派遣先から疑惑を招くだけだからである。派遣先がそれらの確認の手立てをとるこ

となく、結果的に違法派遣を受けていたとすれば、労働者が提供元に（雇用されず）事実上支配されていた場合、提供先がそれを理由としてみなし制の適用の否定を主張することができる状況ではない。

　契約申込みみなしに対する承諾によって違法提供先との間に労働契約が成立し、労働者は直用化される。違法派遣として民事制裁の対象となる要件として、適法な派遣の要件である「雇用」の存在を求めることは筋違いであり、派遣法40条の6の適用の可否に関して、提供する企業が当該労働者を雇用しているか否かを問うことは、問題の局面に照らし、無意味である。

　要するに、提供された労働者が雇用されていなかったからといって、提供を受け、使用した提供先に対する契約申込みみなし制の適用を否定する根拠はどこにもない。二重の偽装請負の場合、「元請負人から労働者供給を受けているものと解され、この場合に本条の適用はない」という9.30通達は理論的な立脚点がなく、厚労省は根拠のない解釈をとったとの誹りを免れない。

(b)　反社会的団体による、半封建的状況を利用した労働者の提供は寄生的な中間搾取を目的としており継続する可能性もあるため、厳しい批判が寄せられるが、それはそれ独自の問題であり、みなし制の適用の可否が問われる問題とは性格が異なり、法的制裁の手法も異なる、別の問題である。提供元における半封建的な労使関係の排除が主眼であれば、民事制裁を課すにしても、別の形となったに違いない。

(c)　二重の偽装請負である竹中工務店事件では、大阪地裁は労働者を雇用していない元請負人と注文主は労働者供給の関係であり「派遣関係には立たない」から、「要件について判断するまでもなく」40条の6第1項5号は「準用又は類推適用」されないとした。

　同条項の適用・準用について元請負人による労働者の「雇用」を条件とする論拠は何か、慎重に審理する必要があった。だが、地裁は、9.30通達に依拠するとは述べないが、その論理にのり、それをなぞるだけで、当該条文が規定された趣旨を蔑ろにし、「派遣」という言葉が条文の趣旨に照らして異なる意味をもつことがあり得ることを考えさえもしない思考停止状態で、派遣といえばすぐ「雇用」と結びつけ、適法派遣と違法派遣の区別も顧みない。およそ、裁判所のとる態度ではない。

(2) 学説

　派遣についての研究者による解説には、派遣法の定義を敷衍し説明する程度で終わり、そのため、労働者供給との区別は明らかではないが、派遣それ自体については可もなし不可もなしのものが多いが、明らかに不適切な見解もある。
(a)　荒木尚志氏は、対象業務以外の業務について派遣を禁止する派遣法 4 条違反に対して、派遣法 59 条 1 号で「職安法 44 条違反と同じ罰則を科している」ことを指摘し、「このほかにも派遣法は同法違反に対しては独自に罰則等の規制を行なって」おり、「違法派遣については派遣法の枠組みの中で処理する制度設計となっている」と理解し、「派遣法 2 条 1 号および職安法 4 条 6 項にいう労働者派遣の概念は、適法か違法かには関わらない」と述べられる[61]。

　だが、それは、派遣法における罰則規定を精査された上での結論とはいえない。派遣法は派遣事業の適正・円滑な運営を図る事業法的側面を反映して、主として派遣元の行為を規制対象としている。派遣先に対する罰則はわずかに、厚労相への申告を理由とする「解雇その他の不利益な取扱い」(派遣法 49 条 3 号)、派遣先責任者選任および派遣先管理台帳作成の懈怠(同法 41 条 3 号、42 条)、厚労相への報告義務の不履行、虚偽の報告および立入検査忌避等(同法 50 条、51 条 1 項)に限られている(同法 60 条 2 号、61 条 3 号、5 号、6 号)。

　派遣法には偽装請負の注文主(供給先)を罰する規定は存在しない。派遣法上、対象業務は原則として自由化されているため派遣法 4 条違反は実際にはほとんど存在しないから、それだけを例として派遣法の「制度設計」を論ずるのでは、例証はないに等しく、根拠に基づくことなく自論を述べて終わっている。

　荒木氏によれば偽装請負は派遣法によってのみ対処され、職安法 44 条は適用されないことになるが、派遣法には偽装請負の注文主に対する罰則規定はないから、結局、刑事的規制は一切存在しないことになる。荒木氏の『労働法』初版当時(2009 年)には労働契約申込みみなし制も存在せず、荒木氏のいう「制度設計」からはほど遠い状況であった。「このほかにも」と言いながら他には条文を精査されないし、また 4 条違反についてのみ論じ、労供事業の実情を把握されていない。さらに、「違法派遣については派遣法の枠組みの中で処理する制度設計」であるとすれば、派遣法 1 条「職業安定法と相まって……」と規

---

61)　荒木〔初版〕433 頁。派遣法 40 条の 6 の制定を経た後も同文である、荒木〔5 版〕618 〜 619 頁。

定するわけがないが、同規定の意義を適切に理解されず、したがって解説されていない。それらが重なって、粗雑な解釈論で終わっている。

(b) 鎌田耕一氏は、発注者から「請負った業務の遂行を個人に委託する事業形態」について、注文主が当該個人を指揮命令する場合は労働者供給であり、請負業者が当該個人を雇用していれば派遣であると述べながら、ただし、派遣先が労働者を特定して派遣契約を結ぶ場合は「配置に関する権限を継続的に派遣先が行使していることとなり……派遣先との間に雇用関係が成立していると判断され、労働者供給に当たる」と述べられる[62]。

鎌田氏の派遣先に雇用されていれば労働者供給であるという見解も理解し難い。間接雇用についての見解の基本的拠り所が不鮮明なことに加えて、偽装請負は労働者供給であると解しながら、請負業者が労働者を雇用しているか否かによって何故、(違法)派遣と労働者供給に分かれるのか、理解し難い。鎌田氏の秘めた論理を推測することは私の能力を超える。

労働者供給、派遣といった基本的な概念についての鎌田氏の理解は混沌としており、区分も相互の関係の解説も捉えどころがない。

(3) 現在の焦点

労働者を事実上の支配下に置くことそれ自体が不適法である。したがって、派遣元による「雇用」が適法な派遣の要件となるのは当然のことである。提供元による「雇用」が特に注目を引くことになったのは、2012年改正によって労働契約申込みみなし制が規定されたが、2015年9月末、その施行にあたり、二重の偽装請負において元請け人（労働者の提供者）が雇用していない場合は違法派遣にあたらないから注文主に対してみなし制は適用されないとした9.30通達が契機である。

労働者の提供者が当該労働者を雇用していない場合は違法派遣にあたらないという9.30通達は、論理的に、単純な偽装請負についても妥当する。労働契約を請負などの形式に変更する提案を労働者が拒否することは難しいから、企業が意図すればフリーランスの拡大が進む可能性があり、そうなれば、9.30通達が援用される範囲は大幅に拡大し、弊害は量り知れない。その点で、竹中

---

[62] 鎌田・諏訪〔2版〕51頁（鎌田）。

工務店事件で高裁が地裁の解釈を引き継ぎ、最高裁が審理を尽くさず、理論的根拠を示さないまま上告不受理としたことの問題性は大きい[63]。

　違法派遣に対する民事制裁規定である以上、派遣法40条の6にいう「労働者派遣」は適法な派遣ではあり得ない。違法派遣に対して適法な派遣の定義を流用することは筋が通らず、違法派遣の要件として適法な派遣の定義を充たすこと（派遣元による雇用）を求めるのは背理である。あえて求めるとすれば、それが背理ではないとするよほど説得力に満ちた論証が不可欠であるが、荒木氏、鎌田氏らの論稿にはその論証は見られない。

5　違法派遣の意義と認定問題

(1) 違法派遣の現実的状態

(ア) 違法派遣の実情

　違法派遣は、適法な派遣の要件を充たさないでいて、社会的には派遣とみられる行為、つまり、労働者を他企業に赴かせ、その指揮命令に従って就労させることをいうが、現実には、偽装請負の形をとることが多い。偽装請負は、請負、委託、準委任などの法形式に則った契約を結びながら、実際には自らはその請負ったり、委託を受けた業務を遂行しないで、当該契約の相手方に労働者を提供してその使用に委ねることをいう。請負、委託などの契約形式をとるのはもっぱら派遣法や労働基準法等の適用を免れるための偽装に他ならない。それは職安法4条8項の定義がそのまま該当する、同44条が禁止する労働者供給事業であると同時に、派遣法2条1号等が規定する適法な派遣の要件を充たさないで実質的には派遣を行なうものであるから、違法派遣でもあることを再度確認しておきたい。

(イ) 偽装請負の認定の困難さについて

　規制問題を検討するまえに、偽装請負（違法派遣）を認定することは困難だという指摘があるが、それは事実なのか、検討しておきたい。困難というだけでなく、認定が現実には不可能であれば、規制を論じる意味がなくなるからである。

---

63)　萬井評釈23＝労旬2040号14頁。

請負契約などは注文主と請負人の間で交わされる契約であるから、当事者以外の外部の者は通常は読む機会さえない。現場で就業し自ら体験することなので労働者は就労現場の状況は良く知ってはいるが、それと契約の形式や契約上の合意との乖離を見つける契機に恵まれないから、たしかに、偽装請負の認定は容易とは言えない。そのうえ、意図的に偽装請負をするほどの企業は当然、相応な偽装工作を凝らすから、労働者が偽装請負を察知することが困難であるのは自然なことである。

　しかし、職安法44条により労供事業を禁止した際、請負といった契約形式を用いた脱法行為を予測して、職安法施行規則に適法な請負と判断する指標を具体的に列挙しており、また派遣法制定の際にも施行規則をより具体化した告示37号を出しており、それを当てはめ、事実関係を丹念に検証すれば偽装請負を把握することは充分に可能である。労働者は、解説書を読むとか、労働組合や弁護士会、民主団体などが企画する講演会、学習会で労働法の知識を学び、それを自らの就労の実情や日頃職場で不審に感じていた問題と照らし合わせて疑問を感じ、その場で質問するとか、後日、弁護士に相談する等して、真相に迫る。さらに労働組合が団体交渉で議題に取り上げるなり、解決を目指して訴訟を提起する。そうして初めて、偽装請負の全体像が浮かび上がる。氷山の一角にすぎないが、偽装請負の例は次々と明らかになっている。典型的な2件を紹介する。

(a)　内装用の床材等のメーカーである東リは巾木（床と壁の継ぎ目で壁の最下部に貼る装飾用の板）の製造および床材の接着剤の調合の業務をL社に請負わせたが、L社の労働者は東リの工場内で東リの指示を受けて働いてきた。製造業務の請負であったから、L社が当該業務を遂行するための機器を持っていることが不可欠であった。工場には原料を溶解し、成型機によって指定された巾木を作る、高さ6ｍを超える大型で精巧な装置が5ライン並ぶ。化成品工程の接着剤製造の請負に関しても機器は不可欠である。東リはそれらを有償で貸しているが、契約書では物件名は「接着剤製造、加工ライン一式」「数量1」と記すだけの無造作なもので、ラインの数さえ記されていない。高額な機器の有償貸与の対象の特定のあり様としてあまりにも大雑把で非現実的である。また、巾木加工1ラインの装置が仮に1億円だとすると、減価償却をも考慮すると世間相場では相当額の賃貸料になるはずだが、契約では全体でわずか月2万

円で、実質的には無償貸与に等しい。その上、機器の修理費はすべて東リが負担していたし、ライン稼働のために相当の電力量が必要だが、水光熱費はすべて無償であり、工場、事務所も無償で使用している。製品原材料は東リが調達し、しかも製品の量は毎月変わるはずだが、請負代金はそれに関わりなく定額である。物的条件に関わるそれらの事実は請負というにはほど遠く、製造に要する設備、原材料等はすべて東リが整え、L社はもっぱら人材を供給する業者という実態を如実に示唆している。

　L社の労働者に対する業務指示も東リが行なっていた。L社は当初、労働者を提供するだけの企業で、巾木製造の技術を独自にはもってはいなかったから、労働者は東リの従業員から手ほどきを受けつつ協働しながらOJTによって技術を習得していき、やがては技術も習得し、彼らだけで業務を遂行できるようになったが、それ以降も、日常的にL社の現場主任が東リから受けた指示を伝えて業務を遂行していた。主任を通さず、東リからメールや掲示によって直接、社員に指示が伝えられることもあった。社長は従業員の降格、手当て不支給等を繰り返し、居酒屋に呼び出して罵声を浴びせるなどの言動もある人で、通常の経営者らしい経営意欲もなく、東リから増産要請を受けた際に他社からの派遣への切替えを提案し、会社を閉鎖した。それらが示すように、L社は独立した企業経営を行なう経営者の存在が疑われる有様で、製造依頼書、作業日程表などは請負の体裁を整えるためのものでしかなく、東リから作業の指示が直接なされる実状にあった。

　大阪高裁は、巾木製造機器5ライン等の「月額使用料2万円の根拠は不明」と述べ、物的要件においてもL社は請負った業務を独立して処理していたとは認められない、業務の指示は東リが直接行なっており、総合的にみて偽装請負であったと判示し、派遣法40条の6の適用を認めた。東リは上告したが、最高裁は受理せず、同判決は確定した[64]。

(b)　大陽液送から高圧ガスの輸送を請負った大田貨物の労働者が実態は偽装請負であるとして、派遣法40条の6の適用を主張した事件についての裁判所の認定は東リ事件と対照的である。

　高圧ガス用の車輌は特別仕様であり、1台少なくとも2000万円以上と推測

---

64)　東リ事件・神戸地判・前掲注55)、同大阪高判・前掲注55)。

されるが、大田貨物は燃費や保険料を負担した以外、使用貸借契約を結んでそれを 10 輛、無償で借りて使用していた。日々の乗務割は大陽液送が作成したもので、しかも輸送中にも、届け先における車輛の予定停車位置の変更や積み地、宵積み量の変更等まで、様々な業務に関わる指示が大陽液送から運転手に直接、スマホにより頻繁になされる状況であった。

　大阪地裁堺支部は、大田貨物が車輛に係る「各種費用等を負担している」と述べるだけで車輛の無償貸与については判断を示さず、到着指定時刻に遅れるとかタンクの異常等につき大陽液送が直接、「連絡を受けて指示を与えたとしても、業務遂行上の合理性がある」とした。労働者が主張した、他の日常的な業務指示という重要な指標については不当にも判断を避けている。控訴審でもほぼ同様であった[65]。

(c)　当事者の主張立証に関わる書類を丹念に読み、社会常識をもってすれば偽装請負の認定は必ずしも難しくはない。常識的にみて、東リ事件・大阪高裁の認定は合理的であり、大陽液送事件・大阪地裁堺支部の認定は事実に基づかず、不合理である。

　大陽液送事件の大阪地裁堺支部のように、総額 2 億円以上はかかると推測される車輛を無償で貸していることには目をつぶって判断を示さず、他方で燃費や保険料を負担していると判示しながらその額も確認しないまま、職安法施行規則 4 条 1 号の「事業主としての財政上の……責任」を負っている、告示 37 号 2 条 2 項ハ（1）にいう「自己の責任と負担で準備し、調達する……器材……により、業務を処理」しているという規定を充たしていると解すことが適切な事実認定といえるのか。裁判所が、当事者が主張・立証した重要な事実を正面から検討しようとせず、意図的に眼を背けるようでは、事実認定が難しいか否か以前の問題で、司法機関は当事者および国民の信頼に背き、存在意義さえ疑われることは必至である。

(ウ)　認定の困難さとアジャイル型開発
(a)　山川隆一氏は、派遣における派遣先の指揮命令と請負における注文主の業者およびその従業員への指図等の差は微妙で、区別は困難な場合がある、「明

---

65)　大陽液送事件・大阪地堺支判・前掲注 55)、同大阪高判・前掲注 55)。

らかに指揮命令と評価できる関与が日常的・組織的に行われ、そのことを会社上層部も認識・許容していた場合……実質的に労働者派遣契約の内容をなすといえる覚書等が存在したり、その旨の合意を認定できる場合等」には脱法の意図の存在を推認できるとされる。直接には脱法目的の認定に関わる叙述ではあるが、偽装請負の認定と切り離すことはできないとして、自明のことでもあるかのように、特に根拠を示すことなくそう述べられる(66)。

　企業の規模にもよるであろうが、規模が大きくなるほど「上層部」が当該企業の対外的な具体的指示等をすべて掌握することは難しくなる。また、注文主が労働者供給や派遣を想定させる趣旨の「覚書」をわざわざ交わすことは想定し難く、指摘の後半の例示の存在可能性は疑問である。しかし、現に偽装請負の存否が争われた数々の労働事件、特に黙示の労働契約論に依拠して雇用関係確認を求めたり、労組法上の「使用者」概念の拡大論に依拠して団体交渉応諾義務の確認を求めた事案を顧みれば、同条の適用が争われたものではないにせよ、その多くは偽装請負が認定されている(67)。そのような例が多数存在するにもかかわらず、山川氏は具体的に事案や状況を挙げて説明されるわけではない。問題状況を曖昧にしたまま解明に向かおうとはせず、「……微妙な場合もある」とだけいって終わっており、結局、氏自身の見解は判然としない。

(b)　本庄淳志氏も認定の困難性を強調されるが、偽装請負と適法な派遣の判別について、具体的な案件を対象に考察されようとはしない。直近のいくつかの事案における裁判所の事実認定を比較検討することもなく、一般論として「必ずしも容易ではない」と言い、厚労省告示 37 号等が示す「諸要素は、業種や事業形態」により「判断が難しくなりつつある」とだけ述べて、それ以上の検討を試みようとはされない。そのような状況であるにもかかわらず、直ちに一般論を述べられる態度は異様に映る。本庄氏はそこで通常の偽装請負の認定に関わる問題は打ち切り、話題をソフトウェア開発に関わるアジャイル型に転じられる。

　アジャイル型は、ソフト開発等の業務の場合が多いが、注文主（ユーザ）と

---

66)　鎌田・諏訪〔2 版〕340 頁（山川）。
67)　雇用関係確認請求について、松下 PDP 事件・最 2 小判平 21.12.18 労判 993 号 3 頁、DNP ファイン事件・東京高判平 27.11.11 労旬 1859 号 32 頁等。団体交渉応諾義務の確認請求について、朝日放送事件・最 3 小判平 7.2.28 労判 668 号 11 頁、国交省広島事務所事件・東京地判平 27.9.10 判時 2295 号 35 頁等。

請負企業（ベンダ）双方の担当者が連絡を密にとり、意見交換を重ねながら共同して業務を進める手法である。本庄氏は、共同作業で、担当者は指示－服従といった関係ではないから、偽装請負か否かの判断は特に難しいと説明され、個々のユーザの要員（エンジニア）は専門性の程度が高く、知見がベンダの要員を上回る場合には、その意見が優越するから偽装請負の可能性が高まるが、ITツールによる指示手段の多様化、労働者の裁量の肥大等もあり偽装請負の判別が困難なケースの増加が予測され、偽装請負というだけでは「『合意原則』を大きく修正するだけの正統性があるとはいえない」と結論づけられる[68]。

　しかし、当該説明は納得し難い。共同作業とはいっても多様であり、たとえば研究者の学問的な共同研究・開発の場合は状況が大きく異なる。研究者による学問的研究であれば、真理の探究が眼目であるから、意見交換していて対立が溶けない場合、結論は急がず、当面は棚上げにし、他の側面から問題を解明する道を選ぶこともあり得る。だが、企業が商品開発を行なう途上の共同作業の場合は、企業間競争を背景としているから結論を棚上げして済まされることではなく、猶予は許されない。経営判断が難しい局面にしばしば遭遇する事態であろうが、何時までも逡巡しているわけにはいかず、企業は経営責任の問題として、リスクを承知の上で一定の結論を出して先へ進むことが求められる。ソフト開発等の業務とは限らない。様々な機器の欠陥、薬剤の副作用など、繰り返され多発する問題はその種のリスクの顕在化である。

　アジャイル型でも外見上はユーザとベンダの担当者の意見の対立という形で企業間の意見対立となった場合、意見対立のままであれば仕事は進まないが、ソフト開発に伴う危険も開発の成果もすべてはユーザに帰属する構造の中のことであるから、両社の立場を背景とした発言力の相違は歴然としており、ベンダの労働者としては開発が失敗してもユーザ（の業務担当者）の責任であるといった心境にもならざるを得ないという事情もあるから、最終的にはユーザの提案や意見が優先され、ベンダに対しては客観的には指揮命令として機能することは必至である。立場の相違を無視して、単純な知見の高低の差に帰すことはできない。本庄氏の、指示－服従という関係ではないという指摘は実情を無視するもので、企業間の業務委託の遂行をめぐる議論がなされている現実の状

---

[68]　本庄・前掲注44）90〜92頁。

況にはそぐわない。

　偽装請負の判断が難しいことと、偽装請負と判断された場合にそれを法的にどのように評価し、それに対して合意原則を修正する契約申込みみなし制を適用することが適切か否かは性格が異なる、別問題である。しかし、本庄氏はそれがあたかも不可分の問題であるかのように述べ、しかも、判断の困難なケースの増加を指摘するだけで、早々と派遣法40条の6の正統性に疑問を提示して終わる。困難を克服する方法を模索しようとする姿勢もみられない。

　なお、本庄氏はアジャイル型では「細かな仕様をその都度詰めながら、小単位での実装とテストを繰り返すことで開発が進められている」と、あたかも開発までその状況が続くように理解されているが、それは誤解である。厚労省『疑義応答集（第3集）』（2019年1月）は、アジャイル型開発は「市場の評価や環境変化を反映して開発途中でも要件の追加や変化を可能とする」手法であり、「短期間で開発とリリースを繰り返しながら機能を追加しシステムを作り上げていく」と説明している。一旦完成させた製品を市場にリリースし、市場評価を踏まえてさらに改良を図るという手順を頻繁に繰り返すものである。しかし、そのようなことはソフト開発に限らず、市場経済に参加する以上は多かれ少なかれ、どの業種、業務でも行なわれる。アジャイル型でも偽装請負の判別は特に難しいことはなく、充分に可能である。

　本庄氏はアジャイル型に「既存の枠組みに当てはめることは不適切」だと指摘する規制改革推進会議・成長戦略ワーキング・グループの議事録と経団連『改訂Society 5.0の実現に向けた規制・制度改革に関する提言』を紹介されるが[69]、いずれも偽装請負を実行する注文主側の意見であり、客観的根拠とは成り得ない。

　なお、ITツールによる指示や労働者の裁量の余地の拡大といった事情を補強的に指摘されるが、それは説得的とはいえない。ITツールの利用により指揮命令との判断・区別が困難になるわけではない。口頭によるよりも、ITツールに記録が残るから、判断に支障はなく、むしろ容易になるとも言い得るし、裁量の幅が広がったからといって使用者の指揮命令は希薄化するわけではない。ハンプティ商会（AQソリューションズ）事件はアジャイル型であったが、それ

69）　本庄・前掲注44) 91頁注33)。

を含め、現実に訴訟となり素材が豊富に提供されている事案について綿密に分析するという事実認定に不可欠な作業を回避し、実証しないでおいて、いきなり、「大多数のケース」では判断が容易ではないというのは、東リ、日本貨物検数協会、ハンプティ（AQソリューションズ）商会などでいくつかの事件で裁判所は偽装請負との判断を示している現実にも反する、根拠に基づかない強弁である。新聞記者による貴重なルポや争議団の報告書などもあり、いずれも偽装請負の実情を理解する参考になるが[70]、本庄氏は総じて、実態を丹念に分析する作業には消極的であり、現実と結論が乖離しているため、当然の帰結として、論理の筋が通らず説得的でない。

(ｴ) 事実認定の難しさの指摘について

認定の困難さを指摘する論者は他にもあるが、何故、それを困難というのか、必ずしも具体的な根拠を挙げられない。しかし、上記のように、職安法施行規則4条や告示37号に挙げる指標についてそれぞれ具体的に事実を検討していけば、適法な請負と偽装請負（労働者供給、違法派遣）とを識別することは難しくはない。

事業場内で就労する下請会社の従業員は正社員とは異なる制服にする、帽子や胸に付ける名札の色を変える企業も少なくない。事業場内で危険な薬品等を使用している、営業秘密の漏洩や盗難防止の必要がある等の事情があり、企業関係者でない者を判別する必要に基づく場合が多いが、その必要がない場合でも、正社員とそれ以外の労働者とを識別しやすい措置をとっている例も多い。それは、不注意で請負企業の労働者に業務指示をし、偽装請負と疑われるような事態を防止する意図による場合もあろう。ちなみに、告示37号の2条1号イは、業務の遂行方法の指示や遂行の評価を自ら行なうことを挙げているが、それは当該労働者が自ら雇用している者であることを当然の前提としている。

ただ、そのような措置をとるか否かにかかわらず、使用者はもともと採用試験で厳選して採用し、研修を行なって育成してきた、自ら雇用する労働者とそ

---

70) 朝日新聞特別報道チーム『偽装請負：格差社会の労働現場』（朝日新聞社、2007年）は新聞記者9人が主要にはキヤノン、松下電器、業務請負企業のクリスタルについて本社および関連する地方の企業のほか労働局、労働組合、弁護士事務所など全国200ヵ所に取材した、偽装請負に関わる事実をまとめている。東リ事件の当事者と弁護士による『闘って正社員になった：東リ偽装請負争議6年の軌跡』（耕文社、2023年）。

れ以外の、外部から提供をうけた労働者を不注意で混同することがあるとは考え難い。作業現場で労働者と接しない経営陣ならばともかく、日頃、上司と部下、先輩後輩の関係の中で協働して就労する時に、正社員が自社の社員と請負会社の従業員とを見誤るようなことは実際にはないから、それをも含めて考えれば、使用者が自社の労働者か否か、判断できないことはあり得ない。

さらに、使用者は労働者名簿、賃金台帳を作成することが義務づけられており、それにすべての労働者についての記録が記入される（労基法108条、109条）。労働者が時間外労働をすればその時間数を把握して割増賃金を支払うなど、通常の労務管理を行なっていれば、雇用する労働者とそれ以外の労働者を識別できないとは考え難い。常識的には、注文主は自己の雇用しない労働者であることを良く知ったうえで、必要があって指揮命令して就労させているのであり、確実な反証がない限り、偽装請負と判断される。

(オ) まとめ──判断は避けられない

偽装請負の場合、責任追及を免れたい注文主は相当な偽装工作を凝らすことも推測され、そのために識別が難しくなることもあり得よう。しかし、仮に、業務請負が適法なのか偽装なのか判断が困難な場合があっても、それは難しいと言って放置して済まされる問題ではない。法律家はそれを見抜く能力、見識が求められる。裁判所に訴訟として提起された場合、裁判官は立場上、判断を避けることはできない。研究者も具体的な事件について示された判例の評釈をする場合、裁判所が認定した事実を前提としつつ、それが偽装請負にあたるのか否か、判示は適切か不当か判断し、それを論証する責任がある。そのような判断や論証が蓄積されることによって、偽装請負事件の適正な処理が増していくことが期待される。

(2) 派遣と労働者供給の行為類型としての同一性論、「切り分け」論の陥穽

鎌田耕一氏は、ある対談において、「労働者供給と労働者派遣というのは、行為類型として大きく違う」と発言された[71]。最高裁は、松下PDP事件において偽装請負を派遣と判断し、「労働者派遣である以上は、職業安定法4条6項

---

71) 鎌田・野川・前掲注21) 19頁。

にいう労働者供給に該当する余地はない」と判示し[72]、派遣と労働者供給を二者択一的に捉えている点で、表現は異なるが思考のあり方は共通している。鎌田氏は同様の趣旨で、派遣法制定によって派遣事業は「労働者供給事業から切り分けられ」たとし、現在では直接雇用の原則は妥当しないと述べられる[73]。

違法とされてきた労供事業の一部が「派遣」という概念で括って合法化された経緯をみても、同一の行為類型であるからこそ、社会状況の変化に対応する形で法的評価が変えられ、新たな概念によって合法的な行為群を創設することが可能であったわけで、鎌田氏が「行為類型」という言葉をどのように理解されているかは不明だが、常識的には、それを行為類型が異なると観るのは筋が通らない。

派遣法制定によって労供事業の一部が合法化されたことを「切り分け」と呼ぶのは表現の選択の問題であり、異論を立てる筋合いではない。しかし、念のためいえば、適法な派遣は労供事業と切り分けられたとしても、違法派遣まで同じように労働者供給と切り分けられたわけではない。偽装請負が職安法44条が禁止する労供事業であり、その典型であること、と同時に、派遣法40条の6第1項が違法派遣の形態を列挙する中で、偽装請負を5号の対象としていることは誰も否定し得ない。要するに、偽装請負は労働者供給であると同時に違法派遣である。それを行為類型が異なるという認識は偽装請負の実態に反するし、鎌田氏の派遣・労供「切り分け」論は、適法、違法という法的評価の問題を蔑ろにしている点でも不適切で、法理論として通用するものではない。

6 偽装請負（違法派遣）を規制する手法

偽装請負は労働市場、労働問題に関わる社会規範に反する。「適法な派遣のみが労働者供給概念から除かれたという解釈」の存在を指摘するに止まる例もあるが[74]、正面から「偽装請負に適用される法律は何か」と問掛けて、それに対する適切な解答を追求しなければ、問題解明の手掛かりを放棄することになりかねない。

偽装請負を抑圧する手法は、労働組合の活動やマスコミによる社会的な批判

---

72) 同事件・最2小判平21.12.18労判993号11頁。
73) 鎌田『市場』78頁。
74) 荒木〔5版〕598頁以下、安西『多様』324頁。

などもあり得るし、行政指導という手法も有力ではある。法的問題として捉えながら、強行性を持たないソフト・ローによる規制もあり得るが[75]、それらは別として、法的問題として違法行為と捉えた場合、それを規制し抑圧する手法は、大別して刑事的規制と民事的規制があり得る。その両者を分け、しかも対象となる注文主と請負会社に対する規制の内容は異なるから、それを組合わせると4種類の規制となる。そのように整理し順序立てて考察することが、問題の所在を的確に把握し解決を図る上で有意義だと考えられる。以下、それぞれの類型について偽装請負を規制する法律とその関連を指摘したい。

(1) 注文主に対する規制
(ア) 刑事的規制

偽装請負の注文主（労供事業の供給先）に対する刑事的規制としては、職安法44条違反として「1年以下の懲役又は100万円以下の罰金」刑が規定されている（同法64条9号）。

荒木尚志氏は、先に簡潔に触れたが（4(2)(a)）、注文主に対する刑事的規制をある程度詳しく論じられる。氏は、違法派遣に対して派遣法自体が罰則を規定しており、刑事的規制についても、派遣法は「同法違反の労働者派遣であるからといって職安法44条の禁止する労働者供給となるわけではないことを前提に、違法派遣については派遣法の枠組みの中で処理する制度設計になっている」と主張し、論拠として、港湾運送や建設業務への違法派遣（派遣法4条1項1号、2号違反）に対しては、職安法と同じく、1年以下の罰金等の刑が課されること（同法59条1号）を指摘し、それをもって当該「制度設計」の論証とされる[76]。

違法派遣に対しては「職安法44条の禁止する労働者供給となるわけではないことを前提に……」と説き始められる。「違法派遣」といっても、手続き的な条項に違反する軽微な違法派遣もあれば、偽装請負のような派遣法を無視する重大な違法派遣も存在する。後者のような違法派遣に対してもそのように言い得るのか。それは説明なしに肯定し得る一般的な、違法派遣全体に通用するような「前提」ではあり得ず、より詳細に厳密に論証されるべきことである。

---

75) 和田肇「ソフト・ローによる労働法規範の柔軟化・再考」和田古稀50頁。
76) 荒木〔5版〕598頁。

荒木氏は、違法派遣は「労働者供給となるわけではない」と、本来、論証されるべきものを前提に置いており、論理の順序が倒錯しており、書き出しから妥当とはいえない。

　荒木氏は最も重要な問題を見落とされている。先に指摘したように、職安法には偽装請負の注文主を処罰する規定として44条があるが、派遣法には偽装請負の注文主を処罰の対象とする規定は存在しない。派遣法5条に定める許可を得ない業者による派遣は必然的に偽装請負とならざるを得ず、無許可で派遣事業を行なった業者を対象とする罰則は存在するが、当該業者から（違法に）労働者の提供を受けた企業（労働者供給先で、同時に違法派遣先）は処罰の対象とはされてはいない（5条1項－59条2号）。

　偽装請負は単独で実行できることではなく、注文主と請負会社があって初めて行なわれ得る。請負会社は注文主の子会社ないし類似の関係会社である例は多く[77]、仮にそうでないとしても、注文主が現実には主導的役割を果たしていることを考慮すると、偽装請負を犯罪行為として刑罰を科すことにより抑圧、排除する効果を上げるためには、注文主を対象としなければ効果的であり得ない。にもかかわらず、派遣法は派遣事業の適正で円滑な運営を主眼とする法律であることを反映して、違法派遣を行なった業者に対する罰則は多いが、その違法派遣を受けた派遣先を対象とする処罰規定は多くはない。派遣法の罰則規定をみる限り、不可欠とみられる派遣法違反についても罰則が対応しているとはいえず、その状況を踏まえれば、「派遣法の枠組みの中で処理する制度設計」となっているという認識および評価は法規定の実情に反している。派遣法制定後も偽装請負は蔓延しているが、労働者はやむなく私法上の救済に道を求めざるを得ず、注文主を相手方として黙示の労働契約関係確認の裁判を提起し続けてきたが、請求を棄却される例が大半であった。派遣法40条の6の制定はそれに対し立法措置で応えたものと評価されている。派遣法40条の6を概説はされるものの、2009年の初版の叙述を維持し[78]、法環境の変化の経緯を把握されておらず、当該評価はまったく根拠がない。今なお、派遣法の罰則規定全体

---

77) たとえば、DNPファイン事件におけるDNPファインと日本ユニ・デバイス（労旬1859号32頁）、日本貨物検数協会件における日検と日興サービス（労旬1970号64頁）、竹中工務店事件における竹中工務店とTAK（労旬2040号57頁）等。

78) 荒木〔初版〕433頁と〔5版〕598頁。

を精読されていないのではないかと推測される。

　一般に、基本法と特別法が一つの行為に対してそれぞれ罰則を備え、適用されることは珍しいことではない。職安法に偽装請負の注文主に対する罰則が規定されているからといって、派遣法にも同様な罰則を規定しても特に不都合になるわけではない。煩雑ともいえるが、法規範全体としての姿勢・評価を示す意味ではむしろ有意義である。三者間の労務提供関係に関わる法律に関しては、職安法44条が一般法、派遣法は特別法であるが、具体的事案に対して2つの罰則規定が適用される状況となっても、刑法学上、一つの行為が2つ以上の犯罪に当てはまる、観念的競合として処理されるだけのことで、実務上何ら問題はない。

　偽装請負を社会から排除するために必要と判断されたからこそ、それに対しては、職安法制定時から刑罰を課すこととしてきた。派遣法制定が国会で審議された時、偽装請負に対する従来の刑事的規制のあり方を変更する提案がなかったのは、偽装請負に対しては従来どおり、職安法による刑事的規制がなされることが前提とされていたからに他ならない。そう解して初めて、従来の立法政策とも整合性を維持できるし、解釈論としても、派遣法1条の目的規定にある、職安法と「相まって……」というフレーズにも相応しい。仮に、違法派遣はすべて「派遣法の枠組みの中で処理する制度設計」であれば、荒木氏は、その「職業安定法と相まって」というフレーズをどのように解されるのか。説明に窮されるためであろうか、当該フレーズには言及されない。

　職安法44条の構成要件に該当する限り、偽装請負に対しては同条が適用される。派遣法上は、厚労相の改善命令等に違反した場合など、特定の限られたことを除けば（同法60条－同法49条2項など）、違法派遣の派遣先を処罰する条項は存在せず、偽装請負の注文主が処罰されることはない。そのため、派遣法のみが適用されるとする単独適用説は偽装請負に対する刑事的規制力を持たないことになる。そのような規制力の有無は、社会的妥当性の観点からしても、理論の評価にあたっても、考慮すべき重要な指標である。その点でも、荒木氏の見解は、刑罰法規の内容の比較などの検討に緻密さが欠けているため説得力がなく、首肯し得ない。

　なお、適用対象外の業務についての派遣、派遣可能期間を超えた派遣等については派遣元を名宛人として刑罰が科される構造になっているが（派遣法4条、

35条の3 – 同法59条、61条)、三者間労務提供関係である派遣は派遣元と派遣先の両者が存在して初めてなされ得る行為であるから、偽装請負の注文主は業者の共犯として処罰の対象とされることがあり得る[79]。ただ、荒木氏はそのようなことに言及されてはいない。

(イ) 民事的規制

偽装請負の注文主に対する民事的規制については、職安法と派遣法の法的性格の相違が反映する。

職安法は労働行政法であるから、行為の公序良俗違反などの判断には影響するとしても、同法には直接的な民事的規制を定める規定は存在しない。

派遣法においては、以前は注文主に対する効果的な民事的規制は存在しなかった。2012年改正において契約申込みみなし制が規定され、所定の違法派遣があった場合、労働者の「承諾」があれば労働契約の成立が認められ、労働者は注文主に直用されて、正規労働者となる。それは、契約は双方の合意によって成立するという建前をとってはいるが、その合意は擬制であって、現実の合意を不可欠としてきた近代法の基本原則の大きな例外であり、労働者保護にとっては画期的なものであった。

9.30通達では「民事的な制裁」と呼ばれるが、注文主にとっては予想外の事態になるとしても、内容的には、偽装請負において注文主が指揮命令して就労させている現実に照応するよう法的形式を改め、整合させるだけのことである。

契約申込みみなし制は画期的であるが、現実の適用を考えると、それは「みなし」が可能な"状態"であって、注文主に何らかの申込み行為をすることを義務づけるものではないから、特別な具体的な申込み的な行為が存在するわけではなく、労働者はその"状態"を「発見」しなければならない。だが、偽装請負はその性格上、必然的に、当事者は適法な請負を意図的に装い、不都合な事実は隠蔽されることが多いため、「発見」は必ずしも容易ではない。さらに

---

79) 毛利晴光（法務省刑事局付検事）「労働者派遣法の罰則適用の実情とこれをめぐる問題点」判タ766号（1991年）72頁、六車明（東京地裁判事）「労働者派遣法における刑事罰則の基本問題 – 適用対象業務外派遣事業罪について」三田法曹会編『慶應義塾大学法学部法律学科開設百年記念論文集』（1992年）431頁。

「発見」しても、注文主との労働契約に引き継がれる労働条件は請負会社の下における条件と「同一」とされるが、それまで注文主は労働者を指揮命令して就労させてきただけで、業者の下で当該労働者がどのような労働条件であるのか、賃金についてさえ知っているとは限らないが、注文主が当該条件をどのように認識しているのか、労働者には想像に余るため、不安もあって「承諾」を躊躇することがあり得る。このように労働者が利用するにはいくつかの関門があるから、その事を考慮に入れながら同制度の趣旨を活かす解釈と運用が課題である（詳しくは第3章第2節3参照）。

(2) 請負会社に対する規制
(ア) 刑事的規制
　刑事法的には、偽装請負を行なった請負会社は、職安法上、注文主と同じ上記の刑を受ける。
　派遣法上は、無許可のまま派遣を行なえば刑罰を受けることになるが（同法59条2号－同法4条）、偽装請負の場合は許可を得ていることは考え難いから、それに該当することになる。許可を得ていたとしても、ある特定の業務について適法な派遣ではなく請負の名目の契約によって労働者を供給していれば、それは偽装請負と判断される。その他にも、就業条件の明示義務（同法34条）違反、派遣可能期間を超えた派遣禁止（同法35条の3）違反について罰則が規定されている（同法61条）。

(イ) 民事的規制
　民事的には、請負会社は労働者と労働契約を結んでいるから、当然、労働法上の使用者責任を果たすべきであり、全面的に民事的規制を受ける。だが、それは一般の労使関係でも同様であって偽装請負に限ったことではなく、その意味で、偽装請負の場合に固有の民事的規制を受けることはない。

(3) 間接雇用に関わる法の全体構造
(ア) 間接雇用に関わる複数の法律
　暴力行為によって人を傷つける傷害行為は刑法204条によって、甘言を弄して他者から金銭を騙しとる詐欺行為は同法246条によって禁止され、犯した場

合は刑罰を科されるが、同時に、それらは私法的には不法行為を構成し、損害賠償責任を問われる（民法709条）。被害者が傷害、詐欺等に対する刑事罰と不法行為に対する損害賠償のいずれかの選択を迫られることはない。同一の行為に対して法規制のあり方が異なり、適用される法律や呼称が異なるし、刑事罰の発動を裁判所に求める権限は検察官にのみあり、労働者の意思によるものではないという事情も加わる。起訴され、刑事罰を科す手続きが進んでいるからといって労働者が損害賠償請求を控えねばならないっといったことはない。女性の身体に、その意に反して触れば、刑事法上は強制猥褻として刑罰を受け、同時に、セクシャルハラスメントとして損害賠償請求を受ける。それを強制猥褻かセクハラかと二者択一的に捉える人はあるまい。それらはいずれも相互排他的ではなく、殊更に重畳適用とは言われるほどのことではない。

　職安法44条は国家と労供事業を行なう業者（供給元および供給先）の間を規律し、違反に対しては罰則を以て臨む労働行政法である。他方、労働基準法は大半の条文に違反に対する罰則を備えているが、同法13条が示唆するように、基本的には労働条件等に関し使用者と労働者との間を規律する点で労働私法であり、派遣法も同様である。派遣法のいくつかの条文は違反に対して罰則を規定しているが、それが主体ではなく、基本的には、派遣事業の円滑な運営を期し、労働者の保護を図る派遣元、派遣先、労働者三者の関係を律する労使関係法（私法）である。

　全体構造を概観すれば、偽装請負は、職安法上は労供事業であり、刑事的には供給元、供給先とも罰則の対象とされると同時に、派遣法上は違法な派遣であり、供給先に対する労働契約申込みみなし制を設けており、両者合わせて労働法理の基本である直接雇用の原則に沿うよう、二者間の労使関係を再現することが目指されている。

　濱口桂一郎氏や本庄淳志氏は、偽装請負は労働者供給であり、違法派遣ではないと強調されるが[80]、現実を捉えようとする姿勢はうかがえず、実態に目をつぶり、職安法、派遣法の全体構造を把握していないと評さざるを得ない。

(イ) 派遣法の特徴

　繰り返すが、労働者供給事業を禁止する職安法44条がわずか1条ではある

---

80) 濱口桂一郎「いわゆる偽装請負と黙示の労働契約－松下プラズマディスプレイ事件」NBL885号（2016年）20頁、本庄『役割』103頁等。なお、萬井『法論』29〜35頁。

が間接雇用についての一般法であり、派遣を規制を加えつつ許容する派遣法はその特別法である。ただ、基本原則を定める一般法、その例外を定める特別法の関係においては、通常は、当該例外については全面的にその特別法が規制する。ところが職安法と派遣法の関係の仕方には、一部において、一般法の規制を受けるという、通常の特別法には見られない特徴がある。

　派遣法44条は派遣先における就労に関する労基法の適用問題を定める異例な長文の規定であるが、派遣労働者の派遣先における就労については、労基法3条、5条等に関しては派遣先も（派遣元と並んで）「使用者」とみなし（派遣法44条1項）、公民権保障についての労基法7条、労働時間制に関する同法32条等および年少者の保護に関する同法60条等に関しては派遣先のみを「使用者」とみなして（派遣法44条2項）、それぞれそれらの条項を適用すると定め、派遣元はそれらの条項に抵触することになる場合は派遣を禁止される（派遣法44条3項）。要するに、差別禁止などの規定に関しては労働契約関係にはない派遣先を労基法、安衛法上の「使用者」と見做し、労働時間や安全衛生に関しては、法的関係よりも事実上の指揮命令関係の実情が重要であり、それらに関わる条項の遵守とそれによる労働者の保護を図ろうとすれば、現に就労を指揮命令し、就労中の実情を把握している派遣先を規制の対象とすることが不可欠であるから、労働時間等に関しては派遣先のみを「使用者」と見做して、それぞれの規定の趣旨の実効性を維持し、労働者の保護を図っている。派遣法45条は労働者安全衛生法の適用について同趣旨のことを定める。

　それらの問題に関する限り、直接雇用の原則に戻って、それに添う対応を派遣先に求めるそれらの規定の妥当性は疑うべくもない。

　ただ、それは、労働契約関係にない派遣先に本来は労働契約の当事者に求められる労基法および安衛法上の「使用者」責任を負わせねばならないことになるから、派遣を容認した建前にはもとることになる。つまり、派遣法30条、33条、40条の6等も直接雇用が原則であることを示唆しているが、44条、45条の規定はそれを公然と規定したもので、直接雇用の原則の例外を定めた派遣法としては極めて異例のことである。それだけ、直接雇用の原則が動かし難い基本であることを示すものである。

7　二重派遣と労働者供給

(1) 二重派遣の意義

　二重派遣とは、第一次派遣元から派遣された労働者を、第一次派遣先が第二次派遣元となって第二次派遣先へ派遣することである。派遣が二度繰り返されるから二重派遣と呼ばれる。それ以上の、多重派遣もあり得る。

　二重派遣といっても多様である。荒木氏は、二重派遣の場合、「最初の派遣先と派遣労働者の間には雇用関係がない」と述べられるが[81]、実際に、すべての場合において第一次派遣先が労働者を雇用しないまま次の派遣を行なっているとは限らない。第一次派遣先が第二次派遣にあたり、当該労働者を雇用しているか否かは外見だけでは判断できないことであるから、手間を省くことなく、個別に確認する必要がある。

　第一次派遣先（第二次派遣元）が当該労働者を雇用して派遣するのであれば、第一次派遣は法的には職業紹介として機能し、第一次派遣先は第二次派遣の派遣元となって、雇用している労働者を派遣するのであるから、適法な派遣を行なっていることになる。つまり、第一次派遣はその法的性格が中途で職業紹介に転化し、適法な派遣が連続しているだけのことである。第一次派遣は法所定の要件を充たし適法である場合が少なくないが、それが適法であったとしても、当該第一次派遣先（第二次派遣元）が労働者を雇用することなく派遣している場合には、派遣法2条1号の「雇用する労働者を……」という要件を充していないから当該第二次派遣は違法である。しかも、その第二次派遣は、（労働契約を結ぶことなく）事実上支配下に置いている労働者を他に提供してその指揮命令下で就労させることになるため、職安法4条8項に定める労働者供給の定義に該当することになり、職安法44条違反を構成し、第二次派遣元、第二次派遣先とも刑罰の対象となる。

　和田肇氏は、二重派遣とは「派遣元が派遣労働者を二以上の派遣先に派遣する」ことだと説明される[82]。同見解によれば、常用雇用型では派遣の多くはそれに該当することになる。常用雇用型では、派遣会社に期間の定めなく雇用されている労働者は、通常、会社の指示に従い複数の派遣先へ次々派遣されることを了解し、それを前提として契約を結んでいる。また、そうであることによっ

---

81)　荒木〔5版〕598頁。
82)　和田肇「健全な労働者派遣市場を形成する法理とは」労旬2040号（2023年）29頁注（3）。

て、就労先は異なるものの、派遣会社との雇用関係は途切れることなく継続し、たまたま派遣がない場合は労基法26条により休業手当が支払われるから収入が途絶えることはなく、その意味で、雇用は安定し一定の収入は保障されている。そのことが派遣が肯定される論拠の一つでもあったことに照らしても、和田氏の見解は妥当ではない。なお、登録型派遣の場合も同様であって、派遣会社による雇用－派遣がそれほど間隔を置かず途切れつつ繰り返されるが、それだけのことである。派遣先、労働者とも慣れているから好都合でもあり、当該派遣先が同一であることも稀ではないから、和田氏の見解はやはり妥当ではない。

(2) 二重派遣と第二次派遣元の状況

　二重派遣はあり方が一様とは限らないから、それをめぐる法理は単純・簡明ではない。偽装請負は単独でも違法であるのに対し、派遣は法所定の要件を充たせば適法である。外形は派遣が積み重なり、第二次派遣元（第一次派遣先）が労働者を雇用しているか否かは見分けが困難であるから、法的関係を慎重に確認する必要がある。

　必要な許可も得ている第二次派遣元が受け入れている第一次派遣の労働者を雇用していない場合には、派遣法について基本的な知識を備えているから、またそれ故、第二次派遣先に対しては、労働者を雇用していると積極的に説明するか、もしくは、その点について確認を求められない場合にはそれを奇貨として暗黙の裡に雇用していることを前提にして派遣し、結局、適法な派遣と偽装しているものと推測される。その場合、第二次派遣元は労働者を雇用するという要件を充たしていないことを明確に認識しつつ、積極的に違法な二重派遣（同時に労働者供給）という状況を創り出していることになる。

(3) 第二次派遣先の責任

　二重派遣は労供事業に該当することが多いとみられるが、そう指摘して終わる問題ではない。それに対して派遣法40条の6を適用することの可否に関わる考察が求められる。

(ア)「法の欠缺」との指摘について

　厚労省：在り方研が2008年7月、「二重派遣については……直接労働者派遣

法の規制は及ばない」と述べたことは、合理的根拠に基づくものではなく、適切ではなかった。確信がなかったと推測されるが、先のように述べつつ、「今後、職業安定法の考え方の整理」をすることを提言していた。だが、その後、職安法の改正はなく、派遣法の 2015 年改正の際にも二重派遣を適用対象にする規定の整備は行なわれなかった。

　沼田雅之氏はその状態を「法の欠缺」と指摘し、職安法に派遣法 40 条の 6 に匹敵する規定を設けることを提案される[83]。だが、派遣法が派遣事業の適正な運営を図る事業法の性格を持つとはいっても同時に労使関係法の性格も備えており、40 条の 6 は後者に属する私法的規定であるから、純然たる労働行政法である職安法にそのような私法的効力をもつ規定を定めることは、法律の性格に照らし順当・適切とは言い難い。

　立法論にかかる前に、解釈論として、二重派遣に派遣法 40 条の 6 は適用され得ないのかを慎重に検討すべきである。

(イ)　第二次派遣の派遣先の責任

　派遣において、一般に、派遣先は派遣元と労働者との法的関係に関心を持つとは限らないし、受け入れる派遣が「第二次」か否か自体を知らないことも多分にあり得る。さらに第二次派遣であることを知っていたとしても、当該派遣元と労働者の雇用関係に関わる事情を知る必要も特にないし、知らない場合も充分にあり得る。むしろ、その種の問題は藪蛇になる可能性があるから、関わりたくない心理状態であることも推測される。

　いずれにせよ、第二次派遣元が公然と「派遣」と述べ、他の名目の契約ではなく、派遣法 26 条所定の労働者派遣契約を提案し、派遣先と協議して同契約を結んでいる場合、それは少なくとも「派遣以外の名目で契約を締結し」て請負を偽装しているわけではない。したがって、派遣法 40 条の 6 第 1 項 5 号所定の違法派遣には該当しないから、同条項は適用され得ない。

　ただ、第二次派遣元が労働者を雇用していない場合の二重派遣は、全体としては違法派遣かつ労供事業という評価は免れ難い。第二次派遣元が派遣法 5 条所定の厚労省の許可を得ていたとしても、当該派遣に関する限り、有効な許可

---

83)　沼田雅之「労働契約申込みみなし制度における偽装請負と『免れる目的』」法時 94 巻 9 号（2022 年）156 頁、同・浜村古稀 294 〜 295 頁。

を得ている適法な派遣元とはいえないから、「派遣元事業主以外の労働者派遣事業を行う事業主」から派遣を受けることを禁止する24条の2に違反し、派遣法40条の6第1項2号の適用可能性が問題となる。

(ｳ) 竹中工務店事件について
(a) 第二次派遣元は厚労相の許可を得ているとしても、適法な派遣を行なうためには他の適法派遣の要件をすべて充たしていることを求められる。

竹中工務店事件は二重の偽装請負の事件であったが、注文主（竹中工務店）と元請負人（TAK）が被告とされ、地裁は、竹中工務店については労働者を提供したTAKが「原告とは雇用関係にはないため、被告竹中と被告TAKは、労働者派遣法2条1項にいう労働者派遣関係には立たない」ことを理由として、またTAKについては「原告を自ら指揮監督することなく、被告竹中の指揮監督下で労働に従事させ……『労働者派遣の役務の提供を受ける者』ではない」ことを理由に、両社いずれについても適用を否定した[84]。

(b) 沼田氏は、大阪地裁は「二重派遣＝労働者供給の場合には……労働者供給は労働者派遣法が定義する『労働者派遣』に該当しないから」契約申込みみなし制度は適用されないと判示したと「推測」される。地裁は、TAKと労働者は「雇用関係にはないため、被告竹中と被告TAKは、労働者派遣法2条1項にいう労働者派遣関係には立たない」と明記しており、当該判旨のそのような漠然とした沼田氏の要約には疑問がある。ただ、いずれにせよ、竹中工務店に対する契約申込みみなし制適用否定の論理は9.30通達と同じであるが、沼田氏は9.30通達と同じく事実上支配説をとられるため（第2章第1節3(1)(ｲ)(d)）、正面から地裁判決を批判することはできない。そのためであろうが、それを「形式判断」という表現で批判されるが、派遣法40条の6の「適用ないし類推適用を認めさせることはなかなかに困難」と考えて、その問題は回避し、主として黙示の労働契約論を展開される[85]。

浜村彰氏は、ベルコ事件において札幌地裁は「労働者に個別具体的な『指揮

---

84) 竹中工務店事件・大阪地判・前掲注60) 75頁、同大阪高判・前掲注60) 77頁。
85) 沼田雅之「大阪高裁の稚拙な黙示の労働契約論とあるべき解釈の方向」労旬2040号（2023年）40頁、同・浜村古稀286、298頁。沼田氏は萬井意見10＝労旬1997号を要約して紹介されるし、派遣法40条の6の「制度の趣旨を正面から取り上げ」ると言いながら、ほとんど実行されず、実際には民事制裁という解決に疑問を提示した後は、黙示の労働契約論が内容になっている。

『命令』をしていないときでも、その事業遂行のために派遣労働者を違法に『利用』している場合」には、雇用責任を負わないで「第三者から労働力の提供を受けてその事業の遂行に利用している」から、派遣法40条の６にいう「派遣の役務の提供を受ける」ことにあたると解釈して「民事制裁的責任を拡大」したと解し、みなし制の適用があるとの判旨であると解説される。違法派遣の場合は、「２条１項の派遣先よりも広く……違法に派遣労働者を『利用』する事業者にも民事制裁的責任を拡大」する解釈を肯定される[86]。

　ベルコ事件は、冠婚葬祭の執行等の請負業者（ベルコ）とその代理店、当該代理店が雇用した労働者という三者が関わり、代理店による契約解除を不法行為とみた労働者がベルコを相手方として損害賠償を請求した事案であるが、原告は業者との黙示の労働契約の成立を主たる論拠としている。予備的請求として派遣法40条の６の適用を主張しているが、地裁は、葬儀の執行業務の実態を分析し、ベルコは代理店から派遣の役務の提供を受けていたと認定し、労働契約の申し込みをしたものとみなした[87]。しかし、原告は主要には黙示の労働契約論を論拠としていたからであろうが、「承諾」に相当する行為はしていないし、地裁もそれについて認定してはいない。重要な要件である「承諾」についての認定を欠きながら同条項の適用を肯定する判示は適切とは言い難い。浜村氏は「承諾」問題には言及されないで、「新たな理論的検討課題を提起した」と判決を評価されるが、裁判所も研究者も、すべからく、事実関係を分析して法理を検証し法理論を構築すべきである。派遣法40条の６の理解として、おそらく、浜村氏は民事制裁であるから罪刑法定主義のような厳格な拘束はなく、拡張解釈による「準用」は許されると指摘されたものと推測される。

　沼田氏は、派遣法40条の６は民事制裁ではないといいながら、その浜村氏の主張には同調されるが[88]、論証がないという点は同様である。

（４）まとめ

　再度確認すべきは、三者間の労務提供関係は労働法上、基本的には禁止され

---

86) 浜村彰「委託業務の発注元と受託代理店の労働者との間の派遣労働者関係と申込みみなしの成否」労旬2018号（2022年）58頁、沼田・浜村古稀299～300頁。
87) ベルコ事件・札幌地判令4.2.25労旬2018号61頁、80～83頁。
88) 沼田・浜村古稀299～300頁。

るという大前提である。
　派遣は直接雇用の原則に反するが、立法政策によって例外的に容認されることであるから、派遣先は漫然と労働者派遣契約を結ぶことは許されず、労働者の「雇用」の問題を含め、不適法とならないよう諸要件を充たしていることを確実に確認すべき注意義務を負っている。その確認を怠った場合、無過失とは主張し得ない。
　二重派遣における第二次派遣先・元が親子ないし系列会社の関係にある場合、あるいは同様な派遣を繰り返している場合には、第二次派遣先は当該派遣が適法な派遣の要件を充たしていないことを知り得る立場にあり、実際に知っている場合には当然、善意・無過失とは言い難い。基本的には労働法上は存在すべからざる三者間の労務提供関係を利用しているのであるから、当該「違法」部分を排除し、原則に戻すよう是正することが求められる。
　繰り返すが、契約申込みみなし制は、内容的には、現に指揮命令をして就労させているという、自らが創出した使用従属関係の実態に適合するように、法形式を修正して労働契約関係を設定させ、本来一致すべきである雇用と使用が分離しているものを再び一致させるため、労使関係の「原則に立ち戻って」直接に雇用させる民事制裁である。法理論史としては、かつては黙示の労働契約論に依拠して注文主との労働契約関係の存在確認が試みられたが、それが判例上は受け容れられず、立法的解決策として派遣法40条の6が制定された。現在、第二次派遣先は「違法な派遣先」だからこそ同条の適用を受けるという積極的な観方が求められる。それが明文に即さないという理由で「適用」に無理があるとは解されない。仮に、直接適用されるという理解が無理だとしても、条理に基づき、準用ないし類推適用により、適用と同様の対応を迫られると解すべきである。

8　二重の偽装請負と二重の違法派遣

　偽装請負が積み重なる二重の偽装請負は、単純な偽装請負がそうであったように労働者供給であると同時に違法派遣であるが、二重の構造をとっていることに起因する、独自の問題がある。
　橋本陽子氏は二重の違法派遣と二重の偽装請負を同一視される[89]。だが、そ

---

89)　橋本・前掲注46）46頁、同「二重派遣と労働者派遣法40条の6 - 竹中工務店事件」ジュリ1576号（2022年）5頁。

の二つはそれぞれ重要な概念であり、両者には共通点もあるが異なる点もあるから、それらを単純に同一視することは適切ではない。両概念を明確に定義し識別するとともに、その関連を明らかにしなければならない。その整理を怠ることは、三者間の労務提供関係にかかわる紛争の解決に役立たないばかりではなく、それを誤った方向へ導くことになる。

(1) 二重の偽装請負とは何か

　偽装請負の注文主は請負会社から労働者の提供を受け、自ら指揮命令して就労させているから、行為類型としては（労働者供給であると同時に）派遣であるにもかかわらず、派遣法上の派遣として労働者の提供を受ける意図はないから、法所定の適法な派遣の要件を踏んでいるはずもなく、したがって当然、違法派遣でもある。

　二重の偽装請負は、請負会社が再下請けするが、下請会社はやはり請負った業務を自らは遂行しないで労働者を請負会社（元請）へ提供し、元請会社は当該労働者をさらに注文主へ提供し、その指示の下で就労させる。注文主、元請会社、下請会社はすべて職安法44条に違反すると同時に、違法派遣を行なっていることになる。

(2)「二重派遣（二重偽装請負）」という表記と問題の所在

(a)　偽装請負は社会的な俗称であり、法的には、労供事業であると同時にすべて違法派遣であるから、その意味で、「偽装請負（違法派遣）」「二重の偽装請負（二重の違法派遣）」と表記することは誤りではない。しかし、違法派遣がすべて偽装請負というわけではないから、両者を逆転させて、「違法派遣（偽装請負）」、「二重派遣（二重偽装請負）」と記すことは間違いである。

　橋本氏は、「二重（多重）派遣とは、労働者に指揮命令を行なっている者が、当該労働者を雇用しているのではない者との契約にもとづき、当該労働者を受け入れている場合を指す」が、職安法4条7項は「自己の雇用する」という要件を規定しないから労働者供給に該当すると説明される[90]。それは単純な違法派遣の説明であって、「二重」の要素についての解説が欠けている点で適切で

---

90)　橋本・前掲注46) 48頁。

はない。問題はそれ以上に、——「労働者供給に該当する」と言われるが——肝腎な偽装請負をどのような法的構造だと理解するのかについて説明がないことである。また、偽装請負は労供事業であると同時に違法派遣であるとの明快な説明も、「二重偽装請負」をいかなるものと把握するのかについての説明もなく、二重派遣と二重偽装請負との関係をどのように理解しているのかについても解説されない。

派遣法の他の規定に違反すれば違法ではあるが、それらがすべて偽装請負というわけではない。その意味で、橋本氏の無限定的な「違法派遣（偽装請負）」という表記は不正確であり、法律の論文で記述することは適切ではない。「違法派遣（偽装請負）」というだけでは、その「違法派遣」なり「偽装請負」をどのようなものと解されたのか判断できないし、したがって、それを「（ ）」で追記することは適切とは言い難い。橋本氏が「二重派遣（二重偽装請負）」と記されるのは、二重派遣と二重偽装請負の概念をそれぞれ正確には理解されず、したがって、両者の共通点と相違点を的確に認識されていないことの現われと判断する他ない。

(b) 偽装請負は典型的な違法派遣であり、労働者は契約申込みみなし制を援用して注文主との労働契約関係の存在の確認を請求し得る。

派遣法40条の6第1項2号が規定する違法派遣の類型は許可を得ていない業者から「派遣の役務」の提供を受けることであるが、それは「派遣の役務」の形をとりながら、労働者派遣契約ではない、別の、何らかの形式の契約を結んでいるから、それが偽装請負（5号）にも該当する可能性は大きい[91]。

すでに述べたように、派遣が連続していて外形的には二重派遣と見えるとしても、第一次派遣は適法な派遣であったが法的には職業紹介として機能しており、第二次派遣は適法な派遣であることもあり得るから、外形的な二重派遣がすべて労働者供給に該当するわけではない。したがって、「二重派遣（二重偽装請負）」と表記することも不正確である。罰則の適用が絡む問題であるから、不正確な表現は厳に避けなければならない。

---

91) 同旨、本庄・前掲注44) 97頁、山本圭子ほか「新春鼎談：労働者派遣法をめぐる裁判例の動向と課題」労判1275号（2023年）31頁（木下潮音）。沼田氏はその私見には「驚かされた」そうであるが（沼田・浜村古稀287頁）、派遣法24条の2に当てはまる状況を具体的に考えれば自然の結論であり、驚くにはあたらない。

9　小括

(1) 条文と遊離する解釈

　法解釈においては、問題となっている事実関係の法的解決にむけて、関係する法律の条文の立法の趣旨をふまえ、その意義、規定内容に即しつつ、解決策を見い出していく。そのためには、条文を堅実に読みこなすことが第一条件で、解釈論全体の基礎となる。

　ところが、その、条文の読解という基本的な作業が充分には行なわれていないことがある。そのため、導き出された解釈は法律の条文と遊離するから客観的な基礎を欠き、主張内容は理解し難いだけでなく、不適切な内容となる。

(ｱ) 裁判所の場合

　裁判所の判決において、条文の解釈が適切になされない場合には当事者にとっては受け容れがたい誤判となり、紛争の公正な法的解決の期待は裏切られる結果に終わる。

　判例評釈において、裁判所が条文と遊離する解釈をとっていると批判されることがあるが、担当した裁判官は反論や弁明はなされないから、論争に発展することはない。「裁判官は弁明（弁解）せず」という法諺があると聞くが、ある裁判官は「発言する勇気のないことを『弁解せず』の裏にかくれて曖昧に葬り批判を免れようとする態度はあるまじきこと」と喝破されたと聞く。裁判官も法廷の外では発言は一法律家として自由であるから、今後は論争を期待したい。

　ちなみに、アメリカで法廷見学をした際、口頭弁論の途中で（法廷内で）、裁判官が弁護士に質問し、解答に対して再質問して論争状態になっていることを観たことがあるが、アメリカの法廷ではそのようなことは珍しくはない[92]。「真実発見」に有益であるならば、日本でもそのようことは検討に値する。

　法律の条文の趣旨を正確に捉えていない、理解していないといった判決批判は枚挙に暇ない。それは着眼点の一つとして判例評釈のポイントとさえなっている。

　書証の契約書の文言の理解についても同様である。たとえば、高圧ガスの輸送業務の請負に関わる大陽液送事件においては、車輛の事故等の場合の処理・

---

[92] ジリアン・トーマス（中窪裕也訳）『雇用差別と闘うアメリカの女性たち－最高裁を動かした10の物語』（日本評論社、2020年）。

対処につき注文主は請負会社の従業員（車輛運転手）に直接指示をしていたし、他にも出勤時刻の変更、配送先の追加、荷積の順序の変更等についてまで日常的に業務指示をしていた。契約書で「事故が発生した場合は、遅滞なく応急の措置を講じ……直ちに甲（大陽液送——筆者注）及び丙（荷主である大陽東洋酸素——筆者注）に報告し、その処理につき甲及び丙の指示を受けるものとする」としていた。その契約書は注文主から指示を受けた請負会社が当該指示に応じた作業を従業員に命じるという手順を想定している。企業とその従業員との関係を的確に理解していれば、他の会社の従業員への直接的指示を含むと読み得ると考えることはあり得ない。原告は、実態は偽装請負であると主張したが、裁判所は注文主が請負会社の従業員に直接に業務指示をすることを認めるものと読んでその主張を退け、さらに拡張解釈をして、日常的な業務指示も「業務遂行上の合理性がある」と判示している[93]。

　万が一、企業間の協議において一方は他の企業の従業員に対し直接的指示を行ない得ると合意し、契約書に明記したとしても、その合意を有効と認めることは労供事業を容認する状況になるから、当該条項は違法無効と判断されるべきである。その程度の見識を欠くようでは、裁判官としての資質に疑問符が付くのではあるまいか。

(イ) 研究者の場合

　研究者の場合は、条文や契約書の読み誤りがあっても、学界における評価を下げるだけで実害はただちには現われない。ただ、論文を介して他の研究者へ誤った解釈論を伝え、講義では学生に不正確な法理論を説いていることになる。社会的責任は重い。

　荒木尚志氏は、職安法と派遣法の法違反に対する罰則に関わる条文を対比して、規定内容に照らし、違法派遣に対してはすべて派遣法によって対処する構造となっていると主張された。だが、条文を読み通して把握する作業が疎かであったものと推測されるが、全体を把握されておらず、目についた条文を対比しただけで結論を急いだ様相を呈しており、論証に欠け、結論も妥当とはいえないものであった（第1節3(1)(ウ)(b)参照）。

93）　大陽液送事件・大阪地堺支判・前掲注55）68頁。

鎌田耕一氏は、三者間の労務提供関係にかかわる法理論にとって基礎的位置を占め、正確な認識が求められる労働者供給概念について、ある個所では供給先と労働者は労働契約で結ばれているとし、他では将来に向けて契約を締結する（その時点では契約は結ばれていない）と解する以外にないという自己矛盾を犯しており、首尾一貫した筋の通る説明になり得ていない。今なお自覚されていないように映るが、繰り返し指摘したように（第2章第1節2（5）（エ）、第2節3（2）等）、自ら創設に関与した派遣法40条の6についてその存在意義を説明できない状況に陥っていることは、派遣法を堅実に読解されてはいない証左である。

　橋本陽子氏は、職安法と派遣法の条文を対比し検討して、偽装請負については「職安法違反に対しては、派遣法よりも重い罰則が科されうる」ことを考慮すれば「民事制裁を準用しても許容される」との結論を導き、沼田氏も同旨のことを説かれる[94]。だが、派遣法には偽装請負について注文主（違法派遣先）を処罰する規定は存在しない、つまり対比したはずの条文は存在しないため、その刑罰比較論は成り立ち得ず、論証が空に浮いている。

　いずれも、客観的に主張を支えるべき法律の条文が存在しない、あるいは主張とは逆の意味を持つ法律が存在するという状況であり、研究者らしからぬことである[95]。

---

[94]　橋本・前掲注46）49頁、沼田・浜村古稀297頁。
[95]　条文を正確に読むことは必ずしも容易ではない。
　職安法5条の3第1項は、公共職安や労働者供給事業者（労働組合）等が、労働者の募集や労働者供給に際し、予定されている企業において「従事すべき業務の内容及び賃金、労働時間その他の労働条件」を明示することを義務づける。それに対応して同条第2項は、求人者は公共職安に対し、また、「供給・派遣」システムにおいて供給先となる労働組合が設立した事業体が労働者を雇用する外形を整えるため必要であるから、当該労働組合に対し、当該条件の明示を義務づけている。2018年9月の『労供取扱要領』は、第3項に関連し、「供給される労働者と労働契約を締結しようとする場合であって、これらの者」に対し、供給先は「労働契約を締結しようとする場合……第1項の規定により明示された従事すべき業務の内容等を変更し……」と述べた。
　私は、『労供取扱要領』は第1項で明示義務が定められているかのように述べており、条文を精読していないと批判した（萬井論文35＝龍谷54巻1号14頁）。自ら明示してはいない条件の変更を供給先が通知すべしという規定があり得るのか。ただ、厚労省なりに職安法5条の3を読んだもので、精読していないという批判が妥当かどうか、今なお確信はない。同部分についてはしばらく保留する。

(2) 間接雇用に関する諸概念の理解について

　偽装請負、労働者供給、違法派遣などは、いずれも、本来の労使関係ではない、企業によって創り出された三者間の労務提供関係である。当該企業間の契約書は外部からは通常は読むことができないから、その真相、つまり請負なのか派遣なのかさえ正確に判断することは容易ではない。偽装請負のように、企業がその真相を意図的に隠蔽を図っている場合には、困難さはさらに増し、適法違法の判断は容易ではない。労働者の就業状態を緻密に分析し、推理を積み重ねて真相に迫る努力を求められる。

　加えて、間接雇用に関する諸概念については、今なお、理論的蓄積が充分とはいえず、したがって、理論の整理も不充分である。二重派遣と聞けば、第一次派遣先は労働者を雇用しないまま第二次派遣元として派遣すると即断し、それは労働者供給に当たると述べて、それ以外の状況を探索する努力をしないで考察を打ち切る研究者は少なくない。沼田氏は偽装請負よりも「労働者供給とされる関係」、つまり二重派遣のほうが「違法性の程度が高い」と述べられるが[96]、「二重派遣」といっても一様ではないことを把握せず、厳密に分析していない上に、「違法性の程度」を比較される根拠についての説明もない。しかし、労組の労供事業に関わる「供給・派遣」システムの存在と、そこでは「供給」が実質的には職業紹介として機能しているカラクリを知っていれば、二重派遣の第一次派遣も同様に機能している可能性を考え、単純に二重派遣は労働者供給であると言うだけでは済まされないことに想いが及ぶに違いない。それは、「現実を把握し、分析し、理論化する」という研究者としてのあり方をとるという重要な問題に通じる[97]。

　現状は、行政解釈が先行し、裁判官だけでなく一部の研究者までそれに曳かれている状況がある。小宮文人氏は──二者択一論を採られるわけではないが──ハンプティ商会（AQソリューションズ）事件判決にかかわり、AQソリューションズは「違法な労働者派遣というより、むしろ典型的な労働力供給業者というべきものであった」と述べられるが[98]、今なお、労働者供給と派遣の関係についての認識が未整理であるように思われる。派遣法に関しては学界が全体

---

96) 沼田・浜村古稀288頁。
97) 萬井隆令「労働法解釈の在り方について」学会誌126号（2015年）3頁。
98) 小宮文人「労働者派遣法の『労働契約申込みみなし』の一考察」専修17号（2021年）261頁。

的に理論的に未熟という他はない状況があり、しかも解決を迫られる問題は次章でみるように数多い。より多くの研究者による議論が活発になされる必要がある。

第3章　派遣法運用上の諸問題

第1節　2015年改正の概要と要点

1　2015年改正の概要

　労働政策審議会（樋口美雄会長）は、「今後の労働者派遣制度の在り方に関する研究会」（以下、厚労省：在り方研）の2013年8月20日『報告書』をそのまま法改正の叩き台と位置づけ、9月からの法案審議を始めた。

　ところが、事業場レベルの派遣可能期間延長に対する労使によるチェックの方法に関し、12月になって同『報告書』とは趣旨の異なる労政審「報告書骨子案」が「公益委員案」として提出される予測されなかった事態もあり、一時、審議が滞った。さらに法案採決前に、責任者不詳の『いわゆる10・1問題』と題する、審議を急ぎ早急に法律を成立させることを促すメモが密かに与党の一部の議員だけに配布されるといった疑惑の動きもあった。それでも審議は続けられ2015年9月11日に改正法が成立し、異例のことだが周知期間をほとんど置かず、同年9月30日に施行された[1]。

　改正法は従来の派遣法の性格を一新し、法律の名称に「労働者の保護」を規定したこととは裏腹に、"運用を派遣先の都合に合わせるための法律"に替えたことに根本的な批判がよせられている（第2章第2節）。

　前著『労働者派遣法論』において概説したが、施行後9年を経る間に小刻みな改正を重ねたが、なお厳しい評価が寄せられている。この間の運用の実情と照合しつつ、法改正の要点と、法案審議の時点で既に予期された問題、さらには予測されなかったが新たに浮上した問題を確認したい。

　改正法は雇用安定措置として有期の派遣労働者を無期雇用に変更する機会を提供すること等を列挙して努力を求めていた点を一歩進めて、派遣元に対し、1年以上就業する見込みのある労働者については派遣先に「労働契約の申し込みをすることを求める」こと等を努力義務とした（派遣法30条）。また、派遣

---

[1]　前者の事態に関わる「疑惑」については本書補論1を、後者のメモについては2015年5月13日毎日新聞および和田肇「2015年労働者派遣法改正手続きの異常さ」労旬1870号（2016年）を参照されたい。

元に対し労働者が「必要な技能及び知識を習得する」ための教育訓練等の義務づけ（同法30条の2）、派遣先の同種の労働者の労働条件との間に「不合理と認められる相違」を設けてはならず、「均衡を考慮して」賃金を決定するよう「配慮」する義務（同法30条の3、30の5）など、いくつかの派遣労働者の保護に係る改正も行なわれた。だが、内容は必ずしも具体的ではなく、しかも、直接雇用などは本来、派遣先に対して求めるべき性格であるが、すべて「派遣元事業主の講ずべき措置」という努力義務に留まるものであった。派遣元に派遣先にそれを求めるほどの力量があるのか、仮に求めても、直接雇用を避けたいから派遣を利用している派遣先がどこまで対応するのかは甚だ疑問で、当初から実効性に疑問を持たれた。実際にも、それらが具体的な成果を上げ、労働者の保護が厚くなったという評価は聞かない。

2　法改正の要点

(1) 事業の許可制

　法改正まで、「常時雇用される労働者のみ」を派遣していた特定労働者派遣事業（旧派遣法2条5号）は所定の事項を厚労省に届け出ることにより派遣事業を営むことができたが（旧派遣法16条）、それを廃止して、「派遣事業を行おうとする者」はすべて、所定の申請書を提出し、厚労省の許可を得ることが義務づけられた（派遣法5条1項）。

(2) 業務区分の廃止による派遣可能期間の変更

　従来は、「その業務を迅速かつ的確に遂行するために専門的な知識、技術又は経験を必要とする」と政令で指定される専門的業務（政令指定業務）とそれ以外の自由化業務に区分し、政令指定業務に就く労働者には派遣可能期間に制限はなく、継続して派遣として就労することが認められていた自由化業務は2003年以降、原則1年、派遣先の労働者の過半数代表からの意見聴取により3年まで延長することが認められていた（旧派遣法40条の2第1項1号イ、第2項2号、3項、4項）。15年改正により、その業務区分を廃止し、併せて、派遣元で無期雇用等の場合を除き、原則としてすべての派遣労働者が派遣可能期間を一律に3年を上限とされた（派遣法35条の3、40条の2第1項、第2項）。

(3) 派遣元での雇用形態と派遣可能期間

派遣元における雇用形態が派遣可能期間に連動する。

(a) 派遣元で無期雇用の場合、また、有期であっても、事業の開始等のための業務で一定期間内に完了する予定の業務、育児休業者の代替等に就く者等には、旧法と同様、派遣可能期間に制限を設けられない（派遣法40条の2第1項但書）。

(b) 派遣元で有期雇用の場合、派遣可能期間について、①個人単位と②事業所単位の制約がある。

①の個人単位では、派遣先は、同一の有期の派遣労働者を「3年を超えて」受け入れることはできないから（派遣法40条の2第1項、第2項）、業務の内容に関わりなく、3年という期限到来により必ず契約が終了し、労働者は失業が不可避となる。もっとも、派遣先で「組織単位」を変更すれば、新たな派遣として扱われるから、たとえば、総務課から営業課へ、さらに人事課へと移れば同じ派遣先の企業で就労を続けられる。

労働者としては、派遣先ないしどこかの企業に直接雇用されない限り、次々と（3年ごとに）新たに派遣先を得ながら派遣という形態で就業しなければならない。「生涯派遣」と評された。また、一つの企業内で「組織単位」を移動するとすれば、実質的には、特定避止努力義務を課す派遣法26条6項に抵触することは避け難い。一つの企業内であれ別の企業であれ、派遣先を転々と替えることになると、派遣先におけるOJTによるキャリアアップは大きくは期待できない。

②の事業所単位では、改正法35条の3によれば、派遣元は一つの「派遣就業の場所における組織単位ごとの業務について、3年を超える期間継続して……派遣を行ってはならない」。ただし、派遣先は事業場の過半数労働者の代表から意見を聴取した場合は3年延長することができ、期間満了後も、同じ手続きをとればさらに3年延長が認められる（派遣法40条の2第3項、4項）。派遣先の企業は意見聴取手続きをふめば、永続的に派遣形態の就業者を使用し続けられるということである。

派遣先の事業場レベルの期間更新（延長）については意見聴取義務であって、労働者代表の同意を得ることは要件とされないから、反対意見であっても意見聴取さえすれば義務は履行したことになる。異議があった場合は、企業はそれ

に対して説明する義務を負うが（派遣法40条の2第5項）、労働者代表が納得することまでは求められないから、結局、双方とも意見、説明を一方的に述べて終わることになる。

　厚労省：在り方研は、期間制限を常用代替防止の一つの手法と位置づけていたから、期間の延長は「派遣先の労使がチェック」すべきものとし、「ドイツの事業所委員会による派遣受入れへの関与の仕組みに類似した方法」、つまり労働者代表の同意を要するものと明記していた。それが労政審において意見聴取義務に改変されたのである（経緯等については補論1後掲133頁以下参照）。

(4) 労働契約申込みみなし制

　2012年改正において新設された40条の6の施行は3年間延期されていた。15年改正において業務区分の撤廃に伴う可能期間が大幅に変更されたから、それを踏まえて40条の6第1項に4号が追加され、従来の4号が5号に移された。5つの類型の違法派遣が挙げられ、善意・無過失の場合を除き、そのいずれかを「行った場合には、その時点において、当該労働者派遣の役務の提供を受ける者から……その時点における当該派遣労働者に係る労働条件と同一の労働条件を内容とする労働契約の申込みをしたものとみなす」ことになった。

　これについては、重要な問題が多いから、節を改めて論じる。

(5) 労働者に関する情報の提供

　厚労省：在り方研は、労働者のキャリアアップのためには派遣先は「職務能力の向上の度合いや新たな技術の習得などに関する情報を提供する」ことが望ましいと提言した。それを承ける形で改正法は、派遣元による教育訓練や待遇の確保に協力するために「労働者の業務の遂行の状況その他の情報」を提供する努力を派遣先に求めた（派遣法40条5項）。

(6) その他

　派遣労働者と派遣先企業の労働者の「均等」待遇が長年の懸案となっていたが、それは「均衡」努力に留められた（派遣法30条の5）。

　日雇い派遣については、あまりに短期なので雇用管理がなされない、禁止業務への派遣など違法な派遣が多い、労働災害が多い等の理由で原則として禁止

されたが、専門的業務など「適正な雇用管理に支障を及ぼすおそれがない」場合には例外が容認されており（派遣法35条の4）、原則が存在することが判らなくなるほど「例外」が多い。

(7) 法改正の評価
(ア) 派遣可能期間の制限の趣旨
　派遣可能期間の制限の本来の趣旨は、期間満了の労働者を派遣先による直接雇用へ誘導することである。しかし現実には、従来、6ヵ月を超える期間を定める労働者派遣契約はわずか4％程度で、しかも、有期の派遣労働契約は多くは2ヵ月程度で、いつでも期間満了を理由に契約関係を解消し得るようにしておき、必要に応じて契約更新を行なっていたから[2]、派遣期間が3年に延長されたからといって実質的にはほとんど影響はなく、有期派遣が不安定な就労形態であることには何ら変わりはない。

(イ) キャリアアップ実現の条件
　OJTは就労しながらの自学自習であるが、それなりにキャリアアップには有効である。一般の労働者も同様であるが、本来、派遣先に限定された特有のものではなく、特に即戦力を期待される派遣労働者にとっては、広く新たな技術や知識を得るためには、独自の研修機関における学習によることが望ましい。しかし、派遣先も派遣元もそのような独自の研修機関を設ける余裕があるとは限らない。また、設けたとしても、当該研修機関が独立採算制であれば、研修を受ける費用の相当額を失業中の労働者が負担しなければならないことになるであろうが、それは容易ではない。キャリアアップを奨励することは有意義ではあるが、研修機関の設置や運営なり、研修費という具体的に不可欠になる費用という大きな壁がある。
　厚労省：在り方研の『報告書』も含め、費用という壁の解決策を提示しないままでは、キャリアアップの奨励は「掛け声倒れ」になる可能性が大であり、現実にそうなっている。

---

[2]　山川和義「労働者派遣の実態分析」和田ほか『派遣』396頁。

(ウ) 情報提供への危惧

派遣先から派遣元への労働者の情報提供に関していえば、厚労省：在り方研は「職務能力の向上……新たな技術の習得」などキャリアップに繋がるものを求めていたが、法律では派遣元が派遣法30条の2（教育訓練）および3（不合理な待遇禁止）による措置を講じられるよう、派遣先における「当該派遣労働者の業務の遂行の状況その他」の情報となった（同法40条5項）。法律上は情報提供の目的は漠然としか定められないため、提供された「情報」は、派遣元が派遣労働者を不当に差別することに流用される危険性が危惧される。運用に注意する必要がある。

(エ) 改善の効果

法改正はいくつか、派遣労働者の不安定な立場や不利な条件の改善につながる措置を提起しているが、それを現実化する手立てが備えられていないため、いずれも、効果を上げ得てはいない。改善が効果を上げるためには、現実化に有効な手立てが不可欠である。

3 派遣を受ける者の定義と現実

派遣を受ける者に関わる概念については「派遣先」と「派遣の役務の提供を受ける者」という2つの表現があり、違法派遣の場合、それに対する制裁と関わって、両者の概念と両者の関係を明確にすることが求められていたが、法改正においては叶えられなかった。違法派遣を受け入れた者に対する民事制裁が制度化されたから、その問題は放置することはできない。

(1) 派遣を受ける者に関わる概念

(a) 派遣とは、ある者（派遣元）が支配下に置く労働者を他の企業に提供し、その使用に委ねることである。その派遣の提供を受ける企業を一般に派遣先というが、派遣法は独自に定義規定を置かず、場違いな、紹介予定派遣についての定義規定である派遣法2条4号において、「5条1項の許可を受けた者」から「当該派遣労働者に係る労働者派遣の役務の提供を受ける者」を「派遣先」と定義している。

派遣には適法な派遣と違法な派遣があるから、仮に、派遣法2条4号が規定

するように、適法な場合はすべて「派遣先」と呼び、それ以外、違法な派遣を含む場合を「派遣の役務の提供を受ける者」と区分し、使い分けるのであれば、その呼称を分けた趣旨・意義は理解できる。

派遣法は厚労省の許可を得た派遣元事業主から派遣を受ける場合と許可を得ていない者から派遣を受ける場合を想定しているが、派遣元の相違に応じて呼称を使い分けるのであれば、それに適合するよう、派遣法において「派遣先」と「違法な派遣の役務の提供を受ける者」と正確に使い分けて規定しなければならない。しかし、現行の派遣法においてその呼称が使われている条項の内容と照らし合わせると、そのような整理の下で呼び分けられてはいない。

「派遣先」と表現する30条の3、31条、33条などは2条4号に添っている。しかし、24条の2、27条、28条等は「派遣の役務の提供を受ける者」と呼ぶが、そこで想定されているのは適法な派遣を受けるケースであるから、仮に適法な派遣を受ける者を「派遣先」と呼ぶのであれば、それらの条項では「派遣先」と呼ぶべきであった。そういう例も多いように、派遣法は正確には意味内容に応じて区分してはいない。立法作業にあたった人々は呼称について特に意識しなかったのかもしれない。2条4号の定義は「この号において」と限定されており、紹介予定派遣の場合に限られるから、ほとんど定義した意味がない。

それだけに、派遣をめぐる現実の紛争を処理する場合、法規定上の呼称に囚われることのないよう特別な注意が求められる。

(b)　くどいようだが、ある規定における派遣を受ける者に関わる呼称を当該呼称が法的にいかなる意味を持つと解されるかにつき、当該条項の内容と趣旨に即して、それに添う解釈をすることが重要である。国交省広島事務所等事件の中労委命令はその真反対で、悪しき解釈の典型である。

同事件は、国交省は業者Nと車両運行・管理委託契約を結びながら、実際には国交省（職員）がNの従業員を直接指揮命令し、車両管理だけでなくイベントの手伝いなどにも就労させており、労働局の是正勧告を受けたが、履行しない状態の間に契約が期間満了により終了したので、Nの従業員が加盟する労働組合（スクラムユニオン・ひろしま）が国に直接雇用ないし雇用安定策を議題とする団体交渉を申込んだが、国は労組法上の「使用者」ではないとして拒否したため、不当労働行為の救済を求めたものである。

広島県労委（河野隆会長、辻秀典、井戸陽子、緒方桂子、二國則昭委員）は、労

働組合の申立てを認容したが、再審査申立に対して中労委第二部会（菅野和夫部会長、藤重由美子、鹿野菜穂子、島田陽一委員）は、（2015 年 9 月の法改正により削除される前の）40 条の 4 が課す労働契約申込義務は、2003 年の法改正の際に「要件を特定して創設された義務」であるから「規定どおりに解釈すべきことが要請される」、派遣法は「あえて区別して」呼び分けて、名宛人を「派遣先」としているから、「派遣の役務の提供を受けている者」には適用がない、つまり国交省は偽装請負の発注者であり、業務委託をしている業者から労働者の「役務の提供を受けている者」だから「派遣先」ではなく、同条の適用を受けない、と判断した。東京地裁は同命令を維持した[3]。

　法律がある条項の適用につき要件を定めるのは当然である。当時の 40 条の 4 は、労働者派遣契約が終了した後も当該労働者を使用し続けようとする場合には、「派遣先」は労働契約の締結を申込むことを義務づけていた。それは適法な派遣を想定した規定ではあるが、「派遣先」と定めているからといって、「派遣の役務の提供を受ける者」はそれに該当しない、偽装請負の注文主（国交省）は違法に「派遣の役務の提供を受け」たもので「派遣先」ではない、という文理解釈によって団体交渉に応じる義務はないという結論を当然に、導くものではない。

　12 年改正で取り入れられた 40 条の 6 第 1 項 5 号が偽装請負の注文主に労働契約締結の申込みをみなしたことが示すように、偽装請負の注文主（労働者供給の供給先であると同時に違法な派遣の派遣先）はそこに出現している状況を是正すべき立場にある。むしろ、偽装請負の注文主こそ、贖罪の意味を込めて、是正する責任が大であり、それ以前に、団体交渉に応じて偽装請負として問責されている事案の経緯を説明すべき義務がある。その道理は 12 年改正以前でも同様であって、労組法上、その是正のために申込まれた団体交渉に誠実に応

---

[3]　同事件・広島県労委命令平 23.6.24 労判 1029 号 94 頁、同事件・中労委命令平 24.11.21 別冊中央労働時報 1437 号 42 頁、同事件・東京地判平 27.9.10 労旬 1853 号 64 頁。
　　中労委第二部会は、派遣元から「通知」がない場合、派遣法 40 条の 4 が規定する要件を充たさないから直用申込義務は生じないという。
　　しかし、派遣可能期間はあらかじめ派遣先が派遣元に知らせた上で、労働者派遣契約を結ぶから（同法 26 条 5 項）、その時点で、知らせた派遣先が期間満了の日を知らないわけがない。その上、同法 35 条の 2 が派遣期間満了の日の通知を派遣元に義務づけている。それが遵守されることを前提として同法 40 条の 4 に「通知を受けた場合」と規定したもので、特に意味のある「要件」と解すべき理由はない。

ずべきことは当然である[4]。当該事件について中労委は結論に至る法理論的検討の内容を何ら説明せず、40条の4にいう「派遣先」を機械的に当てはめただけである。条項を通読すれば、法律は「あえて区別して」呼び分けてはいないから、むりやり「区別」することは法律の条文にもそぐわないし、労組法上の「使用者」概念を真摯に考察した結論ともいえない。中労委は「派遣先」を適法なものに限定されたかのように解しているが、偽装請負という違法行為を行なった国交省が適法な「派遣先」ではないから団交応諾義務を課されないという解釈は、不可欠な考察を欠き結論だけを述べるもので、しかもその結論は適切ではない。

中労委も東京地裁も、偽装請負をしても注文主は団交応諾義務など法的な制約を免れ得ると公然と社会に向けて広報しているようなもので、いやしくも、公正な紛争解決を任務とする公的機関としては恥ずべき判断であり、執るべき見解ではない。

そのような例もあるだけに、「派遣先」と「派遣の役務の提供を受ける者」の意味内容、使い分けの意義を公平な結論を得られるよう慎重に検討すべきであるし、立法技術として派遣法の条文上も、内容に照応するよう修正する必要がある。

(c) 厚労省：在り方研は「制度の検討に当たっての基本的な視点」の一つとして「労使双方にとってわかりやすい制度とすること」を謳っている。にもかかわらず、派遣の受け手に関しては一貫して「派遣先」と呼び、一度も「派遣の役務の提供を……」という呼称は使っていない。まさか、そのような呼称が存在することを知らないわけがないが、いかなる理由によるのか不明だが、二つの呼称の存在を認識していないかのように、その呼称の相違の意義を検討していない。不可解という他ない。

同事件のように、労働法理論についての有識者で組織された中労委や、さら

---

[4] 厚労省：在り方研は、「近年の中労委命令においては、派遣労働者を受け入れている派遣先について、一定の場合に使用者に該当する場合があり得るとしたものがある」とし、「代表的なもの」としてショーワ事件・中労委命令平24.9.19を紹介している。しかし、それに対しては、「団交権保障の趣旨から決定されるべき『使用者』の範囲を、派遣法の責任構造から制約するといった逆転した発想」との批判がある（西谷〔3版〕631頁など）。中労委は労働組合の申請を棄却したのであり、鎌田氏、山川氏、竹内氏ら労働法研究者が参加する厚労省：在り方研がそれを「あり得るとした」例として紹介することは不見識である。

にはその命令の取消を求められた東京地裁までもが、二つの呼称の意義を確実に把握せず、ある条文における一方の呼称に囚われて労組法上の「使用者」概念を誤って解釈している状況にあるから、派遣法上の派遣を受ける者の呼称は軽々しく扱うべきではない[5]。

「労働者派遣」の概念が今なお適法な場合と違法な場合において適切に理解されていない状況にあり（第2章第3節）、それが派遣の受け手の呼称の問題と重なって、派遣法40条の6についての解釈を歪めている。それだけに、その呼称問題には慎重に対応する必要がある[6]。

(2) 派遣法40条の6と派遣を受ける者

違法派遣に対する民事制裁を定める規定である派遣法40条の6における派遣の受け手は当然、違法派遣の受け手である。そのことと、「労働者派遣」という概念の内容・意義が明快であるとは限らないこととが接合して、その呼称はむしろ派遣法上の問題に係る解釈を明快にすることの障害となっており、第1項5号の場合は、特に配慮することが求められる。

補論1　「労使によるチェック」と鎌田氏の見解の変化
　　　　──厚労省：在り方研から論稿を経て労政審で

派遣という就業形態の継続の要件について、法改正作業の要の立場にあった鎌田耕一氏に、「事件」の名に値する見解の変化が見られた。

1　派遣可能期間と厚労省：在り方研の提言、論稿において

鎌田氏は、「今後の労働者派遣制度の在り方に関する研究会」（以下、厚労省：在り方研）の座長を務め、2013年8月20日、その『報告書』を纏めた。『報告書』は、派遣可能期間について、労働者個人レベルでは従来どおり3年を維持しつつ、派遣先が派遣を受け入れる上限は基本3年としながら、「労使のチェック」を構想し、「事業所における労使の会議等の判断により、上限年数を超えた継

---

[5] 同事件・東京地判平27.9.10労旬1853号64頁、萬井評釈10＝権利298号71～72頁、萬井評釈12＝労旬1853号52頁。
[6] 萬井論文22＝龍谷48巻4号161頁。

続的受入れ、及びその後一定期間内における……新たな有期雇用労働者の受入れの可否を決定する仕組」を提言した。その「仕組」は派遣という就業形態の継続を意味するから、そのような提言をすること自体が不適切である。ただ他方で、当該「労使の会議等の判断」の内容については、「ドイツの事業所委員会による派遣受入れへの関与の仕組みに類似した方法」と述べ、その導入は「現行制度よりも大幅に厳しい規制を設けることとなる」と述べていたから、当該「関与の仕組み」とは事業所委員会における労使協定ないし労使の合意を意味する、つまり、労働者代表の同意を得られなければ、当該派遣先は派遣という就業形態を終え、以後は利用できないことになる提案であると誰もが理解した。

同年9月から労働政策審議会職業安定分科会労働力需給制度部会（鎌田耕一部会長）で、当該『報告書』をそのまま叩き台として法改正についての審議が始められた。

同『報告書』とほぼ同時期に執筆された、「2013年10月14日脱稿」と記した氏独自の論稿で、有期雇用の派遣労働者については「派遣先の労使による規制メカニズムを導入すべき」で、「派遣先の労使が常用代替防止（「防止」は不要と考えられる——筆者注）のおそれがないと認めた場合に限って同一派遣先事業所への継続的受入れを認める仕組みを考えるべき」だと明言された[7]。座長であったとはいえ、鎌田氏が『報告書』に自己の見解を自由に盛り込めるとは限らない。厚労省：在り方研の座長であった自覚の上で、『報告書』において「常用代替の有無について派遣先の労使が判断する枠組みを設定する」としていたことを充分に意識したことで、重要な提案を盛り込んだ『報告書』を纏めた昂揚感からわずか2頁の小稿に脱稿の日付けを記されたのかもしれない。表現にも留意しながら「労使が……認めた場合に限って」と具体的に説明して、厚労省：在り方研の『報告書』についての一般の理解が的を射ていることを確認されたわけである。

2　労政審における見解変更

同年12月12日の労政審の上記部会に、突如、言葉の意味を知っていれば気恥ずかしくて使えないはずの「真摯」という言葉（『辞林21』によれば、「まじめでひたむきな」こと）を持ち出して、「事務局も交えて……公益委員の真摯な

---

[7]　鎌田耕一「派遣労働の法政策」土田道夫・山川隆一編『労働法の争点』（日本評論社、2014年）161頁。

議論を経て、総意をもって議論のたたき台を作成」したという説明で、部会の「報告書骨子案（公益委員案）」として、派遣先における派遣可能期間の制限につき、当該事業所の労働者の過半数代表から「意見を聴取した場合には」、期間を超えて「さらに3年間派遣労働者を受け入れることができるものとする。その後さらに3年が経過したときも同様とする」ことが提案された。

　個人レベルの上限は3年でも、派遣労働者を別人に替えさえすれば、当該派遣先は意見聴取という手続きを繰り返すことにより派遣という就業形態を永遠に利用し得ることとするもので、審議の叩き台とされた厚労省：在り方研『報告書』の趣旨にも鎌田氏自身の論稿にもまったく反するものであった。

　それまでの労政審の審議はそのような提案を予測させるものではなかった。使用者代表は「現行の派遣期間の延長の際の過半数組合からの意見聴取は問題なく行われており、新しい制度を導入する必要はない」と発言し、他方、労働者代表は「まだ労使のチェックの仕組みについて具体的な議論をしておらず……年内建議をやめて慎重に議論すべき」と述べていた[8]。当時、派遣可能期間を超えて使用し続けようとすれば、派遣先は当該労働者に直接雇用を申込むことが義務づけられていたから（旧派遣法40条の2、40条の4）、当該業務については、それ以上、派遣という就労形態が続くことはなかった。使用者代表のいう「現行の……」は当時、事業場レベルで派遣期間は上限が原則1年とされていたが、それを延長しようとする際の手続きとして旧派遣法40条の2第4項で意見聴取が定められていたものの、延長しても同条第3項により3年が上限であったから、「問題なく行われて」いたのは当然で、問題の性格が異なるから、使用者代表の発言は見当外れと受け取られていた。直前の規制改革会議でさえ「労使のチェックは、不透明な手続き等により……労働者の就業の機会を奪ったり、事業者の効率的経営を阻害する過重なものにならない」ことを要望する程度であった[9]。

　そのような状況で、公益委員から、使用者代表の発言そのままの上記提案があった。厚労省：在り方研は厚労省（職員）が事務方を務めており、『報告書』は厚労省も同意していたと推測されるから、その変容には、財界の意を承けた、安倍首相官邸から（厚労省の頭越しで）働きかけがあったに違いないと「疑惑」

---

8)　第201回「労働力需給調整制度部会におけるこれまでの議論の整理」（部会資料2）。
9)　規制改革会議2013年10月4日「労働者派遣制度に関する規制改革会議の意見」。

が持たれている[10]。公益委員全員がその働きかけに応じたわけだが、当然、提案の趣旨について労働者側委員から、予測されていたものとは異なり、「労側の反対があれば派遣労働の受入を止めることができる」システムではない理由について質問があった。だが、鎌田氏は答えず、指名されて竹内（奥野）寿専門委員が「意見聴取という既存の枠組みを活用する」と答えるにとどまった[11]。

公益委員案では、意見聴取さえすれば、労働者を替えて派遣という就労形態を利用し続けられるから、「既存の枠組」は厚労省・在り方研の提案とはまったく異なる。有識者である公益委員が文字どおり「真摯」に検討していればたどり着くはずのない内容である。竹内委員の説明は質問をはぐらかす類のものであった。労働者代表はそう指摘したが、公益委員は沈黙したままで反論していない（反論できなかった）。公益委員は再検討を約してその日の審議を終えた。

12月25日の会議でも再度指摘があったが、やはり公益委員の反論はなかった。翌年1月17日の部会で、再検討の跡はまったく窺われず、同じ提案が繰り返された。労政審は出席委員の過半数で議決することができるとはいえ（2000年政令284号9条2項）、労・使・公の三者構成としたのは労働政策、労働立法については労働者代表の同意を得るべきだという趣旨であることに照らし、その時の会議運営は適切とは言い難い。ただ、労政審には独自の「文化」があるのか、労働者側委員も「年内建議をやめて慎重に議論すべき」と述べていたにもかかわらず、再度は追及せず、意見聴取が行なわれなかった時の措置等に論点を移し、結局、有耶無耶のうちに、派遣先による期間更新の手続きは提案どおりとなり、改正法40条の2第4項となった[12]。

厚労省・在り方研のいう「労使のチェック」が労使協定ないし労使会議の決議を意味するとすれば労働者代表の同意が不可欠である。しかし、意見聴取であれば、労使協議の場に提案し、審議に掛けられさえすれば、労働者代表が反

---

10) その働きかけは文書によるとは限らない。電話や立話の際や口頭でも可能である。しかし、私は念のため、情報公開法に基づき、首相官邸などから労政審に「提出ないし送付された、労働者派遣法改正に関連する意見、要望等に関連する資料」の公開を求めたが、厚労省の担当課からの回答（厚労省職発0305第14号）は、「事務処理上取得した事実はなく、実際に保有していない」ため「不開示」ということであった。なお、同時に、当時の公益委員会議事録の開示も求めたが、議事録はないということではなく、「保存期間を1年未満と設定」しており、すでに廃棄したため不開示ということであった。鎌田氏が保管されていれば、公開されるよう勧める。
11) 当日の議事録1頁、萬井『法論』73〜75頁参照。
12) 前掲注11)議事録2頁、3頁。

対意見を述べても要件を充したことになる。「既存の……」では説明にならない。「労使のチェック」の実質的な変質（後退）は歴然としている。

　労政審が公労使の三者構成となっていることは、ILO をみても、意思決定は三者の合意が形成されることを建前としている。この場合、労働側は公益委員の提案に明確に反対している中で、どうして労政審が建議をすることができたのか、不審である。仮に、「水面下」の折衝で労働側が「同意」に変わったとすれば、経緯に照らし、労働者代表としての資格を問われよう。

　公益委員の変説といい、労働者代表の同意のない建議といい、いずれも、労政審の存在意義まで問われる重大問題である。

3　まとめ

　研究者はある問題について見解を述べる時には、当該問題をめぐる諸事情を確認し、既存の学説等を渉猟し、自己の見解が適切か否か自己点検し、必要な修正を加え、推敲をこらして完成稿とする。一旦とった見解を変更するときも同様であろう。

　鎌田氏は、厚労省：在り方研座長として『報告書』で述べ、さらに論稿で明記したことをわずか 2 ヵ月も経たない間に変更された。内容があまりにも異なっており、思索を凝らした自主的な見解変更と理解する者はいない。逆らい難い強圧的な要請を受けて屈服したか、あるいは何らかの利益誘導に堕ちたのではないかと憶測され、研究者の間では「事件」として不審の目で見られた。

　鎌田氏、竹内氏らには口外できない事情があったと推測される。だが、研究者としての矜持・良心があるならば、要請等については沈黙したまま、労政審の委員を辞任して、節を守ることは選択肢のひとつであった。その後も、質問や批判に接しても見解変更の理由については一貫して沈黙されているから、今なお、研究者としての基本姿勢を問われ続けられている。和田肇氏は、「各省庁において政策提言を行なうメカニズム」に参加した学者が「多様な意見、とりわけ反対や批判的な意見を無視して、学問というオブラートにくるんで政策を誘導し……政治の世界に奥深く足を踏み入れた」場合には、「より強い社会的責任を負わされる覚悟が必要になる」と述べられる[13]。誰しも異論はあるま

---

13)　和田肇「学者の社会的責任考」労旬 1772 号（2012 年）5 頁。

い。鎌田氏、竹内氏は真相を公表して反証しない限り、「真摯な議論」は虚構であったと批判されても、甘受せざるを得まい。

　取り上げて愉快な問題ではないが、看過することはできない。「他山の石」とすべき「事件」である。

追記）　本補論の概要は、萬井『法論』でも書いたが、労政審の審議および研究者の在り方について加筆した。

第2節　派遣法40条の6をめぐる諸問題

　労働者保護のシステムで最も注目に値するのは、2012年に新設され2015年9月に施行された労働契約申込みみなし制である。当初は予測されていなかった難問もあるが、厚労省：在り方研の2013年8月『報告書』は「円滑な施行」を求めるだけで、法案成立－施行後に予測される問題点については何も語っていないことでもあり、これまでに浮上した問題を慎重に考察する必要がある。

1　労働契約申込みみなし制とその合憲性
(1)　申込みみなし制の略史
(ｱ)　厚労省：在り方研の問題提起

　契約申込みみなし制実現の契機は、厚労省：在り方研（鎌田耕一座長、参集者：阿部正浩、有田謙司、橋本陽子、山川隆一）の2008年7月28日『報告書』である。同『報告書』は、対象業務を自由化した以降、事業所数、派遣労働者数ともに増加し、他方で相変わらず偽装請負などは多い状況に対処する必要があるとして、労働者の待遇改善、日雇い派遣、マージン、派遣可能期間等、数多くの項目に加え、「優良な事業主を育て違法な事業主を淘汰するための仕組みについて」、外国法研究の成果も踏まえ、「違法派遣是正のための派遣先での直接雇用について」として、①雇用関係の成立そのものをみなす方法、②雇用契約の申込みがあったとみなす方法、③雇用契約申込義務を生じさせる方法、④雇用契約申込みを行政が勧告する方法という4つの型を提案した。②が現行の派遣法40条の6として実現したのだが、当時、厚労省：在り方研は、②は労働者の意思が反映できる反面、いかなる内容の契約が申込まれたか確定できない、

労働者が「派遣法違反の事実及び偽装請負の場合の主観的要件の該当性を立証」すべき責任を負うといった難点があると指摘し、「③＋④又は④の方法を中心に検討することが適当である」とした。「不要なトラブルが生じることにならない制度設計」を進言するほか、労働者供給と派遣につき二者択一論にたち、二重派遣は労働者供給となるので「派遣法の規制は及ばない……今後、職業安定法の考え方の整理」も必要と述べていた。

(イ) 厚労省の対応

　厚労省は、その『報告書』の第④案に添い、違法派遣が認められ、労働者から「当該役務提供に雇用される」希望の申し出があった場合、「労働契約の申込みをすべきこと」および労働条件を低下させない適切な措置をとるよう「勧告することができる」制度とする『法案要綱』を提案した。労働政策審議会はそれを了承し、法案審議になった。

　ところが、2008年9月、いわゆるリーマン・ショックがあり、それへの対処として、厚労省は11月28日、通達『現下の厳しい雇用失業情勢を踏まえた労働者派遣契約の解除等に係る指導に当たっての労働者の雇用の安定の確保について』を出して以降は、「行政指導ではない」といいつつ、口頭で、「是正指導を行う場合には全件で直接雇用を推奨している」と伝えられる[14]。

(ウ) 政権交代——民主党内閣発足と12年改正

　2009年9月、政権交代があり、民主党鳩山内閣が発足した。10月7日、長妻昭厚労相は労政審（諏訪康雄会長）に、「違法派遣の場合の派遣先との雇用契約の成立促進等」を含む「法律案を作成する必要が生じている」として調査審議を求め、労政審職業安定分科会労働力需給制度部会（清家篤部会長）は、それに対し12月28日、製造業務派遣の原則禁止、日雇派遣の原則禁止、マージン率の情報公開等と共に、「違法であることを知りながら派遣労働者を受け入れている場合には、違法な状態が発生した時点において……派遣元における労働条件と同一の労働条件を内容とする労働契約を申し込んだものとみなす旨の規定を設けることが適当である」と報告した。使用者代表の「採用の自由や、

---

14) 2009年7月14日、厚労省（三姓、大木）による小池晃参議院議員および自由法曹団へのレクチャーの報告（三浦直子弁護士）。

労働契約の合意原則を侵害する」ことを理由とする反対意見が付記されている。

それを受けて厚労省は 2010 年 3 月の『法律案要綱』で、労政審が提起していた労働契約申込みみなし制の創設を提案した。しかし、国会審議では、みなし制により「予見可能性の低い」制度になるといった追及が多く、周知のため施行期日は 3 年先とされているが、その間に「規定自体がなくなるということも含めて、労政審の方でしっかり議論をいただければありがたい」と政府委員が答弁するという及び腰の状況であったが[15]、2012 年 4 月、法案は可決され、成立した。

(エ) 厚労省：在り方研 2013 年 8 月『報告書』〜 15 年法改正

派遣法 40 条の 6 は施行は延期されているとはいえ、制定されたばかりであるにもかかわらず、同条項の改廃も視野に入れながら 2012 年 10 月から、新たな厚労省：在り方研（有田、橋本氏が退き、小野晶子、奥田香子、木村琢磨、竹内（奥野）寿氏が委員に加わった）で審理された。

この間、日本経団連が、多くの項目について意見を述べるほか、契約申込みみなし制については、契約の合意原則の観点から「根本的な問題」があるだけでなく「偽装請負にも様々なケースがあるため、予見可能性が極めて低い」等として「施行前に制度自体の廃止」を求めた。

厚労省：在り方研は 16 回の研究会を重ね、2013 年 8 月 20 日、『報告書』をまとめた。同『報告書』は、派遣法について全面的な検討を加えながら、最も注目された同条項については、「円滑な施行」を求め、「前述の見直しを行った場合には……この要件変更に関する改正が必要となる」と述べるに止める。「前述の見直し」が冒頭で指摘している「期間制限の在り方について速やかに見直しの検討」を求める付帯決議を指すとすれば、それは派遣法 40 条の 6 第 1 項 3 号、4 号に関わる調整で済むことであり、内容的には同条項自体を改正する必要はない。結局、厚労省：在り方研は、経団連の要望は受け流し、契約申込みみなし制の本体部分については改正を提案してはいない。それを受けて始まった労政審においても、使用者代表は同様の意見を繰り返したが、平行線をたどり、契約申込みみなし制の論議は棚上げのまま、施行日を迎えた。

---

15) 2011 年 12 月 7 日衆議院厚生労働委員会議事録 6 号 17 頁。

(2) 合憲性について

　派遣法40条の6によれば、所定の違法派遣が認定された場合、労働者が「承諾」すれば、同条項で規定する5つの類型の違法派遣を行なってきた派遣先（許可を得ていない業者による違法派遣のほか、偽装請負もあるので、それらを含めて、以下、違法提供先）との間に労働契約が成立し、当該違法提供先の意思に関わりなく、つまり仮に明示的に反対したとしても、労働契約が成立する。それは、契約は合意によって成立するという近代法の原則に反し、さらには労働契約は労使が「対等の立場における合意に基づいて締結」されると明記する労働契約法3条とも異なる異例な条項である。立法当時、少数ながらそれを違憲とする見解があった。違憲であれば適用の余地のない制度ということになるから、申込みみなし制の検討に入る前に、違憲論の検討は欠かせない。

(ア) 違憲論

(a)　大内伸哉氏は、採用の自由は三菱樹脂事件最高裁判決によっても確認された憲法上の権利であり、制限を受ける場合があるとしても「採用強制までは認められない」、例外は、「すでに一定の法的関係があり、労働者の雇用継続への合理的期待がある」ため、「『入口』の問題を、『出口』の問題に転移させて、『出口』に固有の規制」を及ぼす「解雇規制のロジックを用いることができる」転移事例に限られる、派遣法40条の6は「採用の自由を制約する規範の違反に対する制裁ではなく、労働者派遣法違反に対する制裁として雇用強制を定めたもの」で転移論が妥当する場合ではなく、採用差別禁止違反のような帰責性もなく、「採用の自由に対する直接的制約の根拠」がない、「行為の反規範性と雇用強制という制裁内容と均衡がとれていない」から、適法とは認められないとし、直接的にではないが、契約申込みみなし制に対する合憲性に疑問を提起する小嶌典明氏の見解を指摘して違憲論を示唆された [16]。

　同見解には数々の疑問がある。そもそも、採用の自由を一般的、抽象的に論じてもそれほどの意味はなく、採用の自由が具体的に問われる場面を想定しつつ論じる必要がある。その「場面」とは、一般には採用内定によって労働契約が成立するという法理を前提とすれば、採用試験において企業が自ら決めた採

---

16)　大内伸哉「雇用強制についての法理論的検討－採用の自由の制約をめぐる考察」菅野古稀93頁。
　　小嶌典明『労働市場改革のミッション』（東洋経済新報社、2011年）287頁。

用基準に達し、人数の点からしても採用予定者に入っていて、後は内定通知を出すばかりという、極限された段階である。その時点で、労働能力については自らが定めた基準や採用数等に照らせば"採用可"であるにもかかわらず、国籍、信条など、労働者としての能力、意欲とは関わりのない要因をもって差別的に採用を拒否することが「採用の自由」として許されるのか、が問われるのである。三菱樹脂事件は試用期間中の解雇の適法性が争われたもので、採用の自由を論じる「場面」ではなかった。しかも、最高裁自ら、後の大日本印刷事件において、個別事例と断りながら、採用内定によって労働契約が成立したと判示しており、試用期間中の解雇に関わる三菱樹脂事件最高裁判決は採用の自由についての判例とみることはできない[17]。同判決後、男女雇用機会均等法、雇用対策法等の制定もあり、もはや無限定な採用の自由論が妥当する法環境ではなく、解雇規制の転移事例論という大内氏の前提はもはや存在しない。

なお大内氏は、契約申込みみなし制適用の場合は任意に採用したものではないから、それによって労働契約が成立した後の有期契約の中途解除や解雇については「有効性を緩やかに判断することは認められてよい」と付け加えられるが、それは、契約申込みみなし制によって直用化された労働者に対する差別を煽り、制度の否定に通じるもので、到底、是認できない。

(b) 野田進氏は契約申込みみなし制を、労働契約法18条、19条とともに、合わせて合意みなし制と呼び、それをフランス法と対比しながら論じられる。

野田氏によれば、合意みなし制は、一方当事者の意思表示のみで法的効果が生じるとするものでも締約強制でもなく、「労働契約法6条の枠組みの中で、申込みと承諾の意思の合致による契約成立という枠組みが予定された」ものであり、労働契約法18条、19条にせよ派遣法40条の6にせよ、要件が充たされれば一方当事者の意思に関わりなく「合意」を擬制するから、「意思の合致による契約成立」ではなく、「当事者意思とは無関係に」契約成立を認めたものである[18]。

野田氏は、合意みなし制を「期間の定めのない、直接雇用の原則に接近する

---

17) 三菱樹脂事件・最大判昭 48.12.12 判時 724 号 18 頁、大日本印刷事件・最 2 小判昭 54.7.20 労判 323 号 19 頁。同判決評釈として萬井隆令「『判例』についての一試論:三菱樹脂事件最高裁判決・採用の自由論は『判例』なのか」龍谷 40 巻 1 号（2007 年）72 頁。
18) 野田進「有期・派遣労働契約の成立論的考－労働契約の合意みなし制と再性質決定との対比をめぐって」菅野古稀 214 頁。

ためのファーストステップ」と言って肯定的に評価されるかにみえるが、しかし一転して、使用者の人事計画への多大な影響等を考慮すれば、それは「労働法制の中では見られなかった、新機軸の民事的制裁の手法……使用者が場合によっては意に反して労働契約の成立を事実上強制されるのは、日本で強固な理念として広く承認された『採用の自由』に反する……ひいては違憲の疑いさえあると評価されかねない」と述べ、「採用の自由」に関して三菱樹脂判決を「改めて確認」し、合意みなし制は「違憲の疑い」があると強調されるから[19]、結局は無制約的な「採用の自由」論と位置づける以外にない。

(イ) 労働者供給と「価値中立」論
　濱口桂一郎氏や本庄淳志氏は、労働者供給、派遣とも価値中立的であり、本来、法的規制の対象となるべきものではないと主張され、違憲論に通底する。
(a)　濱口桂一郎氏は、職安法や派遣法が規制するのは、労働者供給や派遣そのものではなく、それを事業とすることである、労働者供給、派遣は「価値中立的な行為概念であり、それ自体に合法違法を論ずる余地はない。『違法な労働者派遣』という概念はあり得ない……『労働者派遣事業』は『労働者派遣』の部分集合であるから、『違法な労働者派遣事業』も『労働者派遣』であることに変りはない」と述べられる[20]。
　最大の疑問は、労働者供給や派遣を「業」と切り離して考察されることである。供給ないし派遣をしようとすれば、提供元は提供先企業の作業体系の一環に組み込まれて就労し得る能力を備えた労働者を一定期間、自ら経済的に負担して確保し続けなければならない。現実的に考えた場合、継続的な確保の手段を雇用による場合は賃金その他の負担を免れないし、事実上の支配下に置く場合も、他に提供し続けるためには手元に引き留めておく必要があるから、宿舎、食事、小遣いなどを与えなければならない。その原資はどうするのか。金満家の慈善事業ではないとすれば、その原資を賄うために自らの取り分を含めた代金を受け取ることになるのは必然であり、労働者供給ないし派遣は、組織的に繰り返す営利事業として為されることになるのは必定である。わざわざ労働者

---

19) 野田・菅野古稀219頁。
20) 濱口桂一郎「いわゆる偽装請負と黙示の労働契約－松下プラズマディスプレイ事件」NBL885号（2016年）18〜19頁。

を多額の費用を費やして確保しておいて「業としない」派遣をすることは考え難く、「業としない」労働者供給や派遣は濱口氏の頭の中にあるだけで、現実社会には実在し得ない。社会的現実を正確に把握して初めて成り立つ法律論からは逸脱するという他ない。職安法や派遣法はいずれも「業」を想定したもので、それを切り離して把握することに無理がある。

なお、濱口氏は「部分集合」という用語を用いられる。数学の分野で、「集合」とは「数あるものの集まり、中に属するかどうか決定できる性質を持つ対象の集まり」で、「部分集合」とは「集合Bの要素がすべて集合Aの要素になっている時の、集合BをAの部分集合」である[21]。労働者供給や派遣は社会的な意味を持つ概念・言葉であり、社会的な発言をされる場合には社会的常識にそった表現を用いられることが望ましい。それはさておくとしても、派遣＝集合A、派遣事業＝集合Bであり、派遣事業は派遣という広い概念に含まれているという説明で、濱口氏は自らの数学に関わる知見を披歴しただけのことで、派遣法を考えるうえでは特に意味はない。

濱口氏は、職安法上、業でない「『労働者供給』を明示的に対象とした規定は存在しない」と言われるが[22]、それは事実に反する。職安法63条1号は、「業」としているか否かに関わりなく、暴行、脅迫等の手段を用いた労働者供給を処罰対象としている。それは、労働者供給そのものを反価値と位置づけていることを意味し、同法44条と併せ考えれば、職安法は労働者供給を「行為」と「事業」とも基本的評価を異にせず、いずれも違法と判断していることを意味する。しかも、刑法は、暴行、脅迫等を用いて「人に義務のないことを行わせ」ることを強要罪とし、3年以下の懲役刑を定めているが（刑法223条）、職安法63条は、手段は同じでも1年以上10年以下の懲役刑と、より重い刑罰を科している。その違いは、単純な強要よりも、脅迫などにより仕向ける労働者供給のほうが違法性が強いとの判断を示唆する。「価値中立的」だとする濱口氏の指摘は実定法にもそぐわない。

「労働は商品ではない」とすれば、対価を得て労働者を他者に提供する労働者供給や派遣は、いずれも直接雇用の原則に反し、労働法上、本来的に反価値

---

21) 『マグローヒル数学用語辞典』（日刊工業新聞社、2001年）、松村明ほか編『辞林21』（三省堂、1993年）。
22) 濱口・前掲注20) 19頁。

的である。後にILO181号条約は派遣を容認したが、それは労働者の保護と一体のもので、先の宣言と矛盾するものではない[23]。

　マイナス評価される行為に対するサンクションの程度、内容は立法政策に委ねられる。ある行為が、個別の場合は社会的影響も少ないし、逆に「事業」の場合は利益追求のため必然的に反復継続し、拡張の傾向を持ち、社会的影響も大きいから、「事業」としてなされる場合に初めて、法による規制を行なうことは十分にあり得る。職業紹介は、親族や知人が本人の将来を配慮してすることもあるが、それは弊害も予測されないし、反価値的とは考えられていない。しかし、「業」とするとなれば斡旋料収入を得ることが主目的であるから、成約を急いで、虚偽の労働条件を伝え甘言を弄してでも労働者に応諾を促す（あるいは、迫る）、そのため将来の紛争の種になる弊害も予測されるから、それを法律で規制することには充分な合理性が認められる。

　派遣や労働者供給は基本的に違法であるから、「業」となれば厳しい取締り対象となるのは当然である。仮に、労働者供給等が価値中立で、基本的に違法と評価されないならば、それが「業」とされると、何故、違法という評価に一転し、刑罰まで科されることになるのか。根拠について説明もなく主張し得ることではない。

(b)　本庄淳志氏は、定義規定から考えても派遣は「価値中立的」である、と主張されるが[24]、派遣法の定義を紹介するだけで、「価値中立的」の意味の解説もなく、根拠も語られない。濱口氏の用例に倣ったのだとすれば、先の批判がそのまま妥当する。

　雇用の意義や「派遣」の意味内容を説明しないまま、「産業活動が複雑・多様化、サービス化した現代社会では、多彩で迅速な労働力のマッチングに対するニーズは、よりいっそう高まっている」という程度の漠然とした認識で[25]、ひたすら「間接雇用」を肯定的に述べ続けられる態度は、客観的には直接雇用の原則に対する感情的反発としか映らない。

　本庄氏は、直接雇用を原則として重視することを「ドグマ」と批判される[26]。

---

23)　脇田滋「労働者派遣事業と有料職業紹介の自由化論批判－1997年ILO『民間職業紹介所条約』を手がかりに」季労183号（1997年）61頁。
24)　本庄『役割』98頁。
25)　本庄『役割』4頁等。
26)　本庄淳志「読書ノート：和田肇・脇田滋・矢野昌浩編著『労働者派遣と法』」労研642号（2014年）

独断偏見的な意見とか柔軟性を欠く無批判な信念といった意味で使われているのであろうか。しかし、それは間接雇用を肯定的に評価する自らの論拠が不明なままそう主張していることに確信がない、その裏返しの表現でしかない。見解の相違はやむを得ないとしても、感情的反発の次元に止まることなく、その理由を冷静に分析し、明快に説明しない限り、法理論として成り立ち難い。

(ウ) まとめ

鎌田耕一氏は、他の法分野における契約締結を強制する具体例を、幅広く①電気、ガス、水道など「生活上必要な物資・サービスを独占的に供給する事業」、②医師、公証人など「生命、健康、財産の保持に関する公共・公益的サービス」に関する事業、③特定の産業発展などに関わる事業等々について、強制の目的、要件、効果を概観したあと、自然人と異なり、企業が当事者となる契約の自由は「事業をその目的に従って遂行する『営業の自由』に属し、かつ事の性質上、財産権の内容形成にかかわる」、それらに対する規制は「第一次的には立法府の権限と責務」であり、その「判断が合理的裁量の範囲を超える」場合にのみ違憲無効とされるという認識に立って、派遣法（旧）40条の4は、派遣先が承諾しない限り労働契約は成立しないし、偽装請負の場合には適用され得ないため、違法派遣の場合にも雇用安定措置としては機能しなかったと回顧し、契約申込みみなし制は「既存の雇用関係が違法状態の是正に伴って解消されることから派遣労働者の就労を確保」するもので、「派遣先が、違法派遣の作出に有責な場合に限り発動するものであるから、違法状態の発生を防止するという強いインセンティブを派遣先にもたらす」ことになり、「派遣事業の適正な運営確保という目的にとって必要であり、かつ、合理性を有する」として、合憲論を展開された[27]。契約申込みみなし制を合憲であるとする根拠は、最終的には「派遣事業の適正な運営確保」を目的とする制度だという点にある。

大内氏も、他の分野で事情・状況によっては契約締結を強制する法律が存在することを知られないわけではない。見解が分かれるのは、労使関係は二者間の労働契約関係であることが基本であること、したがって、労働者供給や（違

91頁。
27) 鎌田耕一「労働法における契約締結の強制―労働者派遣法における労働契約申込みみなし制度を中心に」毛塚古稀549～551頁。

法）派遣が労働法上、いかに厳しく評価されるのかについての認識の程度いかんにかかっている。鎌田氏は今では労働法の基本原則とは評価されないが、かつては直接雇用の原則を高く評価されたことがあり、残像が今なお記憶の底に残っていて、大内氏との見解の相違となったとみられる。労使関係観の基礎に関わることだけに、容易に見解の基本的相違を埋めることにはならないものと観られる。ただ、労供事業が禁止され、例外として派遣制度が様々な制約を受けながら合法化された経緯とその意義を顧みる時、労働者派遣事業は法的に高く評価される制度とは言い難く、鎌田氏の論理は一般論的すぎて説得力に乏しい。

　私見によれば、一定の類型の違法派遣は派遣合法化の趣旨に反するため、労働者の生存権・勤労の権利など憲法の人権条項に基づき、契約自由の原則を超えて、直接雇用の原則を貫徹するために違法提供先に直用化させることとしたという積極的な理解によって初めて、契約申込みみなし制は合憲性が論証されたことになるのではあるまいか。

2　契約申込みみなし制と「承諾」

　派遣法40条の6は違法派遣の5つの類型を挙げ、「該当する行為を行った場合には、その時点において……派遣の役務の提供を受ける者から……労働者に対し、その時点における当該派遣労働者に係る労働条件と同一の労働条件を内容とする労働契約の申込みをしたものとみなす」と定めた。ただ、行為が違法であることを「知らず、かつ、知らなかったことにつき過失がなかった」時は契約申込みみなしは行なわれない。

(1) 40条の6の意義――創り出される"状態"

　立法の過程では必ずしも問題視されなかったが、施行され、実際に当該条項を援用することになって、契約申込みみなし制には利用には難問があることが浮き彫りになり始めた。その一つが、派遣法40条の6は「みなし」という"状態"を創り出すまでであって、それは労働者が独力で発見しなければならない、ということである。

(ｱ)「みなし」の実情――"状態"の創出

　違法に労働者の提供を受けてきた当の違法提供先は契約申込みをみなされる

が、その場合、発言とかメールや文書の交付といった、世間的に想像する「みなし」に相当する何らかの作為（積極的な行動）をすべきことを義務づけられるわけではない。

　第1項に挙げられる5つの類型の行為のいずれかが客観的に行なわれた状況が存在することになれば、その時点でただちに「申込み」がみなされるが、それは客観的な"状態"である。その"状態"が存在するに至っても労働者がそれに気がつかないことは稀ではない、むしろ、通常は、気がつかないことが普通である。労働者は作業に使う器材の諸事情や作業の指示は誰が行なうかなど、現場の就労をめぐる実情はよく知っているとしても、日頃、それを第三者の目で客観的に観察するわけではない。また、派遣法についての法律的知識があるとは限らない、法律論に関心さえないこともある。派遣労働の経験がある者を対象とした2019年の調査によれば派遣法40条の6の存在を知っている労働者は10％程度といわれるから（https://www.mhlw.go.jp）、適用の可能性を察知することはむしろ稀であろう。弁護士に対する聴取り調査によれば、労働者から残業代の不払い、作業中の怪我についての補償といった問題で相談を受け、解決方法を探るために様々訊ねたことについて労働者が事情を説明していく中で、弁護士が、持ち込まれた相談とは別に、偽装請負や違法派遣であることと労働契約申し込みを受けている"状態"であることを察知し、その点についてさらに事情を確認して、偽装請負であることを指摘して初めて、それを知ることがある、そういうことは稀ではない。

　竹中工務店事件の場合は、原告は業務請負の契約形式の下で竹中工務店の作業現場で、竹中の機器を用い、竹中の従業員の指示を受けて働き始めて、短期間の内に就労形態に疑問を持ち、労働局へ相談にいったが、その疑問を持ったのは、原告が三次元CAD業務を経験することを特に希望して求人に応募したのだが、その希望は年来のもので、それを叶えるために過去に何回か業務請負や派遣の形で就労した経験があり、偽装請負などについてもある程度の基礎知識をもっていたからであって、多くの派遣労働者にそのような事情が常にあるとは限らない。地裁は、むしろ原告が「業務上の指示関係が形成されるような言動」を行なったかのように示唆するが[28]、裏づける事実は存在せず、それは

28）　竹中工務店事件・大阪地判令4.3.30労旬2010号79頁。

第3章　派遣法運用上の諸問題　149

担当した裁判官の邪推である可能性がある。

　他方、契約を申込んだとみなされる違法提供先も、意図的に請負を偽装する場合は最初から当該状況を知っているから別として、自らは偽装だとは思わず、適法な請負だと認識して操業してきている場合には、労働者や労働組合から指摘されたり労働局の指導を受けて初めて知るとか、さらには訴訟にまで持ち込まれて裁判所の判決が出て、客観的には請負を偽装していたと認定されてようやく、偽装請負を認識することになることもないわけではない。1号、2号の違反も同様である。派遣法によれば「……知らず、かつ、知らなかったことにつき過失がなかったとき」には違法派遣の責任は追及されないが、それは訴訟における主張・立証に対して判決がそのように確定した後の話である。

　労働者は主張・立証活動に多大な努力を強いられる。

(イ)「承諾」の意義と態様

　派遣法40条の6が適用されるのは、偽装請負の発注者、違法派遣の派遣先等が指揮命令し、それに従って業者の従業員が就労するという事実上の関係が継続しているという違法状態にある場合である。その状況において、法律によって申込みが存在すると看做されるが、当該違法提供先が労働者に対して「申込み」という特別の行為を義務づけられているわけではない。「申込みに対して」と表現されることがあるが、それは誤解を招くし、事態を正確に表現していない点で適切ではない。派遣先からの「申込み」という、通常であればきっかけとなる行為がこの場合は存在しないから、労働者は当該"状態"を主体的に発見しなければならない。理論的にも（意図的な偽装もある事情の下で）現実的にも、その"状態"を発見することは容易ではないという特異な事情を勘案し、「承諾」はその実情に適合するように解されるべきである。

　また、当該違法提供先は、就労は指示しても、当該労働者の賃金をはじめとする雇用条件については通常は関与していないから、提供先とでは「同一の労働条件」についての理解が異なる可能性は大きく、労働者としては、「承諾」を決断するには、違法提供先にその「条件」をどのように認識しているかについて内容を確認することが不可欠となる。そのような事情があるから、労働者の何らかの行為（形式は問わない）により直接雇用を求める意思が派遣先に伝えられることが重要であって、その伝達が確認されるならば、「承諾」があっ

たと解されるべきである。

　意思表示について重要なのは、本人の意思が相手方に正確に確実に伝わることであって、そのあり方は決して固定的なものではない。意思表示には黙示的なものも含まれる。たとえばコンビニを想定すれば明らかなように、棚にあるものをとって代金を添えてレジに置き、店員は代金を受取り、包んでレシートとともに渡すだけで、双方が無言のままでも購入の意思と販売の意思が表示されたものと理解され、売買契約は有効に成立し、平穏に履行されている。

　派遣法40条の6に基づいて看做された契約申込に対する「承諾」には、労働者の口頭または文書による明確な意思表示が求められる。しかし、「承諾」が問題となるまでの事情と経緯まで遡って考えれば、企業が自らの偽装請負に対する法律の「適用を免れる目的」をもって意図的に手段を尽くしてそれを隠蔽している状況の下では、労働者がそれを「認知」すること自体が困難であるとすれば、そのこととの関係において、実質的に労使の公平が図られねばならない。労働者の発言、記述等において直截に「承諾」と伝えていないとしても、ある発言等には「承諾」の意味を含むことが前提とされており、それが相手方に的確に理解され得る場合には、それもまた「承諾」と解される。

　労働組合が団体交渉の中で組合員の直用化を要求することがあるが、労働者の個別の意思表示とは別に、団体交渉において「承諾」が存在するという、労働法的なあり方も考慮されねばならない。日本貨物検数協会事件はまさにその例である。同事件においては、組合が偽装請負を指摘し、組合員の直接雇用を要求したが、それが労働者の「承諾」と認められるか否かが問題となった。組合は組合員の直用化を要求したが、いうまでもなく直用とは違法提供先が労働契約を結び、その使用者となることである。それは派遣法40条の6に基づく「承諾」が導く状況そのもので、それと何ら変わらない。もっとも、労働組合が組合員の直用化を要求するのは偽装請負その他の違法派遣が行なわれていた場合とは限らないから、直用化の要求がすべて派遣法40条の6を前提とするとは言えない。だが検数協会事件の場合、かねてから検数協会が請負業者を支配していることを指摘して組合員の直用化を要求してきたが、当初は、組合も偽装請負ということを知らなかったから、当該直用化要求をただちに「承諾」と解することには無理がある。だが、団体交渉において直用化と短時間・有期雇用労働者雇用管理改善法8条の趣旨に沿う直用後の労働条件の改善を要求した

時点で、組合は労働者個人の「承諾」の意思の通告を含んでいると認識しており、そう説明している。

　直用化も派遣法40条の6に基づく「承諾」も労働契約が締結された状況を導くが、労働組合および組合員の直用化要求が派遣法40条の6の「承諾」の意味を有することを検数協会が知らないわけがない。知っていたからこそ、意図的に団体交渉を長引かせ、他方で顧問弁護士とも相談し請負を派遣へと契約の形式を変更しつつ、団交拒否事件を審理中の大阪府労委から促されても第2項、第3項によって申込みみなしの効力が消滅するまでひたすら沈黙し続け、契約変更から1年経過するのをまって、その後に、派遣形態への変更を労働者に通知したと推察される。そうまでして偽装請負を行なってきた協会が、法律が規定する形式である労働者個人の「承諾」が明示的に行なわれていないことを抗弁とすることは、自らの所業は省みないで、労働者に対してだけ「承諾」について法規定を形式どおり遵守していないことをことあげつらうものである。労働者は、日頃、法律を学んでいるわけではなく、法規定の細部にわたる理解が行き届かない点もあろう。しかし、大阪府労委から促されても請負を派遣に変更したことを秘匿し続けた態度から判断しても、検数協会が組合が要求する直用化の意味を理解していないはずがない。直用化も派遣法40条の6による「承諾」も、行きつく先の労働契約の締結という状況は同じであることを承知しながら、組合の労働条件の改善を含む直用化要求はみなし申込みを変更するものであるから「承諾」には当たらないと主張することは、法律用語の理解についてのわずかな傷を奇貨として派遣法40条の6の適用を免れようとするアンフェアな態度であり、信義則に反する。

　名古屋地裁は、労組の直接雇用の要求は、「今後、直接雇用の対象者、移籍時期、労働条件等について具体的な協議を行うことを予定したもの」で、「みなし申込みの存在を前提とするものではなく」、「承諾」とは評価し得ないと判示した[29]。

　法の規定を忠実に踏まえることは重要である。しかし、私人間の紛争の解決については、当事者がフェアな態度で臨んでいるかということもまた、法的な判断に際しても重要な要素でなければならない。私人間における紛争に関して

---

29)　日本貨物検数協会事件・名古屋地判令2.7.20労旬1970号78〜79頁。

は公正・公平な問題解決が究極の要請とされるとすれば、俗にいう「以心伝心」の類も考慮すべき要素であって、ましてや本件では労働組合は公式に直用化を要求しているのであるから、それは派遣法40条の6にいう「承諾」を含んでいると解されるべきである[30]。

(ゥ) みなしと申込みの「撤回」

派遣法40条の6第2項は、違法提供先は「申込みに係る同項に規定する行為が終了した日から1年を経過する日までの間は、当該申込みを撤回することができない」とし、さらに第3項は1年以内に承諾の意思表示がなかった場合は「当該申込みは、その効力を失う」と定め、2、3項合わせて、第1項所定の違法派遣の対象となった労働者は当該違法行為が終了した日から1年間、みなし申込みに対し「承諾」する権利を有することを手厚く保障している。

1年間は「当該申込みを撤回することができない」という文言は適切ではない。「撤回」というからには、その前に何らかの「申込み」行為が存在していることが前提であるが、派遣法40条の6第1項は申込みとみなされる"状態"を創設したのであって、違法提供先は何らの作為は義務付けられてはいない。したがって、「撤回」の対象となる「申込み」行為は存在していないから、それを「撤回」することもあり得ない。「違法行為終了後、1年間は申込みの効力を否定することはできない」とでも規定すべきであった。

当該派遣法40条の6について審議にあたった国会議員だけでなく、法案作成に関与した厚労省の担当者および同法案について諮問を受けた労働政策審議会の委員は、契約申込みみなしが実際に行なわれる場面について想像力・洞察力が足りず、派遣法40条の6第1項の意義を正確には理解していなかったために、「撤回」ということがあり得るかのように錯覚し、現行法の当該表現の不適切さに気がつかなかったとみられる。そのことは記憶にとどめておく必要がある。その人たちは様々な行政解釈の作成に関与されるのであろうが、「撤回」表現は彼らが作成する行政解釈を常に正しいものと思い込むことに警告を発するもので、裁判官や研究者は、行政解釈についても批判的検討を怠らない

---

[30] 小宮文人「労働者派遣法の『労働契約申込みみなし』の一考察」専修17号（2021年）263～265頁、奥田香子「労働契約申込みみなし制度の適用と労働者の承諾」法学セミナー795号（2021年）121頁、桑島良彰「労働者派遣法40条の6にもとづく雇用契約の成立」労旬1989号（2021年）16頁。

ようと受け止めることを促している。と同時に、条文に不都合な点があったとしても適切な解釈によって妥当な結論を導くよう努めるべきである。

(2)「承諾」権の行使と「残存期間」論
「承諾」は申し込みがみなされてから1年間は保障され、「承諾」するか否かは当然、労働者の自由な選択に委ねられる。9.30通達は「承諾」のあり方に言及していない。

(ア) 本庄氏の「残存期間」論について
　違法行為が終了してから1年以内でも、派遣労働契約が有期である場合、現実には「承諾」権を行使することはできないとする見解がある。本庄淳志氏は、「承諾」について、派遣労働契約が有期の場合は、派遣先は「当初に予定した労働力利用（派遣受入）の期間」だけの利用を予定していたから、実際には、派遣就労した期間を除いた、「有期の残存期間で直用化」が図られると解釈されるが[31]、そこには2つの問題がある。
(a)　まず、その理解は立法の趣旨を曲解している。
　契約は有期であることに労働者が合意したとはいっても、契約の形態・内容等には実質的に企業の意向が優先的に反映されるから、実態との照合、合理性の検証なしに、表示をそのまま有効と理解することは、正統な法解釈のあり方とは言い難い。
　有期契約といっても、大別すれば、期間の定めを設けることに社会経済的合理性が認められる場合と、もっぱら企業が雇用調整に利用する便宜と有期であれば通常、労働条件が低いことの利用を図りつつ、必要があれば反復更新を繰り返している場合がある。現実には後者が多いが、そこでは契約は更新するものと捉えられており、もともと「残存期間」を想定してはいない。「派遣先が労働力を利用する当初の目的」といっても、反復更新されている有期契約は、解雇に更新拒否に合理的理由が必要と解される事態に相当するほどに至るまで契約を反復更新しており、むしろ、継続的に「労働力を利用する」ことが当事者の「当初の目的」であったことが大半であろう。有期であるから期間満了に

---

31)　本庄淳志「派遣先の直接雇用申込みみなし規制の正当性－雇用保障の視点から見た規制の再構成」法時90巻7号（2018年）49頁。

より契約関係は解消されると判断するのは、実情を勘案しない、早計である。

別の視点に基づく分析も求められる。労働者派遣契約の中途解約と派遣法40条の6の適用の関係が、観念的には問題となることもあり得る。しかし、有期契約の期間途中の契約解除については合理的理由が存在することが求められるから、その有無をめぐり紛争になりやすいため、提供元や提供先は余程の事情がない限り、通常は、2ヵ月や3ヵ月程度の短期の定めの満了を待たずに解約することによりあえて紛争を招くような状態は避ける。したがって、現実の紛争は、期間満了により終了したが更新せず、団体交渉や個別の折衝でその更新を求める過程で労働者が契約申込みみなし制の存在を知り、その適用を主張する、あるいは、労働者は知ってはいたが、紛争を避けるため契約が継続している間はあえて偽装請負等の指摘もしなかった、雇止めに遭って切羽詰まって適用を主張することになるといった状況が推測される。その場合、契約はすでに解消されて就労も終了しているから、もはや「残存期間」は存在しない。

派遣法40条の6は、もともと雇止めにより失職した労働者が次の仕事先を探す過程で、あるいは他の派遣先で就労し始めた後で、違法派遣であったという問題とそれに対応する40条の6の存在を知った場合をも想定し、みなし申込みを承諾する権利を違法派遣終了後の1年間は保障している。違法派遣行為が終了している時点ではもとより契約の期間もすでに満了しているが、そのような状況でなお、違法提供先は契約申込みの有効性を否定できないと定めたということは、「残存期間」論は有期契約が利用されることが多い派遣をめぐる実態に合わないとして予め否定されていると考えるべきである。

(b) 派遣就労が事実としては継続しているとしても、派遣法40条の6により、「その時点において」労働者派遣契約は違法無効となり、労働契約申込みがみなされる"状態"が生まれる。労働者派遣契約も派遣労働契約も無効となった事態の下で、当該契約に付されていた期間だけが存続することはあり得ない。合法的な「残存期間」が存在することを想定することは無意味である。そもそも「残存期間」を計算する起点も定められまい。

違法派遣が終了した後、1年は「承諾」権を行使し得ると規定する派遣法40条の6第2項、3項を忠実に読み、常識的に考えれば、労働者の雇用保障のために、違法提供元との間に存在した期間の定めのある派遣労働契約がそのまま、違法提供先との間に成立することを1年間は保障する、という以外の解釈はあ

り得ないのではあるまいか。

(イ) 労働契約の終了と「承諾」

東リ事件において、原告Fは他の原告からは遅れて「承諾」した。東リは、その時点ではすでに派遣元との労働契約が終了しているから、「承諾」されても東リとの間で契約が成立することはないと主張した。しかし高裁は、派遣法40条の6第2項の「承諾」権を保障する期間を指摘し、それ「以外の要件は定められていない」から、その期間内は「希望により派遣先との間で労働契約を成立させることができる」と判示した[32]。

本庄氏は、派遣法40条の6は「労働者の地位を結果的に不安定にしてまで遵守を強いる」ものといい、「労働者の『既存の雇用関係』を失わせてまで是正されるべき『違法状態』とは何か」とも問われる[33]。しかし、40条の6に基づき、違法提供先との間に労働契約関係が成立し、違法提供元との関係は解消するのであるから、そこで「地位」等が失われるのは当然のことである。「承諾」によって違法提供先との間に二者間の労使関係が成立するから、労働者は雇用関係を失うわけではない。以前と比べて「地位」が「結果的に不安定」になるというのは本庄氏が創り出した幻想である。存在するわけもない「残存期間」なる概念をみずから創出して、それを前提に述べているにすぎない。

(ウ) まとめ

本庄氏の「残存期間」論は、成立する余地がないだけでなく、派遣法40条の6を適用する対象が存在しないという論理で同条を棚上げし、現実には同条項の適用を一切否定することになる不毛の立論であった。

3 「同一の労働条件」の意義

(1) 牽連する「同一の労働条件」と「承諾」

派遣法40条の6第2項、3項は違法派遣が終了した日から1年間、「承諾」する権利を保障し、労働者の「承諾」により「その時点における当該労働者に

---

[32] 東リ事件・大阪高判令3.11.4労旬2003号75頁。
[33] 本庄・前掲注31) 44、47、49頁、同「労働者派遣」日本労働法学会編『講座：労働法の再生〈第6巻〉労働法のフロンティア』（日本評論社、2017年）187頁。

係る労働条件と同一の労働条件」を内容とする労働契約が違法提供先（偽装請負の注文者等）との間で成立する。

　問題は、違法提供先は指揮命令して就労させてはいるが、自社の従業員ではないから、通常、当該労働者の違法提供元（請負業者など）の下における労働諸条件に特に関心を持たず知ろうともしないし、したがって、賃金額を含め具体的な労働条件の内容を詳細には知らないということである。申込みを「承諾」する側の労働者からすれば、当該違法提供先の従業員としての地位を得て、自らの労働条件を伝えても、違法提供先がそれをそのまま受入れるとは限らないし、協議をしても、具体的にいかなる労働条件となるのか予測し難い問題が多々存在するということである。契約成立後の労働条件について不安であれば、労働者は「承諾」意思の表明を躊躇することにならざるを得ない。従業員としての地位と労働条件は密接不可分であるから、労働者が条件内容の確認を試み、そのうえで、確定的な「承諾」の意思を伝えたいと考えるのは自然であり、労働条件についての折衝が折り合わないため、「承諾」まで長引くこともある。

　労働契約が結ばれれば新たな使用者（違法提供先）の就業規則が当然適用されることになるはずであるが、在来の就業規則がそのまま適用されることについてさえ、慎重な協議と合意が不可欠である。たとえば、従来は正社員就業規則の他にパート就業規則があり、パートは当該部署の部長による面接で採用しており、それと区別する趣旨で正社員は人事部による採用試験合格者を想定した文言になっているため、厳密に解すると、派遣法40条の6に基づいて直用化された労働者にはただちに適用するに相応しい就業規則が存在しない場合がある。その事態に照応するよう就業規則を改正しなければならない。他にも、類似の様々な事情があり得る。

　要するに、「同一の……」といっても、契約申込みがみなされた時点では当事者である労働者にとっては一定のものが保証されているわけではなく、現実には内容は不確定である。したがって、契約成立後の就労に先立ち、違法提供先と直用化することになる労働者とは具体的な条件について協議し、交渉し、合意に至ることが不可欠である。その間に偽装請負問題等を解決しなければならないが、それをめぐって新たな事態が生じていることもあり、合わせてそれも解決せねばならないという課題が加わることもある。

　東リ事件は2022年6月7日の最高裁の上告不受理の決定により労働契約が

結ばれたことが確定したが、東リは従来のL社の従業員を大手派遣会社Sに移籍させ、Sからの派遣として受入れる段取りであったものの、Sは東リで働いていたが労働組合を脱退した11人は移籍させたにもかかわらず、組合員5人は移籍（採用）を拒否した。そのため労働組合は採用拒否の不当労働行為として争わざるを得ない状況になったが、その間に東リは派遣として受けれていた労働者を正社員化していたため、組合員はその差別をも追及し、6回の団体交渉の結果、労働組合と合意が成立し、組合員は2023年3月27日、正社員として東リの職場に復帰した。最高裁の上告不受理により判決が確定した後、9ヵ月余もしてからのことであった[34]。

「承諾」に関しては、可及的速やかに合意に達し、違法提供先で就労し始められるよう、条件を整える必要がある。

(2)「同一の労働条件」と厚労省の見解

9.30通達は、「同一」の労働条件には、労働契約上だけでなく、新たに使用者になった、かつての違法提供元にも承継されることが社会通念上相当な「就業規則に定める労働条件も含まれる」という。

(ア) 契約期間について

9.30通達は、契約期間は元の「契約に含まれる内容がそのまま適用される」とする。

(a) 担当する業務が相当期間にわたり継続する場合には、条理上、それを遂行する労働者は期間の定めのない契約による無期雇用が原則である。

同通達は、有期契約の労働者の雇止めを規制する労働契約法19条は「個別具体的に司法判断される」と述べるにとどまる。違法な派遣を行なってきた提供元との間の労働契約に期間の定めがあった場合、同通達によれば、派遣法40条の6により違法提供先との間に、契約申込みに対する「承諾」を経て成立する労働契約には、当該提供元との労働契約に存在した期間の定めがそのまま移行することになる。

だが、労働法上は無期雇用が原則であり、有期の雇止めという問題自体が発

34）東リ偽装請負争議原告・弁護団編『闘って正社員になった－東リ偽装請負争議6年の軌跡』（耕文社、2023年）。

生しないことが法の理念に適う。司法判断ではその原則が尊重されなければならず、元の契約が有期であったとしても、新たな労働契約が当然に有期となると考えるべきではない。たとえば、業者との間の3ヵ月契約で更新を繰り返し、すでに7年経っているといった場合には、実質的には期間の定めのない契約に転化していると解すべきであって、違法提供先との間では期間の定めのない契約とすることが「社会通念上相当」と解される。有期契約が反復更新されていれば、労働契約法18条の趣旨に照らせば、本来であれば無期の契約とみなされるべきであるが、派遣法40条の6にそこまでの効力を当然に認め得るか、判断は難しいが、違法提供先は、引き継がれる「同一の労働条件」を前提としながら、労働契約法18条に基づき、双方協議により適切に修正すべきことになる。

(b) 9.30通達は、労働契約法18条の適用に関し、新たな労働契約については業者の下での就労期間と従前の就労期間は「通算されない」とする。だが、労働者は当該違法提供先の指示の下で就労し続けてきたのであって、新たな労働契約が成立することになった場合、「同一の労働条件」が保障されるということは、条件が低下する事態になってはならないことを意味する。

労契法18条は「同一の使用者との間で締結された……」で始まるが、同条の「同一の……」は一つの企業を指している。それは、もともと二者間の労使関係を前提とするもので、異なる法人格を持つ企業（使用者）について、その同一性を想定するものではない。契約申込みみなし制はそれとは逆に、法人格の異なる2つの企業の存在を前提とし、三者間の労務提供関係の運用の過程で発生した派遣法違反の行為に対し、民事制裁として定められている。派遣法40条の6の適用が想定される企業は、5号で注文主と下請企業が親子関係にあって共謀して偽装請負を行なっているような場合は例外として、「同一」性があるとは限らない。

もともと三者間の労務提供関係であり、法人格は「同一」でないことは前提であるから、9.30通達が勤務年数は「通算されない」とする理由として法人格が「同一」でないことを持ちだす厚労省の理解は、制度設計の経緯も法律の趣旨も理解しないもので、筋違いである。

法的環境が変化し、従前の違法提供先が新たに労働契約上の使用者となるが、就労を指揮命令するものの「実体」は前後で変るわけではない。派遣法40条の6第1項5号の場合、労働者は実際には偽装請負の注文主の指示に従って就

労していたことが違法とされたのであり、当該下請業者と派遣先との企業（使用者）としての実体の「一体」性が問題視されたわけではない。現実に問題となっているハンプティ商会（AQソリューションズ）事件、東リ事件などを見れば明らかだが、違法提供先は違法提供元を利用してはいるが、企業体として「実質的に同一」ではないこともある。9.30 通達は労働契約法 18 条における「同一の……」の趣旨を読み誤っており、有期雇用の無期化を図る同条の趣旨にも反する。

(c) 労働契約法施行通達は、通常の二者間の労使関係を前提としている労契法 18 条の適用を免れるために、異なる法人格形態を利用することを封じた。本庄氏は、それを「事実上、法人格否認の法理が適用されるような場合」等、「派遣元と派遣先とを実質的に同一」と考えられる事情を指していると理解されるが[35]、妥当とは言えない。

違法提供先に直用化された労働者について就労期間との通算問題を考察する場合に重要なことは、「承諾」の時点において労契法 18 条に基づく申込みによって無期雇用の状態になっていることを確認することであって、本庄氏のように、派遣元に無期転換の申込みを行なった時期について論じることは、みなし制との関係では法的に何の意味もない。

作業が特に期限のあるものでない限り、それを処理する労働者は期間の定めなく雇用するという無期雇用の原則が労契法 18 条の基盤であることを想起すべきである。

違法提供先の指示に従って就労し続けてきた労働者が当該違法提供先に直用化された場合、就業実態は変わらない。そもそも契約上の期間の定めは形式的に「同一の労働条件」と考えるべきではない。派遣法は「労働者の雇用の安定」を目的としており、派遣法がいう「同一の労働条件」は法律の性格上、それに固定する趣旨ではなく、「最低限でも、同一の……」ということである。違法提供先で担当してきた作業が当面は続くものであれば、労契法 18 条の理念に照らして、就労期間を通算すべきである。

(d) 新たに従業員となった者と元からの従業員は平等に処遇することが基本であり、民事制裁により直用化を余儀なくされた違法提供先（使用者）は、条

---

[35] 本庄淳志「直接雇用の申込みみなし規制をめぐる解釈問題」静岡 27 巻 1 号（2022 年）9〜13 頁。

理により、労働者の不利になる処遇は一切、行なってはならない。通常の採用試験を受けたか、中途入社であったか、派遣法40条の6の援用によったか、経緯が異なるとしても、正社員となった以上は、すべて平等に処遇することが基本である。大内伸哉氏は、契約申込みみなし制によれば採用の自由が奪われるから、雇用保障は任意の雇用の場合よりも一段下がって良いと述べられる[36]。だが、それは雇用保障だけではなく他の労働条件にも通用させる趣旨が窺えるが、労働契約が成立した以上、みなし制による場合と任意による場合で労働条件を差別して良いという理屈は成り立たない。大内氏の感情はともかく、法理論として根拠のある主張とは解されない。

　実態を直視し、違法派遣に対する民事制裁として直用化を図る同条の趣旨を尊重するならば、労働法本来の無期雇用の原則を適用すべきで、9.30通達は実情を考慮した形跡がなく、その形式論は適切とは言い難い。

　派遣法40条の6に基づき派遣社員から違法提供先の正社員に変わるのであるから、日本の「常識」でいえば、労働条件は相当程度改善されると労働者が期待しても不思議ではない。組合員の意向を承け、労働組合が団体交渉で取り上げた場合、交渉を続く間、個々の組合員は「承諾」を留保することになるが、個々の労働者は「承諾」に際し、より良い労働条件を求めて協議する権利を有している。その協議を求める姿勢を、直用化と労働条件の向上という「両者のいいとこ取りをしようとするもの」等と批判がましく観るのは筋違いである[37]。

(イ) 労働条件と連動する勤続年数

　日本貨物検数協会事件において名古屋高裁は、派遣法40条の6に基づき「別の使用者との間で新たに成立する労働契約であるから、有給休暇の日数や退職金算定の基礎となる勤続年数等は承継されない」とし、他にも使用者の変更に伴う新たな労働条件の中には「不利なものがある可能性も否定できない」と指摘する[38]。しかし、労働契約の成立の経緯が異なるとしても、労働者は平等に処遇されることが原則であって、合理的理由がある場合に限り例外的に異なる処遇が許容される。名古屋高裁は原則と例外をはき違えている。

---

36)　守島基博・大内伸哉『人事と法の対話－新たな融合を目指して』（有斐閣、2013年）20頁。
37)　日本貨物検数協会事件・名古屋高判令3.10.12労判1258号57頁。
38)　同事件・名古屋高判令3.10.12労判1258号56～57頁。

年次有給休暇の所得可能日数は労基法39条により勤続年数が計算の基礎となるし、就業規則により退職金の計算に勤続年数が加味される例がある。だが、派遣法40条の6に基づく違法提供先との間の労働契約成立によって労働条件が低下することがあってはならず、違法派遣状態の存在に責任を負うべき違法提供先が、みなし制によって承継することになる労働者について、年休日数や退職金に反映する勤続年数を引き継ぐことこそ「同一の労働条件」と定めた趣旨に照らし合理的である。労働者としては違法提供先に対する更新への期待は妥当と認められ、違法提供先の指示の下で働いた期間はその意味で「労働条件」であり、「勤続年数」として扱われると解すべきである。

(ウ) 派遣元に固有の労働条件
　9.30通達は、継承されるのは「使用者が変わった場合も承継されることが社会通念上相当」なものと解している。違法提供元の食堂の利用とか企業内福祉であったリゾート地のホテルの割引利用の権利などはそれ該当しないから、承継されないことになろう。

(エ) まとめ
　申込みみなし制の援用によって正社員となった労働者が特に優遇されるべきだと主張しているわけではない。「承諾」による契約成立があれば必然的にあるいは大半の場合、企業内で労働条件の異なる複数の労働者が存在することになるから、必ず、調整が課題となることで、まず、その課題解決の基準を設定しなければならない、その際の思考のあり方が問われているのである。派遣法40条の6に基づいて従業員となった労働者と元からの従業員は労働条件について平等に処遇することが基本であり、民事制裁により直用化を余儀なくされた使用者は、条理により、労働者の不利になる処遇は一切、行なってはならないことを再確認する必要がある。
　本庄氏は一般論として、契約申込みみなし制は処遇に関して「必ずしも労働者にとって有利になるとも限らない」とか、複数の労働者の「承諾」により当事者の法律関係の画定が困難になる等と指摘されるが[39]、それはみなし制の趣

---

39) 本庄淳志「直接雇用の申込みみなし規制をめぐる解釈問題：1項各号の関係整理、および『承諾』の意思表示のあり方を中心に」静岡26巻2号（2022年）105〜109頁、同・前掲注35) 32頁以下。

旨を見誤り、いたずらに無用な議論を強いるものである。

違法提供先は、個別であれ労働組合が団体交渉で交渉事項とした場合であれ、直用化を見越し、それと不可分の労働諸条件に係る交渉に誠実に応じる義務がある。妥結を義務づけられてはいないから決裂することもあり得るが、その事態となって「承諾」するか否かは労働者の選択に委ねられる。有利不利も含め労働者が「承諾」を判断することであるから、その自主的判断を尊重すべきである。「承諾」権を行使せず1年を徒過すればそれが消滅するだけのことである。

4　偽装請負と脱法目的論

派遣法40条の6第1項5号は、偽装請負を派遣法などの「適用を免れる目的で」請負等の「名目で契約を締結し……派遣の役務の提供を受けること」と定義する。派遣という就労形態が存在すること、その特徴やメリット・デメリットを知りながら、あえて他の契約形式をとったのであるから、偽装請負と認定された場合には、常識的に、当該目的をもってその契約形態を選んだと推定され、よほど説得的な反証がない限り、脱法目的があったものとされる。ただ、法文はあえて、「……免れる目的で」と、一つの独立した要件とした。問題は何を対象とし、その反証の存在をどのように認定するのかである。

9.30通達は、脱法目的を「要件として明記した立法趣旨に鑑み……偽装請負等の状態となったことのみをもって『偽装請負等の目的』を推定するものではない」と、消極的に述べるにとどまる。積極的な判断基準の解明は裁判所、研究者に委ねられた。

(1) 判例

(ア) 主観説

ハンプティ商会 (AQソリューションズ) 事件東京地裁判決は、脱法目的は「企業の代表者、又は、法人から契約締結権限を授権されている者の認識として、これがあると認められることが必要」とした[40]。経営陣の主観的認識を要件とするから、主観説ないし認識説と呼ばれる[41]。

---

40) 同事件・東京地判令2.6.11労判1233号43〜44頁。桑村裕美子氏は同判旨を肯定する（同裕美子「労働者派遣法40条の6第1項5号の『免れる目的』の有無」ジュリ1562号（2021年）132頁。
41) 沼田雅之「労働契約申込みみなし制度における偽装請負と『免れる目的』」法時94巻9号（2022

(イ) 客観説

　日本貨物検数協会事件で名古屋地裁は、適用潜脱の目的は、主観的な悪意や認識可能性（過失）と同一ではなく、文理に照らすと、契約の「形式と実質の齟齬により労働者派遣法等による規制を回避する意図を示す客観的な事情の存在により認定されるべき」であるとし、労働力調達の手法として、直用ないし少なくとも派遣によることが自然であるにもかかわらず、あえて業務委託の形態をとり、長年にわたって労働者を指揮命令して検数業務を行なわせたこと、15年改正以前では派遣可能期間に制限があり、熟練した労働者を長期間派遣を受けることが困難であったことを総合して、客観的に、潜脱目的を認定した。

　同事件で名古屋高裁は、5号に該当する行為について脱法目的の「存在を直接的に示す証拠（行為主体の指示や発言）がなければ認められないものでもなく……客観的事実の認識があり、かつ、それにもかかわらず適用潜脱目的ではないことをうかがわせる事情が一切存在しないような場合にも、その存在を推認することができる」として、より強化された客観説をとって脱法目的を認定した[42]。

　東リ事件で大阪高裁は、目的といった主観的要件は「客観的な事実から推認する」と明快に述べたうえで、日常的継続的に偽装請負等の状態が続いている場合には、「特段の事情がない限り……法人の代表者又は……契約締結権限を有する者は、偽装請負の状態にあることを認識しながら、組織的に偽装請負等の目的で当該役務の提供を受けていたものと推認」されるが、製造業務について派遣は禁止されていた1999年当時、従業員混在の状況で巾木製造業務を行なっているし、その後、別の企業S社との派遣に切り替えたが「同じ態様で製造を継続することができたことは……組織的に偽装請負等の状態を継続していたことを推認させる」と判示し、客観的観察により企業としての認識を問うものであった[43]。

　同判旨について、塩見卓也氏は経営者の「主観的意図を推認させる事実を適示し」脱法目的を認定していると解し、竹内（奥野）寿氏は主観説を基礎に客

　　　年）156頁。塩見卓也氏は、安西愈ほか『実務の質問に答える：労働者派遣のトラブル防止と活用のポイント』（日本法令、2016年）295頁の同様な見解を契約締結時主観説と呼ぶ、同「偽装請負事業における労働者派遣法40条の6の適用」民商157巻3号（2021年）123頁。しかし、「契約締結時」という要素は別の問題であり、切り離して主観説と解しておく。
42)　日本貨物検数協会事件・名古屋地判・前掲注29) 77頁、同事件・名古屋高判・前掲注37) 56頁。
43)　東リ事件・大阪高判・前掲注32) 72頁。

観説に「幾分歩み寄った側面を有する」、木下潮音、中村和雄の両弁護士は「工場長」の「主観的な意思」が問われていると解されるが[44]、いずれも誤読ではあるまいか。高裁は法人代表者らの認識がなければ脱法目的の存在を認定できないとする主観説ではなく、明確な客観説に立ち、経営陣の認識を目的認定の条件とする東リの主張を退けて、「偽装請負等の状態が続いている場合……組織的に偽装請負等の目的で当該役務の提供を受けていた」と推認し、代表者らの偽装請負についての認識は脱法目的認定の要件ではなく、認定を補強するものと位置づけている。偽装請負状態が存在する、ましてや機関である彼らにその認識があれば、企業として偽装目的を有していたと認定し得るという当然のことを述べたにすぎない。

竹中工務店事件において大阪高裁は、被告が偽装請負であることを認めているにもかかわらず、それは労働者供給であり派遣ではないから派遣法40条の6は適用されないとする結論に確信がないためと推測されるが、「仮に」適用される場合につき「免脱目的の有無も検討しておく」として「脱法目的」論に移る。そして、労働局から訪問調査の予告を受け、二重請負の契約形態の「組織表、体制図等」、業務指示の姿を「確認する書面」を作成し、Xと竹中の従業員らとの間にパーテーションを設けた等々を指摘し、さらに、Xの業務には「専門的な知識に基づき、裁量の下で、指示の内容を実現するために必要な仕事内容を拾い出し、順序を決定するなどしたうえで行う性質のものも……相当程度含まれ」ると指摘し、「指揮命令」と「注文者の指図」の区別は微妙で、労働局の指導以前に「偽装請負の状態……を明確に認識すること」は容易ではなかった、指導後は再発防止のため「相応の対応」をしたから、脱法目的があったとは認められないとした。しかし、一貫して、目的の判断基準を示すことはないが、経営陣の主観的認識は詮索せず、「被控訴人竹中」が目的を有していたかを問うていることに照らし、結局は客観説とみられる。

(ウ) まとめ

最高裁が東リ事件において東リの上告を受理せず棄却したことは重要な意味

---

44) 塩見・前掲注41) 126頁、竹内（奥野）寿「労働判例速報・大阪高判令3年11月4日」ジュリ1566号（2022年）5頁、山本圭子ほか「新春鼎談：労働者派遣法をめぐる裁判例の動向と課題」労判1275号（2023年）19頁。

を持つ。今や、客観説が最高裁も支持する判例である。

(2) 学説
(ア) 主観説
　山川隆一氏は、偽装請負は「派遣法の規定自体の解釈からその内容が明らかになるものではない」といいながら、その意義を確認するために不可欠な、職安法44条および施行規則4条の文理を顧みることもされない。そして、「脱法の意図を示す指示や発言があった場合……明らかに指揮命令と評価できる関与が日常的に行なわれ、そのことを会社上層部も認識・許容していた」状況や、派遣の「正式な契約書とは別に、実質的に労働者派遣の内容をなすといえる覚書等が存在したり、その旨の合意を認定できる」場合には脱法目的が「推認できることがあり得よう」というだけで、確定的な見解を自らは述べられないが、主観説とみられる[45]。

(イ) 客観説
　偽装請負を行なったのは企業であり、派遣法40条の6による責任追及の対象となり、契約申込みをしたとみなされるのは当該企業である。労働者が承諾すれば、結ばれる労働契約の当事者になるのは当然、企業と労働者である。したがって、偽装請負の目的の有無は企業について問われねばならない。
　同条は会社幹部の法的責任を追及する趣旨ではないから、会社幹部の主観的認識をことさら問う必要はない。経営者は企業を運営する機関を務めているにすぎない。企業は自然人のような目的意識や感情を有するものではないから、認定の対象となるのは企業としての目的の有無であり、企業を構成する誰かの認識や行為ではなく、企業としての認識およびその行為である。
　注文主と請負業者の社会的関係に着目すべきことと現場の作業の遂行の実情を考慮すれば、経営陣の主観的認識ではなく、むしろ企業側において請負業務を実際に遂行する担当者の「要請」とか「申入れ」等とそれに対する請負業者の従業員の対応の状況を重視し、さらには、業務遂行に用いる設備や機器の実質的負担状況まで視野に入れて、「指示」とそれに従った就労となっているのか、

---

[45] 鎌田・諏訪〔2版〕340～341頁（山川）。

労働者の提供が主要な要素となっているのか、その契約運用の実態から客観的に脱法目的の有無を判断すべきである[46]。

水町勇一郎氏は、東リ事件大阪高裁判決を肯定的に紹介されるが、自らは、派遣の役務を受ける者が「偽装請負の状態にあると主観的に認識している」場合か、「日常的かつ継続的に偽装請負等の状態を続けていた等の客観的事実により、組織的に偽装請負等の目的で役務の提供を受けていたと推認することができ、この推認を覆す特段の事情が認められない場合」は脱法目的があると判断される[47]。本庄氏も、「派遣法と抵触するリスクを認識したうえで、労働者派遣に移行するのか、それとも指揮命令を伴わない真正な業務請負契約を目指すのかは経営上の選択の問題で、それ自体を脱法意図ないし故意と解することはできない」、結果的に偽装請負と評価されることもあり得ようが、その判断は容易ではないと述べ、再び判断が分かれた東リ事件の地裁、高裁への留意を求められる[48]。しかし、その「リスクを認識したうえで」の判断は同時に法的判断でもあるから、違法であった場合には「脱法意図」があったと解されるべきである。容易であったか否かにかかわらず、一定の判断をとった以上、それが違法とされた場合、法的責任を免れることはできない。自らは「主観的な脱法意図があるのと同視できる程度に、派遣法違反に対する客観的に見た認識可能性がある場合」に目的が認定されると述べ、「日常・継続的に偽装請負の状態であったという点から『適用潜脱目的』を推認するというのには論理に飛躍がある」とされる。結局、水町氏、本庄氏とも、限りなく主観説に親近感を持ちながら、辛うじて客観説の範疇に入るということになろうか。

(ウ) 折衷説

塩見卓也氏は、行政解釈および山川氏の見解は「客観的事実関係から適用潜脱目的を認定できる」とする見解で「行政解釈と客観説とは連続性がある」とし、ハンプティ商会（AQソリューションズ）事件判決も「客観的関係を評価し適用潜脱を認定できる」と判示したと解しつつ、他方で、同判決は「主観的意図の推認まで求める」もので目的を「狭く解しすぎて」支持できないとされる。

---

46) 小宮・前掲注30) 263頁。
47) 水町〔3版〕457〜458頁。
48) 本庄・前掲注39) 89〜93頁。

しかし、行政解釈、山川氏らは明らかに経営陣の主観的認識を重視する論であるし、ハンプティ商会（AQソリューションズ）事件判決については相反する評価を示されるから、同氏の判断の焦点と結論としての評価には疑問が残る。

氏自身は、独自に、偽装請負状態が作出される過程で「派遣先の積極的関与が乏しく、区分基準告示違反が軽微である場合にまで」契約申込みみなし制を認めることは「制裁として重すぎる」、脱法目的の要件は「客観的にみて派遣先の帰責性が非常に乏しい事案につき、5号から除外する趣旨の要件である」と解される[49]。法適用の現実的相当性を模索されたものと考えられる。折衷説とでも呼ぼう。

しかし、偽装請負の注文者の「帰責性が非常に乏しい」とは具体的にはどのような状況を想定されるのか。「帰責性が非常に乏しい」といえば、注文者は請負業者の従業員に直接、指示して就労させているとは判断し難い状況であろうが、そのような状況の下で、請負業者が主導して偽装請負状態が形成され得るものなのか。一般の企業間の力関係を考慮するとき、塩見氏の見解の現実的妥当性には疑問がある。

(3) まとめ

三者間の労務提供関係としては労働者派遣のみが適法である。今や周知の法制度であり、そのことを知りながら請負等の契約形式を選び、労働者を直接指揮命令して就労させることは違法であることも知りながらあえて直接指示して就労させていたため偽装請負と認定された以上、当初から、あるいは少なくともそのような状態になった時点で、脱法目的の存在を強く推定させる。推認による最終的判断ではないから、理論的には反証をまったく認めないわけではないが、偽装請負状態が認定されたからには反証は現実にはほぼ無理に違いない。

労働契約申込みみなし制は、直接雇用の原則の例外として派遣を許容してきたがそれを濫用し、所定の違法派遣を行なってきた企業に対し、民事制裁として、労働者を雇用させ原則への回帰を図るものである。それは企業経営者の責任を直接追及するものではないから、経営陣の主観的状況を問題とするものではない。違法派遣を行なった企業の責任を追及するが、企業は法人であるから、自然人のような主観的目的を直接立証することはできないし、必要もなく、企

---

49) 塩見・前掲注41) 126〜127頁。

業の行為から客観的にその「目的」を推認することになる。それ以外には目的を認定する方法は存在しない。企業の上層部（経営陣）が請負契約締結および業務遂行の実情に関して、それを違法派遣・偽装請負と「認識」していれば、企業としての目的を認定する有力な決定的証拠となり、もとより脱法目的の存在は認定されるという関係にある。小宮文人氏が上記山川氏の見解を会社上層部の認識の存在は「排他的な判断基準ではなく、一つの基準に過ぎない」と評されるのはその趣旨と解される[50]。

5　偽装請負の解消策としての派遣への変更

(1) 偽装請負の実情

労働局から偽装請負を認定され是正勧告を受けた場合、当該請負契約の注文主が、その労働者の受け入れを労働者派遣の契約形式に変更することによって是正を図ろうとする例は多い。ただ、すべてが企業の思惑どおりに円滑に進むとは限らない。松下PDP事件のように労働者の合意が得られず、協議の末、労働契約を結んだ（直用化後、差別的な作業を命じ、半年後に当該作業がなくなったことを理由に解雇したため、訴訟になった）例もあれば、東リ事件のように、派遣への移行に協力した派遣会社が、労働者の多くは承継して当該労働者を派遣した（後に、東リは正社員として直用化した）ものの、労働組合員を承継することを拒否し、別に不当労働行為事件を惹き起こした例もあり、日本貨物検数協会事件のように、偽装請負告発の動きを察知し、注文主と請負会社だけで（労働者には隠したまま）契約を派遣に変更し、1年余を経過してから労働者に通知して派遣法40条の6の適用を免れようとした例もある[51]。

それらの中で、派遣への移行については労働者の合意が不可欠であることが理解されていない稀な例が日本貨物検数協会事件である。

(2) 日本貨物検数協会事件の問題点

(ア) 日本貨物検数協会事件の争点

日本貨物検数協会事件には、検数協会（K）の行動にもそれを追認した名古

---

50) 小宮・前掲注30) 261〜262頁。
51) 松下PDP事件・大阪高判平20.4.25労判960号141頁、東リ事件・大阪高判・前掲注32) 59頁、日本貨物検数協会事件・名古屋地判・前掲注29) 79頁。

屋地裁、名古屋高裁の判決にも問題がある。

　Kは検数業務を日興サービス（N）に請負わせていたが、Nの従業員は具体的な業務内容の説明、作業場所、勤務時間等の指示をすべてK（職員）から受けて業務を遂行していた。彼らは全日本港湾労働組合（全港湾）に加盟しているが、組合員16人が、当該請負は内実は偽装請負であるとして、Kに対して派遣法40条の6に基づき労働契約の存在確認を求めたが、団体交渉拒否等をめぐる不当労働行為に係る審理が長引いている間に、K、Nは労働者に知らせることなく業務請負契約を派遣契約に変更していた。訴訟において、Kは請負わせたのは厳密には検数補助業務で、港湾荷役の特殊性によるもので、業務指示にはあたらない等とも主張したが、主要な主張は、契約を派遣に変更したから偽装請負は終了し、申込みみなしの効力は消滅しているということであった。

(イ)　判決の問題点

　Kの、請負を派遣に変更したから、それ以降は合法的な派遣であり、1年経過後には「承諾」権は消滅している、との主張に対し、原告らは、契約変更を知らされず、派遣について同意をしてはいないから、派遣契約の存在と有効性を主張し得ず、偽装請負が継続していると主張した。名古屋地裁は、同主張に対し、契約変更を知らせなかった点は不法行為を構成する余地はあるとしても「法律関係の……切替え」から1年経過し、申込みみなしは消滅していると判断したのである。

　名古屋地裁は、労働組合が団体交渉において組合員の直接雇用を求めたことは対象者、移籍時期等について協議を行なうことを予定したもので、「みなし申込みの存在を前提とする……承諾」とは評価し得ないし、そもそもKは2016年4月1日には「労働者派遣契約を発効させて……偽装請負の状態を解消した以上……2017年4月1日の到来をもって同条1項に基づく見なし申込みの効力は消滅し」たから、それ以後になされた「承諾」は所定の効力を有しない、「派遣契約への変更を明らかにせず、そのため労働者派遣法40条の6第2項の期間を徒過」させた「事情があるからといって、これを延長する理由にはならない」と判示した[52]。

---

52)　日本貨物検数協会事件・名古屋地判・前掲注29) 79頁。

しかし、契約の請負から派遣への変更ということは後に知らせれば済む性格の問題ではない。請負はＫとＮ、二社間の商取引である。ところが、告発された偽装請負を是正する方便としての契約「切替え」による労働者派遣への移行は、派遣の法的構造を考えれば、請負契約の当事者であったＫとＮだけで行ない得るものではない。業務請負契約の下で現実には原告らはＫの指示に従って就労してきたが、契約を改めて労働者派遣に変更する場合、原告らはＫに派遣労働者として提供され、その指示に従って就労する形態になる。就労の実態は以前とまったく変わらないが、法律関係は一変する。

労働者派遣は、派遣元と派遣先の労働者派遣契約および派遣元と労働者の派遣労働契約という性格の異なる２つの契約が組み合わされて初めて適法に成立する、三者間の労務提供関係である。ＫはＮと労働者派遣基本契約（派遣法26条）を結んだ後、派遣される労働者と担当する業務を特定し、派遣期間、基本的労働条件等を定めた個別契約を結ばねばならないが、そのためには、それに照応するＮと労働者との派遣労働契約が前後して結ばれなければならない。Ｋ・Ｎ間の労働者派遣契約は企業間の取引契約であるが、労務を提供する労働者がそれに同意して参加しない限り、労働者派遣は適法な派遣とはならない。ＫとＮが合意したからといって、労働者の同意なしに労働者派遣が適正に成立することはあり得ず、その同意が得られるまでは従前の偽装請負という状態が継続する以外にない。その間は、申込みみなしは消滅しないし、労働者の「承諾」権が消滅することはない。Ｋ、Ｎだけでなく名古屋地裁までも、その道理を理解していない。

派遣法は派遣労働者として雇用することを明示し、待遇に関する事項等の説明をして採用し、派遣に際しては「派遣をしようとする旨」の他、派遣契約で合意している「当該労働者に係るもの」を明示すべきこと等を定めている（31条の2、32条、34条等）。厚労省は、それらは「労働者保護の観点から加えられた公法的な規制」であり、違反した場合も「契約の効果を直接規律するものではない」と述べており[53]、Ｋはそれに依拠しつつ、Ｎによる就業条件の明示は

---

53) 厚労コンメ9（2013年）378、391頁。同書は編者、執筆者は示されていないが、序において「本書は、労働省職業安定局民間需給調整事業室編『労働者派遣法』（平成11年3月刊・労務行政研究所）を底本としつつも……制度の見直し等も踏まえ」た「最も理論的解説書」と述べるから、厚労省の見解と解される。

「公法上の要請にとどま」るとか、Ｘらへの周知義務を負わないから、その条件明示や周知をしていなくても、私法上、「偽装請負が実質的に継続していたなどとはいえない」と主張している[54]。しかし派遣においては、労働者は直接の労働契約の相手方の指揮命令に従って就労するのではなく、第三者であるＫの指示に従って就労することになるから、そのことを含む明確な合意が不可欠であり、上記条項はそれらを定めており、単なる公法的な取締り規定ではなく、労働者の合意が不可欠であるとする趣旨を内包する規定である。そうである以上、請負を派遣に変更し、労働者は派遣労働者としてＮの指示に従いＫの指揮命令を受けて就労すること——実態は変わらないが、法的には質的に重大な変化である——を労働者に知らせ、労働条件も示して説得し、その同意を得ることなしに契約の形式を派遣に変更することはできない。

　派遣は、二者間の労働契約関係を原則とする労働法においては、派遣法所定の要件を充たすことを条件として例外的に容認されている三者間の労務提供関係である。Ｋの契約変更の抗弁は、労働者の合意という、派遣が適法と認められるための主眼目となるその要件を充たさず、派遣の構造に照応するものではないから、通用し得ない。本件では、Ｋは別件の不当労働行為事件を審査する大阪府労働委員会から勧められたにもかかわらず、派遣には不可欠な労働者の合意が欠け、要件が充たされていないことを明瞭に知りながら（知っていたからこそ）、偽装請負に係る契約が終了するまで派遣への契約変更を１年余も隠し通し、派遣への契約類型の変更を労働者に知らせなかった。法の網を潜り抜けようとする意図は歴然としているが、名古屋地裁はＫ・Ｎ間で労働者派遣契約さえ結ばれれば派遣を適法に行ない得るかのように判示する。肝心な、原告とＮの間に派遣労働契約が結ばれたか否かについては審理せず、その締結を認定してはいない。地裁は労働者の同意（派遣労働契約）が不可欠であるという、労働者派遣についての基礎的理解を欠くだけでなく、安易に派遣への転換を認定したことは、紛争を公正に解決し法的正義を実現するという司法機関としての使命に反することで、地裁判決の致命的欠陥である。

　名古屋高裁は、別の論点を持ち出した。「労働者の承諾を得なければならないのは派遣元であって派遣先ではな」いから「派遣先の責任を問うこと」はで

---

54)　同事件・Ｋ第１準備書面12〜25頁。

きないとし、労働者を雇用しない企業が他の企業に労働者を提供することも違法ではあるが、派遣法2条1号の「派遣には同法に違反する労働者派遣も含まれ」ると判示した[55]。

　しかし、それは論点のすり替えであり、許されることではない。問われているのは、労働者の同意を得ることなしに適法な派遣契約を結び、三者間の関係を請負から派遣へ転換し得るのかということであって、違法派遣も派遣概念に含まれるかといった一般的な概念論議ではない（第2章第3節3で述べたように、その点でも、その解釈には問題があるが）。派遣法は、派遣形態で就労することになることについて派遣元は労働者の同意を得ねばならないと定めており、それは派遣が適法であることの絶対不可欠な要件であって、その要件が充たされていなければ、派遣の構造に照らし、派遣全体が成立し得ず、偽装請負の注文主（違法提供先）は労働者に対し請負から派遣への転換を主張し得ない。高裁は、派遣の構造と法的な意味を正確に理解していないと評さざるを得ない。

(ウ) 研究者による評釈

　検数協会事件に係る判例評釈において、小宮文人氏は、原告らはK・N間で派遣契約が締結されていることを知らされていないから違法派遣はなお「解消されていないと解することも可能」と、奥田香子氏は「みなし申込みの存在を失効まで原告らに知らせず結果として選択権行使の機会を喪失させたKの態度等も考慮した解釈の余地がありえた」と、松井良和氏は「第三者労働力の利用者である派遣先は、利用契約を締結する際、どのような法的根拠に基づくものであるかを示すことが求められるが、Kらはこうした説明を怠っていた」点を考慮すべきだと指摘される[56]。主な趣旨は上記私見と同様と考えられるが、いずれも控えめな表現で論旨は鮮明さに欠け、また、肝心な結論を述べられない。

　本庄氏は、同判決を論評しながら、派遣形態への変更について労働者の同意を得なかったことが同事件の焦点であるにもかかわらず、経緯を紹介するだけで、問題点として言及せず、論評されない[57]。派遣の構造を的確には理解され

---

55)　同事件・名古屋高判・前掲注38) 58頁。
56)　小宮・前掲注30) 266頁、奥田・前掲注30) 121頁、松井良知「労働者派遣法における申込みみなし制度の運用と労働者の承諾の有無」法時93巻9号 (2021年) 55頁。
57)　本庄・前掲注39) 101〜104頁。萬井論文43＝労旬2042号参照。

ていないため事案の焦点を把握されていないのではないかと推察される。

6 　総括
(1) 派遣法 40 条の 6 と民事制裁

　派遣法 40 条の 6 は、主要な違法派遣について、当該違法提供先の意思を問うことなく、労働契約を申込んだものとみなし、それに対する労働者の「承諾」だけによって、現に眼前で展開されている指揮命令とそれに基づく就労という違法であり許されない関係をそのまま合法的な労働契約関係に転化させる、労働法上でも異例の条文である。9.30 通達は、「違法派遣を受け入れた者にも責任があり、そのような者に民事的な制裁を科すことにより……規制の実効性を確保することを制度の趣旨とする」としている。

　沼田雅之氏は、派遣法 40 条の 6 は「原則に立ち戻って雇用と使用を再び一致させる」もので、「労働者派遣の枠組みを逸脱して派遣労働者を受け入れている場合の、民事上の関係を整理した規定」であり、民事制裁ではないと説かれる[58]。

　たしかに、内容的には「原則に立ち戻って」直接に雇用させることには違いない。だが、法的関係を「整理」することが法律の役割か否かはともかく、たとえ「整理」したからといって、違法提供先が自ら実態は偽装請負であったと認め、反省し、その「整理」に準じて「原則に立ち戻」り、労働者と労働契約を結んで適法な状態を自主的に創り出すとは限らない。企業にも建前や面子があり、偽装請負について請負契約の利用を自ら違法であったと認めて謝罪した場合には、それに伴い、その後に必至となる直用化のための個別のあるいは集団的な労使交渉において倫理的に弱い立場になることを避けたいという事情もあるからであろうか。だからこそ、必然的に、違法提供先の拒絶の意思が強固であっても、それを抑えて、国家（裁判所）が直接雇用の受入れを迫る民事制裁という性格を帯びざるを得ず、裁判所による労働契約の存在確認が不可欠になる。直接雇用の原則（直用化）は労働契約申込みみなし制という民事制裁を課すことによって初めて実現される。それは目的（原則の現実化）と実現の手法（制裁）の関係にあり、対置すべきものではなく、法理論としてはやはり、

---
58) 沼田・前掲注41) 156 頁。後には、10 頁にもわたって持論を展開される、同「労働契約申込みみなし制度の制度趣旨と二重の労働者派遣」浜村古稀 287 ～ 297 頁。

原則を実現するために不可欠な制裁であることは否定し得ない。

　沼田氏は、竹中工務店事件について大阪地裁が派遣法40条の6の適用を認めなかった大きな理由の一つが同条項を民事制裁と認識していたことにあるとでも認識されたのであろうか、民事制裁ではないことを強調される。しかし、大阪地裁は、事案は「二重の労働者供給（二重派遣）の状態であった」と認定しながら、9.30通達に倣い40条の6の適用は労働者を雇用するものから派遣を受ける場合を指すと解しており、同条項の趣旨を正確に認識しなかったことに起因する誤判である。

　なお、沼田氏は民事制裁は労基法114条による付加金と同様、「刑事制裁と同種の効果を民事上も期待するもの」と説明される[59]。しかし、刑事法上の罰金はその発動は国家（検察官）の判断によるし、その金は国庫に帰属する。労基法の付加金は未払賃金について労働者が請求した場合に（裁判所の判断を得て）、当該労働者に対して支払われる点で、構造が異なるから、その説明は適切とは言えない。派遣法40条の6は違法派遣を受けた企業（違法提供先）に労働者の承諾により直接雇用という効果を生じさせ、労働者の保護、雇用の安定を図るもので、制裁の発動者も効果も刑事制裁とは異なる。民事制裁と呼ぶことが適切である。

　さらに、職安法違反には派遣法違反「よりも重い刑罰が適用される」から、民事制裁と解したとしても「『二重派遣』の場合に準用ないし類推したとしても、法的な序列からして許容されよう」と述べ、後には「派遣法40条の6が……刑事罰ではなく、労働契約申込みみなし制度という民事上の規定を設けた」と述べられ[60]、前後矛盾するが、それはともかく、派遣法には二重派遣（労働者供給）について派遣先に刑罰を科す規定はないから、「法的な序列」という説明は成立し得ない。

(2) 契約申込みみなし制は労働者にとって不利なのか

　違法提供先に「『承継されることが社会通念上相当』でないとみる余地がある」

---

59)　沼田・浜村古稀288頁。
60)　沼田・浜村古稀296頁。橋本陽子「二重派遣（二重偽装請負）と労働者派遣法40条の6－竹中工務店事件の検討と派遣から職業紹介への転換可能性について」労旬2040号（2023年）49頁と同様である。

とみなし制を消極的に捉え、それに止まらず、「法律関係に根本的な変化が生じる」が「直用化は、必ずしも労働者にとって有利になるとも限らない」という本庄淳志氏の見解がある[61]。しかし、大半の研究者はまったく逆で、従来は違法派遣の解消に伴い違法提供元から解雇されることが多かったことを考慮し、違法提供先に直用という形で承継される状況を創出する、有意義な労働者の救済策と評価する[62]。

労働者は「承諾」を軽々しく決めるわけではない。法理論上の問題は別としても、直用化されると違法提供先の従業員とは「同僚」になるのだが、従前の違法提供先、元という関係を背景に生成していた人間関係は心理・感情の側面まで直用化に一気に順応するとは限らない。

東リ事件では、一度は同じ労働組合の組合員同士であったが、組合を脱退して派遣会社Sに採用され、そこから派遣されて派遣労働者として東リの現場で一緒に就労することになる労働者がいる。しかもその後、彼らは東リの正社員になっている。彼らと感情的な対立が続くことはないのか。また、違法提供先は派遣法40条の6の民事制裁を科されることになり、一度はいわば敵対的な立場に立つが、直用化された後、当該企業にどのような態度で迎えられるのか等、就労について不安は尽きないに違いない。一般の事件でも、不当解雇された労働者が金銭的和解をして退職する例は多いが、原職復帰の道を選ばなかった大きな理由はそのようなソフト面に関わる不安である。それら諸事情をも考え、逡巡を重ねた後、法的正義にもかない、就労条件なども現状より改善されると判断し、従前の違法提供元との契約関係を解消し、「承諾」を決断するに違いない。

本庄氏は、違法状態解消のため、企業の「都合により派遣元での雇用が失われ、結果として派遣先での直用化が余儀なくされた……労働者にとっては消極的な直用化」と述べられるが、それはみなし制の積極的意義を評価せず、労働者の「承諾」の積極的意義をも無視するもので、労働者の実情を把握されたうえでの指摘なのかは疑わしい。「直用化自体には、労働条件の改善という面でも、雇用保障という面でも、基本的に労働者にとってのメリットは乏しい」と述べ

---

61) 本庄・前掲注39) 105、106頁。ほぼ同旨、橋本・前掲注60) 46頁。
62) 厚労省：在り方研の議論の経過を知るには沼田・浜村古稀291頁以下が便宜である。

られるが[63]、「乏しい」とすれば、厚労省や本庄氏らの解釈が「乏し」くしているのではあるまいか。いずれにせよ、みなし制は労働者の「承諾」が大きな要素であるが、利・不利の判断は当該労働者に委ねるべきである。

(3) 派遣法40条の6適用後の、従前の違法提供元との関係について

　違法提供先に直用化された後も、労働者と従前の違法提供元との労働契約関係が存続するという異例な見解がある。

　本庄淳志氏は、「派遣元での契約更新」を論じ、みなし状態において「承諾」の直前では、（何を指されるのかは想定できないが）雇止め反対の意向表明により「派遣元との関係では契約更新という効果が生じる」と述べられる。また、「派遣先に対する（直接雇用されての）労働債務の履行と、派遣元に対するそれ（＝他の派遣先での派遣就労の継続等）とが両立し得ない場合が少なくない」、「派遣元での雇用維持がなされ……労働条件の改善に主眼があるケース」では「承諾」と評価できないものもある等、そう判断する以外にない叙述を頻繁にされる[64]。

　だが、みなし制により、労働者が「承諾」すれば従前の三者間労務提供関係は解消し、違法提供先に直用化されて本来の二者間の労使関係に移行する。みなし制により「過去の違法行為に対するペナルティとして……直用化が図られ」た後には「派遣元での契約更新」はあり得ないから、「『申込み』の時期」が問題となるわけがない。違法提供元との間では、未払い賃金の清算、未消化の年次有給休暇の処理（買取）、（あればの話だが）社内預金の返済等といった残務処理は残るとしても、労働契約関係は完全になくなるから、本庄氏が改めてそれらを指摘される意図が疑問である。派遣法40条の6について熟慮された末の、重要な問題提起と自負した上での叙述のはずであるが、根拠について特段の説明はない。

　もっとも、違法提供先に直用化された後も、従前の違法提供元と契約を結んで、就労するケースの可能性は皆無とはいえない。直用となったが、家計のために収入を増やす必要等があり、旧知の派遣会社と交渉してパート派遣として就労するといった場合である。だが、それは、従前の就労形態の継続ではなく、一般の労働者でもあり得る副業・兼業であって、みなし制とは別の問題である。

---

63) 本庄・前掲注35) 37頁。
64) 本庄・前掲注35) 16〜26頁、本庄・前掲注39) 106、110頁等。

みなし制は、派遣および業務請負が違法と断定された場合、労働者の「承諾」を条件に、従前の違法提供先の意思を考慮することなく、当該違法提供先との間に労働契約関係を生じさせる。当然、違法提供先と元との契約は違法無効とされるから、従前の三者間の労務提供関係はすべて解消し、残務処理は別として、基本的に引き継がれることはない。企業の「都合により派遣元での雇用が失われ……」という表現はみなし制には照応しない。本庄氏が描くみなし制の全体構図を想像することができない。

　本庄氏は多数の関連の論稿を書き、派遣法について造詣が深いはずだが、実は派遣法40条の6の核心を、さらには（日本貨物検数協会事件についての記述を見ると）「労働者派遣」は労働者の同意を不可欠の要件とすることをも正確には理解されていないのではあるまいかという、深刻な疑問が残る。もって、他山の石としたい。

補論2　派遣から職業紹介への切り替え論について

　橋本陽子氏は、二重の偽装請負である竹中工務店事件の解決策としては、労働者が元請けに雇用され、注文主へ派遣される形が望ましいが、現行法ではそれは実現し難いと判断し、それに対処するために、ドイツ派遣法に倣い、派遣から職業紹介への転換を可能とする立法論を提起された[65]。

1　橋本氏の提案

　ドイツ派遣法9条は「無効」と題し、それに該当する合意を列挙するが、その第1項3号は、「派遣元との労働関係がもはや存在しない時点で派遣労働者を雇い入れることを派遣先に禁止する合意。これは先行する派遣の終了後における、又は派遣を先行させる形での職業紹介に関する派遣元と派遣先との間における相当な報酬の合意を否定するものではない」と定める。橋本氏は同条項を「労働者派遣契約に職業紹介契約の趣旨を含めることを許容する規定」と理解し、それに倣い、日本でも「派遣の途中で職業紹介に切り替え、派遣元に派遣先から手数料を支払うという仕組みを可能とする」立法が有意義であると考

---

[65]　橋本・前掲注60) 49頁。

えられた。

　労働関係が「もはや存在しない」というのであるから、当該規定は、「派遣の途中で……」ではなく、以前には派遣元との労働契約関係が存在していたが、それが解消された後の状態についての規定である。ドイツ派遣法1条(1)によれば、「労働者の派遣と就労は、派遣元と派遣労働者との間で労働関係が存在している限り許される」から、労働契約関係が解消していれば、当然、派遣もないし「派遣の途中」ではない。それが、何故、職業紹介の趣旨を含める契約を許容する契約として存在する（している）と解されるのか。そもそも、立法論の前提の存在が疑われる。ただ、ここでは指摘するに止め、とりあえず、橋本氏のような理解があり得るものとして、論を進める。

　ドイツでは派遣終了後に労働者が従来の派遣先に承継された場合は職業紹介により雇用されたとみなされる。橋本氏は、その際、上記条項が紹介手数料を相当額に限定することを重視し、手数料の額をめぐる紛争を紹介される。しかし、手数料は派遣先と元という企業間の問題でしかない。日本では、労働者の立場が関わる、派遣を「職業紹介に切り替え」ることの必要性の確認が先決であるし重要である。そこで、もっぱら「切り替え」問題の検討が不可欠になる。

2　問題検討の前に

　まず、派遣に関わる法制度の枠組みを概観し把握しておきたい。

(1) 法制度の枠組み

　自己が支配下におく労働者を他に提供（以下、「労働者供給」、派遣という2つの類型を合わせて「提供」という）してその指揮命令に従って就労させることについて、その捉え方が異なる。日本では職業安定法により労働者供給事業として禁止されてきたが、ドイツでは「提供」の法的性格は「私的職業紹介」と解されており、「提供」は公的な職業紹介に限定する法令に違反する行為とされてきた[66]。

---

66)　大橋『弾力』1頁、本庄『役割』308頁等。

(ア) 日本

わが国の派遣法は、適法な派遣を定義し（2条1号）、派遣の運用に関わり、対象業務の限定（4条）、事業の許可制（5条以下）、派遣元に対する個人情報の取扱い規制（24条の2）等を定め、労働者派遣契約の締結を義務づけ（26条）、派遣労働契約締結に対する規制（31条の2、32条等）、契約解除の規制（27条）、派遣可能期間の制限（35条の2）さらには派遣先を「使用者」と見做して労基法、労働安全衛生法上の諸規定を適用すること（44、45条）等々を定め、一定の違法派遣については労働契約申込みみなし制度（40条の6）を設けている。

(イ) ドイツ

ドイツでは派遣は派遣元と労働者との間に「労働関係」が存在する場合にのみ許容される（1条1項）。同規定に違反した場合は9条1項ないし1b条および10条が準用される（10a条）。

9条1項は派遣が無効と判断される場合を列挙する。派遣元が事業許可を得ていない場合は労働者派遣契約、派遣労働契約ともに無効となり（1号1）、派遣可能期間を徒過している場合（1号1b）、派遣元との労働関係がない時に派遣先に労働者の雇用を禁じるとか（1号3）、労働者に紹介手数料の支払いを義務づける約定（(1) 5）等の合意は無効とされる。10条1項は、派遣が違法無効とされた場合、就労開始予定の時点で派遣先との間に「労働関係」が成立したものとみなすと定めており、その「労働関係」は実質的には「労働契約」だと理解されている[67]。

橋本氏は「派遣元との契約関係の終了はその理由を問わない」と記されるが、違法を理由とする無効の場合は10条1項によって対応されるから、9条1項はそれ以外、つまり契約期間満了による契約の終了の場合、派遣元が従来の派遣労働者が他の企業と労働契約を結ぶことを禁ずる条項の無効等を定めるもので、労働者の労働契約締結の自由を保障する規定である。違法派遣に対する民事制裁ではなく、適法な派遣制度の維持や二者間の労使関係へ誘導する政策的立法である。

橋本氏は「相応の報酬についての約定を排除しない」と定める3号2文は派

---

67) 本庄『役割』312〜313頁。

遣契約自体に「職業紹介契約の趣旨を含めることを許容する規定」と解されるが、そう解することの根拠についての解説はない。

(2) 立法論提起の必要性について
　橋本氏は、日本の現行の派遣法では解決できないと認識されるからこそ、「派遣の途中で職業紹介に切り替え」る立法を提案された。だが、現行法についての当該認識は正確とは言い難い。

(ア) 派遣法 33 条について
　派遣法 33 条は「派遣元事業主は……正当な理由がなく……雇用関係の終了後雇用されることを禁ずる旨の契約を締結してはならない」と定める。橋本氏は、同条は「派遣元との雇用関係の終了後に派遣労働者が派遣先に雇い入れられることを制限する合意を禁止する」規定であると説明された。ところが論文後半に至って、「派遣から職業紹介への転換を可能とする合意は、現行では、派遣法 33 条の雇用制限の禁止に抵触する」と述べられる[68]。
　派遣終了後、派遣元による職業紹介という手順を踏むか、それとも派遣先が当該労働者の就労状況を評価して直用を働きかけるか、あるいは労働者が職場環境などに好感を憶え自主的に採用を申込むか、経路がいずれであれ、従来の派遣先と労働者が労働契約を結ぶことは自由である。職業紹介により合意に達すれば派遣先に雇い入れられることになるが、同条は「職業紹介への転換を可能とする合意」を禁止するものではなく、むしろ、その自由を保障するものである。橋本氏は 33 条を誤解されているのではあるまいか。

(イ) 紹介予定派遣について
　紹介予定派遣は派遣法 2 条 4 号によれば「あらかじめ派遣先に雇用されることを予定して行なわれるもの」なので偽装請負事件には対応できないと解し、それも立法論を説く理由の一つとされる[69]。
　だが、同 4 号但書きは「雇用される旨が……役務の提供の終了前に当該派遣労働者と当該派遣先との間で約されるものを含む」と述べており、「……含む」

[68) 橋本・前掲注60) 50、52 頁。
[69) 橋本・前掲注60) 50 頁。

であることからも判るように、紹介予定派遣の本体は、「派遣の役務の提供の開始前又は開始後に……職業紹介を行い、又は行うことを予定してする」派遣を指すだけであって、紹介を受けた派遣先が必ず採用することを約しているとは限らない。そうであるからこそ、労働者にメリットはないにもかかわらず、一般には禁止される派遣労働者の「特定」を派遣法26条6項が紹介予定派遣については例外として労働者派遣契約締結の段階で許容することは、企業（派遣先）はその形式を利用して労働者の特定という便宜だけを得るのではないか、という批判がある[70]。

(ウ) 日本の法状況と立法論

橋本氏のいう、労働者が派遣終了後に派遣先に職業紹介されることを妨げる規定は存在しない。現行法の下で、派遣法33条は適法な派遣が終了した場合、職業紹介を経るか否かにかかわらず派遣労働者が自由に従来の派遣先と労働契約を結ぶことを保障している。また、40条の6は所定の違法派遣があった場合、自らの判断（承諾）で従来の派遣先と労働契約を結ぶことを保障している。紹介予定派遣という手法も利用可能である。それとは別に、「派遣から職業紹介への切り替えをより柔軟に認める」立法が必要とは考えられない。

現行法についての誤解が重なり、橋本氏は自ら立法論の基礎を失くしている。

(3) 橋本氏の立法論の意図・射程

橋本氏は、どのような法的紛争を解決するために派遣を「職業紹介に切り替え」る当該立法論を提起されるのか、その意図が明確ではない。違法派遣を「職業紹介に切り替え」るのか、適法な派遣を対象とするのか、あるいは、違法な派遣も適法な派遣もすべて含んで対象とするのかを明確にする必要がある。さらに、実情を観るならば、二重派遣の場合の第二次派遣先、二重の偽装請負の場合の最終注文主に対して行なうのかも明確にしておかなければならない。

竹中工務店事件では下請業者キャリアに雇用された原告は派遣法40条の6に基づき元請のTAKと注文主の竹中工務店に同時に「承諾」の意思を伝えている。橋本氏は、注文主に直接雇用されることが適切であるとはいえず、原告

---

[70]　萬井『法論』117頁、同旨、本庄『役割』312頁。

は元請けのTAKが雇用し、注文主の竹中工務店へ派遣される形で解決されることが「望ましい」とし、「Y_2（TAK——筆者注）がY_3（キャリア——筆者注）に対して手数料を支払うことで、Y_3がX（原告の——筆者注）を失うことによる損失を補償することが可能となる」と述べられる文脈から判断すると、下請（キャリア）から元請け（TAK）に対して職業紹介に「切り替え」る趣旨の立法論を念頭に置かれていると推測されるが、実際に立法作業を進めようとすれば、様々な態様の派遣を整理し、どの態様の派遣について、どの企業に対し職業紹介に切り替えるのかを明確にすることが不可欠である。労働者の意思の確認についても適切な規定が求められる。「望ましい」解決策が実現する条文案を具体的に提示される必要がある。

3　派遣の態様と「職業紹介への切り替え」

ドイツでは「提供」の法的性格は「私的職業紹介」と解されるから、違法であれ、派遣によって「職業紹介」を受け、労働者を指揮命令下において就労させている以上、黙示の労働契約の成立を認定する可能性は大きいと考えられる。しかし、「労働者供給」とされる日本では、供給先と労働者は事実上の労働関係が存在するだけであり、両者の間に黙示の労働契約の存在を推定することは困難である。労働契約がないまま指揮命令して就労させるからこそ違法として禁止される。

そういう法的環境の下で、単純に、ドイツ派遣法にある紛争処理の手法に倣って派遣法を改正することはできない。少なくとも、法的性格の異なるものを架橋する必要がある。橋本氏の立法論からはその「架橋」の論理を読取ることができない。

(1) 派遣の問題点

適法な派遣が行なわれている時に、派遣先がそれを直接雇用に転換させることは想定し難い。他方で、当事者の協議により、いつでも直接的な労働契約関係への移行は可能である。しかし、企業（派遣先）は、直接雇用によって負わなければならない労働法上の使用者としての責任を免れることにメリットがあると判断したからこそ、派遣という就労形態を利用することを選んだのであって、自然に自ら主体的に直接雇用へ移行するわけがない。

派遣は雇用と使用が分離する点で、不安定就労の典型であるが、労働者派遣という就労形態を法律で容認している以上、それが存在することはやむを得ない。それだけに派遣自体への賛否が議論されるとしても、適法な派遣について現行法にあえて職業紹介に切り替える規定を設けることに合理性があるとは考えられない。橋本氏も適法な派遣についてそのような立法論を提唱されているわけではあるまいが、そのことが明白でないため、立法論の内容は不鮮明、曖昧である。

(2) 立法論のモデル
(ア) 橋本氏のモデル——ドイツ法9条1項3号
　ドイツ法10条1項は、派遣元が許可を得ていない（1条1）、同一労働者を18ヵ月の派遣可能期間を超えて同一派遣先に派遣する（1条1b）等の場合に、派遣先との間に労働契約の存在を認めるもので、橋本氏は日本の派遣法40条の6の「モデルともいえる」と述べられるだけである。
　立法論としては契約を無効とする例を列挙する9条1項3号をモデルとされるが、同条項は派遣終了後の状態、したがって、派遣元、派遣先と労働者とは互いに法的に拘束されない状態における、派遣先に労働者の雇用を禁じる「約定」を無効とするだけである。現に派遣されているとか、派遣契約が存在するわけでもない。したがって、派遣が違法か適法かを論じる意味がある状況にもない。その状況下で、同条項を、派遣契約に職業紹介契約の「趣旨を含めることを許容する規定」と解されるのだが、何故、そう解されるのか、理由を推測することができない。

(イ) 事案と立法のモデルの不適合
　竹中工務店事件判決評釈において提起されたから、誰しも、違法派遣（労働者供給）の状況を前提とした立法論と理解されるであろう。だが、何故、違法派遣に関し、民事制裁としての意義を有するドイツ派遣法10条ではなく、仮に、9条1項3号が派遣契約に職業紹介契約の「趣旨を含めることを許容する規定」であるとしても、それをモデルとされるのか不可解である。また、職業紹介に移行したからといって、違法派遣の状況に置かれた労働者がどのようにして救済・保護されるのか、その道筋・論理も不明である。紹介されたからといって確実に労働契約締結に進むわけでもなく、採用拒否されれば、通常は救

済の方法はない。橋本氏は、その肝心の問題には応えようとはせず、ひたすら、紹介手数料の額の「相当」性だけを論じられる。

9条1項3号は、過去に派遣が行なわれたが、現在は、派遣は終了している状況を前提とする。過去の派遣が終了した後、旧派遣先に当該派遣労働者が雇用されたからといって、必ず、それに対して独自に何がしかの「紹介手数料」を支払う合意があるとは限るまい。紹介される3件はいずれも、適法な派遣関係が終了した後、引き続き、三者が合意して、労働者が旧・派遣先に承継されたが「紹介手数料」の額の相当性が争われた事案を紹介されている。つまり、事実関係が「派遣から職業紹介へ」転換し、その際の、「紹介手数料」の額の「相当」性が争われたにすぎない。

(ウ) まとめ

ドイツ派遣法9条1項3号は、派遣が終了し、次は、(派遣ではなく)従前の派遣先に直接雇用されようとする状況において、1文は当該雇用を妨げることを禁止し、2文は職業紹介料の額について規定する。橋本氏が日本の職業安定法の有料職業紹介の紹介料に関連して立法論を提唱されるのであれば理解できるが、それには一言も触れないで、ドイツ法の職業紹介料についての判例を詳しく紹介される。紹介される3つの判決では、いずれも労働者は直接雇用へ移行している。橋本氏は竹中工務店事件高裁判決を是とされ、現行法が定める、注文主による直用化を否定的に解される。となると、元請からの派遣が「望ましい」といいながら、派遣を職業紹介に切り替えて、紹介先(従前の派遣先)との間で労働契約が成立すれば、橋本氏のいう「望ましい」形態ではなくなるのだが、その状況を導くドイツの判例を紹介される意図が判らない。

二重の偽装請負事件の判例評釈の一部であることもあって、特に奇異に感じざるを得ない。立法論は目標を見誤ったために徒労で終わった観を否み得ない。

4 小括——徒労の中に浮かぶ問題

立法論の眼目は派遣から職業紹介への転換であったはずである。だが、何を要件とし、あるいは派遣のどのような状況において、その転換を行なうのか、発議するのは派遣元、先のいずれなのか、労働者の意思の確認は保障されているのか等々、その眼目に照応する説明は皆無である。最後に「派遣先に雇用さ

れることは、派遣労働者にとっても望ましく」と書かれるが、それ以前の、元請による雇用－注文主への派遣が「望ましい」という主張とは相容れない。両者はどのような関係になるのか。結局、立法論からは得るものはないが、理論展開から教訓として学ぶべき点がある。

第一は、解釈論の重要性が改めて明確になった。派遣労働者の雇用制限禁止に係る派遣法33条、紹介予定派遣に係る2条4号の読み誤りや、派遣法の罰則規定内容の確認不足がある。それが基礎となっている立法論なので、目標が不明であることも加わり、叙述の内容に説得性がない。法解釈の重要性が再確認された。

次は、解釈論であれ立法論であれ、広い視野を持つことの重要性である。紙幅に制約はあるとしても、ある問題を取り上げるからには、それに関連して論じておくべき問題がある。たとえば、職業紹介されたとしても、紹介を受けた派遣先は採用を拒否することもあり得る。ドイツでは理論的にどのように扱われ、あるいは実務的にどう処理されているのか。また、派遣の基本的性格を「私的職業紹介」と観念するからには、違法であっても違法提供先と労働者との間には黙示の労働契約が成立したと扱われるといった議論は存在しないのか。ドイツでも二重の偽装請負は存在するであろうが、ドイツ派遣法9条1項はどのように適用されているのか等々。立法論を提起されるからには、そこまで視野に収めて論旨を展開されることが期待される。

さらに、どのような問題についても、見解を異にする研究者は存在する。その人たちを説得する気概を持つ必要がある。たとえば、二重の偽装請負の場合、注文主と「無期の雇用関係が成立するという結果が必ずしも適切」とはいえない、元請けに雇用されてから注文主に派遣される就労形態が労働者にとっても「望ましい」と繰りかえされるが、労働契約申込みみなし制を有する現行法制の下で、それとは別に、何故、わざわざ元請けによる雇用－注文主への派遣という形態が「望ましい」のか。直用よりも派遣が「望ましい」という論者は多くはないと推測されるが、他の人々を説得するだけの努力はされるべきであろう。

最後に、最も重要なことであるが、労働法論に携わる以上、労働者の存在、その意思を無視してはならない。提案によれば、手数料を払えばキャリアが労働者を「失う損失を補償」し、適任者を探していた竹中工務店はTAKから「受け入れるという方法」で解決し、「当事者全員にとって望ましい」と言われ

る[71]。だが、その「当事者」には労働者が含まれていない。竹中工務店に対し労働契約関係の確認を求めた労働者の存在を無視することは許されない。注文主、元請、下請の企業間だけで職業紹介を決めても、紹介されるだけのことだから、その時点で労働者の意思を問う必要はないということなのか。それならば、企業間での合意とは別に、元請が労働者に派遣労働契約の締結を申込めば済むことである。紹介料の「相当」性は労働者にとっては何の関係もない。

　立法論としては肝腎な、現行法に加えて（あるいは、それに代えて）、試案として具体的な条文を提示されないから、何を提案されたのか判然としない。目標も定まらないまま、現行派遣法についての誤った解釈論に、事案の参考にはならないドイツ法の構造を上載せするだけで、しかも、労働者の意思を無視されている。それでは労働法の存在意義を忘れた理論に堕しかねない。労働者不在の労働法規はおよそ成り立ち得ないことを銘記されるべきである。

---

71)　橋本・前掲注60) 50頁。

第4章　判例評釈

第1節　解　題

1　「判例評釈を評釈する」意義

　労働事件に係る判決は、労使間の紛争をめぐり、労使双方が主張し、それを裏づけるために提出された証拠を検証し、それらを総合して下した裁判所の最終的な判断である。重要と観られる事件については判例評釈が書かれるが、評釈するためには、当該事件の双方の主張と証拠、それについて判決で示された裁判所の判断を丹念に検討しなければならない。当事者の主張や裁判所の事実認定および認定された事実についての法的評価は具体的であるから、評釈は一般論では済まされない。執筆者は労働法の関連する条文に眼を通すとともに、認定された数多くの事実の総合的な法的評価を行なうことが求められるから、評釈には執筆者の労働法についての理解だけでなく、事実を観察し分析する能力、それに法を適用する判断力が求められる。それだけに、判例評釈を対象として評釈することは執筆者に対する研究者としての評価をすることに繋がらざるを得ない、一種の危険を伴うが、そういった一連の作業は判例評釈の内容を豊富にし、充実させるとともに、関連する他の裁判に影響を与える可能性も増す。そこで、判例評釈を評釈する研究という一つのジャンルが充分に成り立ち得る。今後、「判例評釈の評釈」が頻繁になされることが望ましい。

2　偽装請負に係る判例評釈について

　請負契約の請負会社の従業員が、実態としては注文主から就業について具体的な指揮命令を受けて就労する労働者であったと主張して、黙示の労働契約の存在の認定を請求した事案は多い。それが事実と認定されれば、注文主と労働者の間に黙示の労働契約が成立していたと認められるから、その認定が訴訟の焦点となる。請負契約で就業する者の「労働者」性は偽装請負の認定と表裏一体である。具体的な例を挙げてみたい。

(1) DNP ファイン事件について

　ユニに採用された原告が、ユニとミクロ、さらにミクロとDNPファイン（三社はいずれも大日本印刷の100％出資会社である）との業務委託契約に基づき、DNPの工場で光学機能フィルムのプリント基板製造に従事したが、工程で利用する設備や機材は大日本印刷ないしDNPの所有であり、勤務体制はDNPが作成した3組2交替のシフト表に定められた工程ごとにDNP社員が班長ら管理職として就き、ユニの従業員は原則として「作業内容が標準化された比較的単純定型作業……製造付帯業務」に充てられた。生産数量に応じ体制を変更する際は、DNPの班長がユニなどの意見も聞いたうえで班編成を決定した。原告はバフ研磨機生産を担当した後、バンプ工程に替わり、担当業務は貫通、A班〜C班の回路、貫通としばしば換えられた。

　全体朝礼後、各人の作業する位置を示した設備配置版でシフトを確認して「作業予定表」に従い、「製造指示書」に基づいて作業を行なった。設備の故障・不具合の発生や不良品の判定があった時はDNP社員であるサークル長の指示に従い、作業終了の際は、DNP作成の書式により「生産実績表、作業時間表、設備日報及び引継ぎ連絡シート」を作成した。受注減を理由に2009年1月、DNPはミクロとの、ミクロはユニとの業務委託契約を解除し、原告は解雇された。

　原告は、それらは偽装請負であり、DNPとの間に黙示の労働契約が成立しているとして、その確認と併せて不法行為による損害賠償を請求した。

　さいたま地裁は、DNPが「作業上の具体的な指揮命令をしていた」から偽装請負であり労供事業にあたると判示し、原告の主張を認容したが、東京高裁は、地裁の事実認定はほとんど踏襲しながら、原告が担当したのは標準化された単純作業で「基板を製造する過程の一部として前後関係にあるものの、それぞれ独立」した作業で、DNPが「直接指示する関係が生じていた」とはいえない、掲示された人員体制表は「各作業員がどの班に所属してどの工程を担当しているかを記載した」だけで、DNPが班編成をしたことまで示すものではない、バンプ後工程では「作業に当たって作業予定表及び製造指示書を参照するほかに逐一指示を要しない」、ユニは現場管理者等を配置し、独自にスキル評価や教育を行ない「基本的な労務管理は行っていた」から、ユニは自ら従業員を指揮命令していたとして、請求を棄却した。

偽装請負事件において黙示の労働契約の存在認定の分岐点は、注文主が請負会社の従業員を直接指揮命令して就労させていたか否かの認定である。地裁はそれを認定し、高裁は認定しなかった[1]。

　濱口桂一郎氏は、判断が分かれたのは、「注文主と請負人の双方がいずれも指揮命令している」場合、それを偽装請負と判断すべきかについての見解の相違であるが、「注文主が少しでも指揮命令をすれば直ちに請負ではなくなり労働者供給事業ないし労働者派遣事業になるとされているわけではない」、建設業や製造業においては、労働安全衛生法は「安全衛生に関わる指揮命令は注文者ないし元請事業者（の労働者）からも請負人の労働者になされることを求めて」おり、「広義の指揮命令は両者からなされるのが前提」で、「労働災害の危険性は作業のあらゆる部面において生じ得る以上、具体的な作業に関わる指揮命令は安全衛生上の観点から注文者側からされる可能性があり、そのことを捉えて偽装請負の徴表とすることはできない」と述べ、本件ではDNPが行なっていた原告らに対する指揮命令はその観点から正当化し得ると主張された[2]。

　しかし、濱口氏の事実認定についての理解は不正確であり、法解釈については安衛法の構造やその規定の趣旨を曲解されており、いずれも妥当とはいえない。

　事実についていえば、就業に関わる指揮命令はもっぱらDNPが行ない、ユニら下請業者はDNPの指示を単に伝えるだけであった。DNPが「作業予定表」を作り、日々、各人の作業する位置を示した「設備配置版」を確認させ、「製造指示書」を示し、作業終了時には「生産実績表……設備日報」等を提出させて作業内容を確認して次に引き継ぐ体制をとり、回路、バンプ等の各作業サークルに配置したサークル長を通じて全体の工程をつぶさに把握し、確認していた。判決は「人員体制表」は「各作業員がどの班に所属してどの工程を担当しているかを記載した」記録にすぎないというが、「表」が掲示されていた掲示板とその場所、作成日と記載内容を照合すれば当該判断は誤りである。書証（甲第16号）をみれば判るが、当該「表」は過去の「記録」ではなく、掲示日以降の人員配置も記載されている。DNPが回路、バンプ等の区分ごとの「班編成」

---

[1] DNPファイン事件・さいたま地判平27.3.25労旬1859号41頁、同事件・東京高判平27.11.11労旬同号32頁。
[2] 濱口桂一郎「偽装請負と黙示の労働契約の成否」ジュリ1499号（2016年）120～122頁。

と個々の労働者の配置（担当業務）予定を「作業予定表」および「人員体制表」という一覧表の形で示し、それを組み合わせて、作業体制の決定・指示を周知し、現にそれに従って作業は行なわれた。それらの「表」は、それに従って就業するよう下請作業員に指示するものであり、それゆえ、労働者が閲覧するよう掲示板に掲示することによって周知された。濱口氏は事実関係を全く把握されていない。「注文主が少しでも指揮命令をすれば……」といった程度のことではない。

書証の確認などは実務家（代理人弁護士と裁判官）の仕事で、研究者はそこまでする必要はないという見解がある。しかし、事実の認定、その法的評価、訴えの当否の判断は一連のもので、出発点の事実認定について代理人の主張や裁判所の判断に問題があれば、それを糺し、事実を正確に把握する作業を避けるわけにはいかない。そのために書証を読み、確認することは研究者としても務めるべきである。私は、代理人（弁護士）に依頼しても準備書面さえ提供を断られ閲覧できなかったことがあるが、それは別の問題である。

法解釈についていえば、安衛法は、労働者の安全衛生に関わる責任は雇用主である使用者が負うべきものとする労働法の原則をあくまで堅持している（安衛法3条、10条等）。例外的に、多重請負の場合、「最も先次の請負契約における注文者」を「元方事業者」、建設業、造船業など等では「特定元方事業者」と呼んで、「特定元方事業者」には統括安全衛生責任者を指名させ、当該責任者が複数の下請事業者に対し、「作業が同一の場所において行われることによって生ずる労働災害を防止するため」の措置をとらせる（安衛法15条）。

統括安全衛生責任者は、「作業が同一の場所において行われることによって」起こる労働災害、つまり、複数の下請の業者がそれぞれ請負った別の業務を「同一の場所」で同じ時間に遂行することによって、業務指示が錯綜し、それに起因する労働災害を防止するために、各下請業者が負う安全配慮義務の履行の調整を行なうことを職務内容とし、その権限を付与されている。具体的には、安衛法は、特定元方事業者および同事業者が指名する統括安全衛生責任者が「講ずべき措置」として、下請業者らの「協議組織の設置及び運営」「作業者間の連絡および調整」、作業場所の巡視、関係請負人による安全衛生教育の指導・援助、工程の計画および作業場所における機械等の配置計画の作成等を列挙している（30条）。統括安全衛生責任者は下請労働者の業務遂行はおろか、安全

衛生に係る事柄についてさえ直接指示することを想定してはいない。後次の下請企業が負う使用者本来の安全保持義務の履行を監督し、督促する使命を負わせる形をとって労働法の原則を堅持している。活動の目的はあくまで労災防止であり、執られる「措置」は、本来の業務遂行に関わる「指揮命令」とは異質である。「労働災害の危険性は作業のあらゆる部面において生じうる」といった漠然とした根拠で「安全衛生上の観点から」注文者の「具体的な作業に関わる指揮命令」を認めるというものではない。濱口氏は、安衛法の基本的考え方や全体の構造を理解されず、統括安全衛生責任者の職務内容もその権限も理解されていない。

濱口氏はDNP事件を「注文者と請負人の両方が労働者に指揮命令をしている……不完全偽装請負」と観られるが、現実には、作業計画の立案・決定も業務上の指示もすべてDNPが行なっており、ユニ等が行なっているのは精々、出退勤、欠勤等の管理や独自のネームプレートを肩にクリップで留める指示といった類に限られており、業務遂行のための指揮命令とは程遠い。そのような状況では、安衛法15条が想定する複数の事業者による指示が交錯するが故の安全問題は起きることもなく、そもそもDNPファイン事件は安衛法上の例外措置条項が適用されるような事案ではない[3]。DNPファイン事件について安衛法を持ち出すこと自体がまったく筋違いである。

(2) 竹中工務店事件について

二重の偽装請負における派遣法40条の6適用が問われた初の事件であったため、注目された。労働法律旬報2040号が「判決批判」特集を組み、原告弁護団の他に5人の研究者が執筆した。しかし、同じ判決についての評釈がこれほど多様であるかと驚かれる内容であった。一読し、比較検討し、それらの「評釈を評釈する」に値する。

(3) ハンプティ商会（AQソリューションズ）事件について

ハンプティ商会（H）から請負ったソフトをカスタマイズする業務をAQソリューションズ（AQ）は原告に請負わせ、原告はHの指揮命令に従って就業し、

---

[3] 萬井『法論』268～274頁、277～280頁、萬井評釈13＝労旬1859号22頁、萬井論文28＝労旬1934号32～34頁。

それについて派遣法40条の6の適用の可否が争われた事案である。

　原告が9.30通達を考慮し、AQとの間に黙示の労働契約があると理論構成して単純な偽装請負事件として提訴し、東京地裁はその主張にそって審理したが、本来は二重の偽装請負事件として、9.30通達にも留意しながら同条項の適用を検討すべきものであった（本書第2章第1節2（5）参照）。

　桑村裕美子氏は原告主張、地裁判決をそのまま承けて評釈されるため、東京地裁の認定で黙示の労働契約が成立したと解され得るのかといった問題を指摘されるにとどまる[4]。鎌田耕一氏は、事案を単純な偽装請負とみたのか、二重のそれとみたのか立脚点が不確かなため、評釈の視点が揺らいでおり、一貫性に欠け評釈全体の筋が通らない[5]。

(4) 労働者性をめぐる判例について

　業務請負、委託などの名称の契約に基づいて、注文主の指示を受けて就労する者（フリーランス）の労働者性が争われた例は多い。それらは別の角度から見ればいずれも偽装請負事案である。原告が事業者と認められれば労働者性を否定される。

　労働基準法研究会（石川吉右衛門会長）は1984年に『派遣・出向等複雑な労働関係に対する労働基準法等の適用について』を、1985年には『労働基準法の「労働者」の判断基準について』を公表したが、本来ならば不可欠な、それを批判的に検討する基礎作業は回避して、それ参考とするか、そのまま具体的な事案に当てはめる評釈が多い。

(a)　傭車運転手の労働者性に関する横浜南労基署長（旭紙業）事件において地裁は労働者性を認め、黙示の労働契約の成立を認定したが、西村健一郎氏は、「運送先及び納入時刻の指定（は）……運送経路、出発時刻の管理」の意味は検討が不可欠であるという指摘にとどめ、納入時刻を午前8時頃と指示されることが多く、それに間に合わせるために、午前6時過ぎには自宅から配達に向かう必要があり前日に荷積みをしておく必要があったといった問題の意義につ

---

4)　桑村裕美子「労働者派遣法40条の6第1項5号の『免れる目的』」の有無」ジュリ1562号（2021年）130頁。

5)　鎌田耕一「下請事業者がフリーランスを元請事業者の事業所内で就業させたことの『労働者派遣』該当性」季労282号（2023年）200頁。萬井評釈20＝労旬2007号47頁および本書第2章第2節2(3)。

いても自らは分析することもないまま、事実を紹介するだけで済ませ、「限界的なケースではあろうが、妥当な結論」と肯定的に評価された。にもかかわらず、同事件について労働者性を否定した最高裁判決については、以前の自らの評価を忘れたかのように、一転して、「この種の紛争に関する先例として重要」と評価される[6]。同一の事案であり、当事者は同じ主張、同様な立証を行なったのだが、相反する2つの判決を2つとも支持することは通常はあり得ない。

ちなみに、藤原稔弘氏は、最高裁判決について、事業者性評価が形式的であり、経営政策上、「事業遂行に不可欠の労働力として事業組織へ組入れられている」ことの意義が検討されていないことを批判し、「当事者の主観的認識や意図は重要な意味を持つ」としても、それが「客観的な利益状況から推認され」ていない点に疑問を呈された[7]。ただ、難を言えば、一般論的な叙述であり、自身は事案の具体的事実関係に即して検討はされなかった。その問題点（弱点）が次に見るソクハイ事件評釈で表面化する。

(b) 「労働者」性は「事業者」性を対置して検討することが多い。一般論としては生産手段を所有し、自らの裁量によって作業を行なっている場合は「事業者」と認められ、「労働者」性は否定される。問題は、何を基準として「事業者」と判断し、「生産手段」とは何を指し、「自らの裁量」は何をもって認定するのかについての具体的判断である。

ソクハイ事件では、バイク・メッセンジャーとして運送業務請負契約を結び、毎月20日までに翌月の稼働予定表に記入し、限定されたエリア内で、指示された荷受先で荷物を受け取り、所有の自転車で配達する業務に従事していた。荷届が終わるとただちに携帯電話で営業所に伝え、携帯の電源は切らないで次の配送の指示を待って待機する。配車係は、注文が入ると、当該荷受先に最も近い場所に待機している者に配達の指示を出す。報酬は取扱った配送料金に定率をかけた出来高給であった。業務の再委託は禁じられていた。契約終了を告げられた原告が「労働者」であったと主張し、合理的理由のない解雇は無効で

---

6) 横浜南労基署長（旭紙業）事件・最1小判平8.11.28労判714号4頁、西村健一郎「専属的車持ち込み運転手の労働者性」民商110巻6号（1994年）175頁および「専属的車持ち込み運転手の労働者性：横浜南労基署長（旭紙業）事件」判時1606号（1997年）225頁。
7) 藤原稔弘「車持ち込み運転手の労災保険上の労働者性」学会誌91号（1998年）138頁。

あるとして地位の確認を求めた。

　東京地裁は、伝票の記入、配送等の手引書に基づき統一的画一的な稼働を目指し、特定の場所での待機や配車係からの指示、「荷物を受取後、直ちに出発し、最も合理的な順路で走行」すること等はすべて「即時性を尊ぶ……配送業務の性質による」もので、「労働者に対する指揮命令に特有なもの」ではないし、配送依頼の辞退は妨げられてはいないから、使用従属性は存在しない、とした。東京高裁は、地裁の判断をほぼ継承しつつ、稼働日・時間を増やして報酬を増やすか減らすかは「自由に選択することができた」と追記し、最高裁は上告不受理とした[8]。

　藤原氏は、稼働日は自由に設定できた、個別の配送依頼に対する諾否の自由はあった、配送時間の短縮も可能であったし、自転車、携帯電話の所持の費用を「自らの裁量により調整節約し、実質収入を増やす」余地があったと指摘して原告の事業者性を肯定し、労働者性を否定される[9]。

　しかし、配車係の業務連絡は、性質上、一般の労働者に対する業務命令に勝るとも劣らない拘束機能を持っている。たしかに稼働日の設定や配送依頼を拒否する自由はあるが、それは観念的なもので、年収は原告の一人は201万円、もう一人は224万円で、東京の物価等を考えれば、仕事をしなければ収入が途絶えるから現実には辞退できないし、稼働時間を減らし報酬を減らす選択肢はない。配送依頼の辞退は妨げられていないとしても、配送の依頼を断れば、ただちに別の者へ依頼（指示）が回るだけのことで、辞退すれば次の指示が入らなくなる可能性を懼れない者は居まい。経済的従属性という概念を理解し、就業者の実情や生活問題を具体的に考察すれば、配車係からの指示は、対等な当事者間における業務受託上の「注文」ではなく、労働法上、就労に関わる「指示」と判断すべきである。たしかに自転車を急いでこげば時間短縮は可能としても、僅かな時間でしかない。自転車や携帯電話は就業するための必需品であり、買替えによる節約効果はあるとしても、僅かな額、しかもその時一回限り

---

[8] ソクハイ事件・東京地判平25.9.26労判1123号91頁、同事件・東京高判平26.5.21労判1123号83頁、同事件・最3小決平27.7.21（不受理）。
　なお、ソクハイについては別件で、メッセンジャーと所長を兼任していた就業者に係る事件があり、東京地裁は、メッセンジャーは「労働者」に当たらないが所長は「労働者」であると判示した、同・東京地判平22.4.28労判1010号25頁。

[9] 藤原稔弘「バイシクルメッセンジャーの労働基準法上の労働者性」判時2108号（2011年）185頁。

のことで、買い換えによって継続的な実質収入の増加など見込めまい。自転車等は今や誰でも（学生でも専業主婦でも）持っているもので、「事業」を営むという認識に馴染むようなツールではない。藤原氏の指摘はどれも現実離れした空論という以外にない。

(5) まとめ

　研究者は一旦公表した論文等についてはいかなる批判も甘受せざるを得ない。当該批判を受け入れ難いのであれば、それに対し反論する以外にない。批判、反論を避けないで論争が行なわれることは労働法学の発展につながる[10]。冒頭に述べたように、「判例評釈の評釈」が活発に行なわれることを期待する。

第2節　東リ事件・神戸地裁と大阪高裁の判断を分けたものは何か[11]

　労働者派遣法の2012年改正の際、一定の違法派遣が行なわれた場合、その時点で当該派遣先は労働者に対し労働契約の締結を申込んだものとみなし、その承諾により労働契約の締結が認められるとして労働者の雇用安定を図る40条の6が新設された。施行は3年後とされたものの、施行後は同条による申込みみなし—労働者の承諾による労働契約の存在確認を求める事案が相次ぎ、それを拒否する企業との間で訴訟も起こると予測されたが、実際には多くはなかった。

　東リ事件は少ないうちの一つで、かつ最初に判決に至った事案である。神戸地裁第6民事部は偽装請負と認定しなかったが、控訴審の大阪高裁第2民事部は認定し、同条の適用を認め、雇用関係確認の請求を認容した。地裁判決と高裁判決を分けたものは何か。それを確認することは、上告審における審理を見守るためにも、また、他の事案において派遣法40条の6の適正な適用を定着させていくためにも有意義であろう。

　地裁は事実の紹介に18頁を充て、10頁を割いて判決理由を述べ、偽装請負

---

10) 萬井論文27＝龍谷51巻1号123頁。
11) 本節は、東リ事件・大阪高裁判決についての特集（労旬2003号）に投稿したもので、若干の字句修正をした。事実関係および判決の紹介は、代理人弁護士・村田浩治に委ねた。なお、本書第2章第2節5 (1) (イ) (a) でも言及している。

を否認した。これに対し高裁は、基本的には地裁の認定した事実を引用し、若干の補正を施したうえで事実関係を22頁にわたって詳細に述べ、7頁を割いて理由を説いて偽装請負を認定した[12]。

高裁は、さらに脱法目的に3頁、承継される「労働条件」に4頁、原告Fの「承諾」の時期に2頁と続く。その構成からみても、明らかに認定した事実の法的評価が重要な位置を占めている。といっても、高裁はとくに際立った法理論をとるわけではなく、社会常識をふまえながら淡々と事実を法的に評価し、結論に至っている。

1　偽装請負の判断基準
(1) 職業安定法44条と派遣法

職安法は労働者供給事業（労供事業）を禁止し、違反に対しては行政指導と刑事的規制をもって対処する。派遣法は労供事業の一部を「労働者派遣」という概念で括って合法化し、違法派遣に対しては基本的には民事的規制を行ない、それに加えて行政的、刑事的手法を織り交ぜて対処する。三者間の労務提供関係について法的性質を異にする2つの手法が機能分担をし、両者が相まって、全体的に適正な運営を図っている。派遣法1条が「この法律は、職業安定法と相まって……」派遣事業の適正な運営、労働者の保護等を図ることを目的とすると定める趣旨はそこにある[13]。

かつて最高裁は、松下PDP事件において、偽装請負において「注文者と労働者との間に雇用契約が結ばれていないのであれば上記三者間の関係は……派遣に該当する……派遣である以上は、職業安定法4条6号にいう労働者供給に該当する余地はない」と判示した。黙示の労働契約の確認を求められているにもかかわらず、前もって「雇用契約が結ばれていないのであれば……」と否定し、それを前提に審理するのは不条理であろうし、偽装請負は派遣法だけが規制の対象とするかのように誤解している[14]。

---

12) 東リ事件・神戸地第6民事部（泉薫裁判長、横田昌紀、今城智徳裁判官）判令2.3.13労旬1958号23頁。同判決の評釈、萬井評釈17＝労旬1958号23頁、岩出誠「偽装請負と派遣法40条の6の労働契約申込みみなし—東リ事件」ジュリ1555号（2021年）135頁。同事件・大阪高第2民事部（清水響裁判長、川畑正文、佐々木愛彦裁判官）判令3.11.4労旬2003号59頁。

13) 詳しくは、萬井論文33＝労旬1980号45頁。

14) 同事件・最2小（中川了滋裁判長裁判官、今井功、古田佑紀、竹内行夫裁判官）判平21.12.18

松下PDP最高裁判決とは真反対に、偽装請負は労供事業であるから職安法だけが適用され、派遣法は適用されないとする主張がある[15]。だが、同判決後に規定された派遣法40条の6第1項5号は、条文の構成からみて偽装請負を違法派遣と位置づけていることは疑う余地はない。今、そのような法制の変遷をも視野に入れて、最高裁の同判決は再検討される必要があるし、何よりも、偽装請負に対する法規制のあり方全体を把握することが不可欠である。

(2) 三者間の労務提供関係に関わる諸概念

請負、派遣等の定義は明快であるが、現実の事案については、実態を的確に捉え、それに即して立法の趣旨を活かす解釈が求められる。

(ｱ) 偽装請負の判断基準

1947年12月に制定された職安法は44条において労供事業を禁止したが、業務請負の形式をとる脱法行為が予測されたから、禁止の徹底を図るため施行に際しあらかじめ、施行規則4条において適法な請負と偽装請負（労供事業）を区別する判断基準を定めた。偽装請負の製造業での利用に備え、4条1項4号は「自ら提供する機械、設備、器材（……簡易な工具を除く）若しくはその作業に必要な材料、資材を使用」することを請負の要件としている。

1985年7月に制定された派遣法は、従前、禁止してきた労供事業の一部を「労働者派遣」として合法化した。施行に際し、1986年4月3日政令95号（告示37号）は派遣と適法な請負の区分の基準を示した。当時は派遣を容認すること自体に慎重で、製造業務についての派遣は禁止されたから、派遣対象13業務の中には製造業務との境界が紛らわしい業務は存在しない。仮に「電子計算機……の操作」による設計等が製造業務とみなしうるとしても、パソコンの普及は1995年頃からであって、派遣法制定当時、電子機器を自ら保有し設計を請負う業者が存在したか不明だが、パソコンを操作・駆使しうる、しかも自

労判993号12頁。評釈として毛塚勝利「偽装請負・違法派遣と受入企業の雇用責任」労判966号（2008年）5頁、豊川義明「違法な労務供給関係における供給先と労働者との黙示の労働契約の成否」甲南法学50巻4号（2010年）225頁、萬井評釈8＝労判1714号6頁、鎌田耕一「偽装請負における注文者・請負労働者間の雇用契約の成立」唐津ほか『読むⅠ』60頁等。

15) 大阪地裁に係属中の竹中工務店事件における被告・竹中工務店の主張である。詳しくは、萬井意見10＝労旬1997号21頁。

社のためではなく、偽装請負ないし派遣によって他社の指揮下で就労させうる労働者を雇用する企業はほとんど実在しなかった[16]。したがって、派遣と請負を区分するための告示37号の「自己の責任と負担で準備し、調達する機械、設備……により、業務を処理する」という2条2号ハ(1)が妥当する事案を想定する余地はなく、現実には適用されることのない、無用の規定であった。区分が現実的課題となるのは、製造業務についての派遣を容認した2003年法改正以降である。

(イ) 製造業務への派遣を「誘導」
(a)　1986年6月6日施行通達333号の中の『別添』として示された『労働者派遣事業と請負により行われる事業との区分に関する基準』Ⅱ③イは告示37号2条2号ハと同文である。しかし、新たに請負について、所有関係、購入経路等は問わないが、「機械等が相手方から借り入れ又は購入されたものについては、別個の双務契約による正当なものであることが必要である」との解説を付け加えている。製造業務を想定した解説であるが、読み方によっては相手方から機械を借りてやる業務請負でも、契約書が整っていれば合法的とみられるというヒントとなって、禁止されていた製造業務の偽装請負を誘導する可能性があった。労働省があえてそのような解説を付記した意図は不明である。現時点でも問題含みの内容であるが、当時としては規定すること自体に疑問があり内容もまた疑問の勇み足であった。
(b)　告示37号について労働省HPに『疑義応答集』(第一集) が出された。
　本件に関連しては、「2. 発注者からの注文 (クレーム対応)」では、発注者が「直接、請負労働者に作業工程の変更を指示したり、欠陥商品の再製作を指示」するもの、「4. 管理責任者の兼任」では、「請負事業主に代わって……作業の遂行に関する指示、請負労働者の管理、発注者との注文に関する交渉等の権限を有し」ていれば「作業者を兼任し、通常は作業をしていたとしても……特に問題は」ないが、兼任しているため「当該作業の都合で、事実上は請負労働者の管理等ができない」もの、「6. 中間ラインで作業する場合の取扱い」では、「業務の内容や量の注文に応じて、請負事業主が自ら作業遂行の速度、作業の割り

---

16)　萬井論文16＝龍谷44巻1号66頁。

付け、順番、労働者数等を決定している場合」は別として、他のラインの影響を受け、請け負った作業の開始時間等が「実質的に定まってしまう場合など」はいずれも偽装請負と判断される、という。

　内容はおおむね妥当であるが、具体的にケースを想定すると危惧が浮かんでくる。「作業者を兼任」する管理責任者が事業主と同視できるほどの独立性を持つことを何を指標として判断するのか、作業者が小数で管理責任者も作業を欠かせない場合に、他の労働者の管理をする余裕はあるか、製造業の中間ラインに請負業者が独自に遂行する作業が存在する余地があるのか等、判断に当たっては慎重な検討が求められる。

(ゥ)　まとめ

　偽装請負の判断の拠り所を神戸地裁は職安法施行規則4条および告示37号に求めたが、派遣法40条の6は違法派遣に対し民事的制裁を科す規定であるから、第1項5号との関連では告示37号で充分に対応しうる。高裁は告示37号だけを挙げている（労旬2003号70頁）。

　ただ、派遣と請負の区分に重点を置く告示37号だけでは、偽装請負は労供事業であるという認識を蔑ろにしかねないから、基準という点では神戸地裁のほうが適切であった。だが、肝心な、それらの内容・趣旨を理解していなかった。致命的な落ち度である。大阪高裁は、基準とした告示37号の理解は適正であり、適用は妥当であった。

2　地裁と高裁の判断を分けたもの

　東リ株式会社（東リ）は床材、壁紙、カーペット等の住宅建材の製造販売を業とする資本金38億円、従業員1800人余の大企業であり、ライフイズアート社（L）は従業員は東リの専属下請けをする巾木工程13人化成工程2人、他に派遣労働者を数名雇用しているだけの零細企業である。東リ伊丹工場製造課には3つの製作係があるが、巾木および化成品製造はそのうちの1つであり、請負契約によりつつLは実質的にはその製作係と位置づけられている（同78頁別紙3）。法的には発注者・請負企業の関係だとはいえ、両社の力関係と『疑義応答集』でいう東リの「注文」のLへの事実上の拘束力、組織構造として巾木工程は中間ラインと位置づけられていること、Lの常勤主任は巾木製造に関

わる事務処理担当者にすぎないこと等は事実認定の前提事情となる。

(1) 労働者を現実に指揮命令したのは東リか、Ｌか？
　高裁は、請負契約のもとで「注文者がその場屋内において労働者に直接具体的な指揮命令をして作業を行わせている」場合は請負とは評価できないと基本的見解を述べた後、「合理性」を認める告示37号の指標にもとづき、判断を示している（同70頁）。神戸地裁もその指標は同様である。

(ｱ) 作業の管理と業務遂行上の指示のあり方
(a)　巾木工程で作られた巾木の中には隣接するプリント巾木工程でプリントが施されるものも多い。どの巾木にプリントが施されるかは巾木製造にあたるＬ社の労働者にはわからないから、すべてについてプリントを想定しておく必要がある。ある時、大量のプリント不良品が出た際に巾木の追加製作が求められたように、両工程は連結しているから、東リは円滑な作業の遂行を求め、必然的にＬ社の巾木工程の進行を監視し指示することになる。『疑義応答集』「6.中間ライン……」の問題が常に背景にある。
　中間ラインであるという大枠のなかで、東リは巾木工程に対して一週ごとに「製造依頼書を交付し……（Ｌ社の――筆者注）Ｈ常勤主任……が週間製造日程表を作成することにより受発注」が行なわれる。変更が週に2、3回にも及ぶこともあるが、「その旨の書面が発出され……これに従って品種や数量を変更」して作業が進められる。製品仕様の変更の場合も同様である。そのうえ、東リ巾木担当Ｔらが作成する「工程管理上のトラブルや巾木工程の制作状況等をまとめた週報」「製造過程における留意点等をまとめた伝達事項」などの文書が手渡されることもある。「製品検査の結果等」東リの「製造課等から巾木工程に対する日常的な連絡」は「巾木工程の名称で登録されたアドレス宛に……社内一斉メールによりなされていた」。
　Ｈは常勤主任として昼勤務であり、「工程目標達成のための活動」として生産作業の補佐もするが、主には設備の点検、原材料の在庫の管理や工数入力、クレーム対応、産廃のクリアセンターへの運搬などあまたの業務を行なっており、その一つが製造依頼書の内容を「作業場の掲示板に掲載」することである。建前上、Ｌの従業員はその掲示板の標記に従って就労することになっている。

届けられた「伝達」等の内容はH常勤主任がそのまま伝えるし、社内一斉メールはH常勤主任宛てで事務所のPCに届くから皆が読んでいる。要するに、実際には、同掲示板を経由するか否かにかかわりなく、作業に関わる指示は東リから直接、濃い密度で行なわれていた。作業の指示という点では、Hは東リの一方的な指示を掲示板に貼ってL社員に伝達する、単なる連絡役しか果たしていなかった。

　結局、業務指示としては東リの依頼書とそれを承けた日程表によることが基本的手法であるが、「伝達事項」や社内一斉メールによって東リからさまざまな指示や留意事項が直接徹底されているから、Hの権限などを詮索するまでもないとさえいえる状況であった。ちなみに常勤主任手当は重要な地位にある管理職に対する手当としてふさわしいとはいえない、各班の主任と同額の月5000円である。両裁判所ともそういった事実は認めている[17]。

(b)　判断が分かれたのは「依頼」「情報伝達」等の現実的な意義についての理解の差である。

　神戸地裁は、1週間ごとの小刻みな発注、一方的な通告による変更や伝達を「請負契約の受発注のプロセス」だとする東リの主張を請負当事者間の「やり取りとして不自然、不合理」とはいえないと認めた。加えて、H常勤主任がLを代表する役割を持つと評価したことを示唆する意図とみられるが、東リと「Lの従業員個人との間でメールの送受信」はなかった、「機械の保守等を除いて」個々の従業員への指示はとくにないと指摘して、Lは「東リから独立して業務遂行を行っていた」と判示した[18]。「やり取り」という言葉は双方向のことを指すが、実際には常に東リからの一方的な通告である。地裁は、日常的な多段階の手法による情報伝達等の実情を頑なに認めようとしない、むしろ異様な態度とさえ見える。

　大阪高裁はとくに両社の力関係を指摘はしないが、地裁とは異なり、常勤主任が東リから独立しているか否かが焦点であると認識し、広い視野で「製造日程表の作成は……業務請負ではない伊丹工場の他の工程でも行われていた」、他の工程でも「主任を通じて現場の各従業員に情報が伝達」されている、内容

---

[17]　東リ事件・神戸地判・前掲注12) 54～55頁、59～60頁および同事件・大阪高判・前掲注12) 65頁、70～71頁。
[18]　東リ事件・神戸地判・前掲注12) 60～61頁。

は「具体的な作業手順の指示」であったとし、「組織において、業務に関する情報が職制を通じ、上長から伝達されることは通常のこと」だと喝破し、情報は「毎日製造すべき製品の型番及び数量を記載した詳細なもの……作業遂行の速度、作業の割り付け、順序を自らの（Lの——筆者注）判断で自由に決定すること」はできなかった、「Lが東リからの製造依頼に対し、その変更を求めたり、内容について交渉をした」ことはない、H常勤主任は東リの「技術スタッフとの間で連絡確認をとる窓口の役割」であり、それらは東リが「現場の労働力を直接支配していたことを示す」と判示した（同63頁、70～71頁）。
(c) 東リの「依頼」を承けてLが業務を滞りなく処理している時はとくに指揮命令は問題とはならない。肩書が実体を伴わないことは少なくない。常勤主任Hは他の社員にとって作業仲間（同僚）であり、同僚が作成した日程表はとくに無理な点がない限り、それに従って作業をするであろうが、それは必ずしもHが指揮命令していたことを意味しない。

不良品が発生したとか受注量が急に増えた際の対処が問題となった場合、作業管理を主導するのは誰かという問題が表面化する。増産のため当初予定の変更が不可欠となった際、東リ製造課巾木工程担当者Cは日程表を修正しH常勤主任に宛ててメールで送っていた。神戸地裁は、それは「従業員宛になされたものではない」から「個別に業務上の指示をしていたとまではいえない」として東リによる指揮命令を否定した。しかし、本来ならば製造課Cは変更の「依頼」にとどまるはずで、日程表の「修正」は権限外だが、地裁はそれを問題視せず、その事実があったと述べるにとどめている。

伝達事項をH常勤主任を介さず、東リの社員が直接、掲示板に貼付したことがある。それを目撃したとする証言を、地裁は東リからの「連絡は原則として……主任を通じてなされていたから、伝達事項も同様になされていたとみるのが自然」で、証言は「裏付けを欠」くと断定する[19]。原則を楯に目撃証言を否定することは根拠もなく証言を偽証扱いするもので、証拠の認否が不当に偏っている。さらに、双方の準備書面によれば、たとえばダイス（金型の1つ）の分解掃除について東リの社員が「次週月曜日の朝の稼働に間に合わせるように」と指示したことがうかがえるにもかかわらず、地裁は、原告の主張を紹介する

---

19) 東リ事件・神戸地判・前掲注12) 47頁、53～55頁、60～61頁。

だけで終わる[20]。準備書面で一致している事柄について裁判所の「判断」では言及もしないのは無謀という他はない。

　これに対し高裁は、不良品の発生に対し生産予定を変更する等の問題や時間外労働についてLの社長や常勤主任は関与していないから「労働時間を管理していた」とは認められない、Lは労働時間を単に「把握」しているにすぎないと判示した。作業の遂行は必然的に労働時間に連結するから、Lの労働時間管理を否定することによって東リの作業管理に関する指示を肯定していることになる（同71頁）。厳密に言えば、H常勤主任が受けたメールを労働者に伝えているからまったく「関与」していないわけではないが、高裁はそれは形式的なものにすぎないと評価した。実際にも、プリント巾木の大量の不良品発生の際には、（H常勤主任は関与しないで）東リ職員の指示に従い作り直しを組み込んだ製造予定表を作成した（同66頁）。高裁は認定した諸事実を社会通念に照らし客観的に分析し、論証は筋として一貫しており、判断は妥当である。

(d)　神戸地裁は、元方事業主である東リが開いた安全講習にLの社員を出席させたことを、労働安全衛生法29条が元方事業主に課す安全衛生につき指導すべき義務の履行であるという[21]。安全保持義務は労働契約の一方当事者である使用者が負うとする労働法の基本原則に則り、安衛法10条から14条では事業者に対して健康障害防止措置を具体的に命じるが、例外として、請負により1つの場所において複数の業者が業務を行ない、混在作業になることから生じる特有の危険を防止するために、「最も先時の……注文者」である「元方事業者」に安全衛生に関して一定の措置を義務付けている（安衛法15条、20条、29条、30条の2）。しかし、東リとLは製造業務の請負関係にあるが、本件当時には混在労働をしていないから、東リは同15条、29条等の適用を受けない[22]。

　本筋の問題ではないが、安衛法の理解の不正確さを露呈している。

(イ)　規律維持、年休への対処など

　作業中に事故を起こしても主任が指導するにとどまり、東リには報告するがLの社長へは報告もなく、Lとしての服務規律に関する指示はなかった。年休

---

20)　原告第3準備書面2〜9頁、東リ第6準備書面30〜50頁、東リ事件・神戸地判・前掲注12)48頁。
21)　東リ事件・神戸地判・前掲注12) 63頁。
22)　詳しくは、萬井論文28＝労旬1934号32頁。

をとった場合の応援者の手配は、雇用主であるＬではなく、東リが行なっている（同71頁）。

　事故はともかく、年休取得は繰り返し起こることであり、それによる現場の欠員に対処することは、日常的な労務管理の主体を指し示す指標である。それが東リであったとすれば現場を統括していたのは東リであり、業務請負は実体に欠けるとの判断を導く。

(ｳ)　まとめ

　労働者に対する指揮命令の存否の判断については、規律維持に係る判断も重要であるとはいえ、やはり、年休への対応を含む本来的な作業に関する指示のあり方がもっとも重きを占める。時間外労働は本来は臨時的な対応ではあるが、現実には恒常化しており、本来業務の延長の観を呈している。企業規模、業務請負についての発・受注関係などを前提とした場合、時間外に及ぶ場合も含めて、一般的に、発注社の製造部門責任者の出す業務についての依頼は受ける請負企業やその現場主任にとっては諾否を判断する余地さえないと推定されるが、大阪高裁は本件でもそう推定し、企業としての通常ないし本来の労務管理はすべて東リが行なっていると認定し、偽装請負であったと判断したのは相当である。神戸地裁は実態を直視せず、建前論に終始していると評さざるをえない。

(2)　Ｌは製造業務を請負う物的条件を備えていたか？

　製造業務の請負の場合、請負業者がそのために用いる土地、建物、設備・機器、原材料等の物的条件を備えていることが必要不可欠である。自ら所有している場合だけでなく、賃貸借契約を結んで確保している場合も物的条件を備えていると言えるが、いずれにせよ、当該物的条件を自由に使用しうる状況でなければならない。物的条件の具備状況についての客観的な検討・判断は、指揮命令の存否に比して容易だが重要な位置を占める。

(ｱ)　神戸地裁の判示について

　契約書によれば、原材料は「東リから支給又はＬの材料持ち」とされるが、実際には、東リが一括購入したうえでＬに提供し、代金は「標準原価法に基づく計算を経て、請負代金から差し引く方法」で清算することになっている。双

方が互いに債権を持つ場合、相殺して差額を支払うことは一般にはありうる。だが本件では東リによる「支給」の基準や範囲、量は定かではないし、「材料持ち」でLが支払う代金の算定方法の「標準原価法」の内容は不確かであるうえ、代金について「交渉はされず、請負代金とは別に……費用について清算等はされ」ず、引き渡し価格は東リが定めるとされている。価格を一方が定めることになっているわけで、異常である。

　化成品工程の機器および5ラインある巾木工程の製造装置は賃貸借であるが、契約書では物件は「接着剤製造、加工ライン一式」「数量1」とされている。ラインの数さえ明記されない契約書の表記は有償貸与の対象の特定のあり方として非現実的である。しかも、当該装置を東リが購入した価格、維持費などは確認されていないが、加工1ラインの購入費用が仮に5000万円だとすると巾木工程5セットだけでも2.5億円、接着剤製造用の機器を含め、減価償却をも考慮すると3億円にもなる。月2万円の賃料では実質的には無償貸与に等しい。いずれも、およそ、独立した対等な企業間の高価な機器の賃貸借関係とはかけ離れている。

　契約書に書き込む金額は合意のもとにどのようにでも操作できるから、高額な賃料を書き、その分だけ請負代金を高くして相殺する形にすれば、実質的には無償貸与に近かったとしても、第三者が指摘することは難しい。東リは労使紛争が起こり、派遣法40条の6適用が問題となること等予想もしなかったのか、そのような策を講ずることもなく、誰が見てもまともな賃貸借だとは理解しない杜撰な契約書で済ませている。偽装請負に慣れきって「馴れ」の状態になり、脱法隠蔽工作を施す緊張感、警戒感さえ持たなかったとみられる。

　機器の稼働のためには相当の電力量が推測されるが、水光熱費はすべて無償であり、工場、事務所も無償貸与である[23]。

　東リ・Lの物的取引に関わるそれらの事実は、Lは製造業務を営む独立した企業ではなく、製造に要する設備、機器、原材料等はすべて東リが整え、Lは業務を遂行する人材を東リへ提供する労働者供給事業という実態であることを強く示唆する。

　数々の疑問が浮かぶが、地裁判決では物的条件に係る事実関係についての解

---

23)　東リ事件・神戸地判・前掲注12) 56〜57頁。

明は皆無に近い。定額の請負代金についても、根拠を示すことはなく、東リが「経営判断として、一定の製造原価等を考慮して定めたものというほかない」という表現で確信を持ちきれないことを示唆するが、それにとどまる。原材料は東リが提供するが、価格交渉も請負代金とは別の別途清算もなければ、結局、東リが負担したのではないかという疑問は解明されない。原材料の在庫が減ってきた場合、「Ｌが在庫表を作成し、これを被告の従業員に交付して精査されていた」から、Ｌが「独立して原材料の調達、管理を行って」いたというが、別の工程でも在庫が減れば東リの社員も同じように補充を依頼するのであって、Ｌに同様の行為があったことは少しも「独立」を示唆するわけではない。裁判官は乙16号証の巾木製造機器の写真46枚を見ただけでなく、現場検証したから工場を突き抜ける高さ6メートルに及ぶ5つの巨大なラインを目にしたはずだが、それに対する月2万円の賃料が社会的に相当なのか検討した形跡はない。

　地裁は次々と事実を列挙し、それを纏めることはないまま、突然、「これらの事実によると、Ｌは……業務を自らの業務として被告から独立して処理していた」と結論づける[24]。事実を冷静に分析し実像を推認する思考力、想像力を駆使して事実認定とその法的評価を行なったとは言い難い。

(イ) 大阪高裁の判示について

　高裁は、代金が製品の量に関わりなく定額である、製品に不具合が生じても、東リに報告されるが、Ｌが「一度でも被控訴人から請負人としての法的責任の履行を求められた形跡はない」から請負人としての法律上の責任を負っていない、原材料は「Ｌが自ら調達していた」とはいえない、製造ラインの「月額使用料2万円の根拠は不明」、「東リが修理費の一切を負担していたと認められ」る等々、請負の性格にそぐわない諸事実を指摘して、「Ｌが、原材料や製造機械を自己の責任や負担で準備し、調達したと評価することはできない」と断じ、物的要件の視点からだけでもＬは請負った業務を独立して処理していたとは認められない、偽装請負であったと判示した（同67～69頁、71～72頁）。当該判断は社会通念に照らし、自然かつ合理的で相当である。

---

[24] 東リ事件・神戸地判・前掲注12) 57、61頁。

(ｳ) まとめ

　物的条件を備えてさえいれば偽装請負にはならないとは限らない。しかし、備えていない場合には製造業務を自ら営むことは不可能であるから、必然的に請負の内実は労働者を提供することにならざるをえず、請負は偽装、実質は労働者供給事業ということになる。その意味で、物的条件についての審理はそれだけで偽装請負の認否が可能となるほど重要である。

　製造業務の請負であれば代金は製品の納品数量と比例するのが常識である。それが製品の量と連動せず、「定額」であったことは、請負ではなく、東リの製造工程に労働者を提供していたのが真相であることを如実に物語る。

　神戸地裁は東リの主張をなぞっただけで、定額の請負代金、土地、建物の無償貸与も含め、独自の法的評価はほとんどなく、物的条件に関わる事実を検討した形跡を看取できない。そのため、認定事実についての法的評価の適否を論じる糸口もないほど、稀に見る不出来な判決である。

　これに対し大阪高裁は、定額の請負代金、原材料の調達、不具合な製品の処置、ラインの使用料および修理費について、それぞれ簡潔だが評価を下し、結論として物的条件を「自己の責任や負担で準備し、調達した」とは認めなかった。認定は妥当である。

(3) 偽装請負を認定した高裁判決の妥当性

　Lは某派遣会社の社員であったBが1998年に設立した、巾木製造を目的とするB一人の特例有限会社であった。その後、業務を拡張し徐々に従業員を増やしたが、Bは巾木製造の技術を持っていなかったから、労働者は東リの従業員と混在してOJTによって技術を学びつつ仕事を進めた。やがては技術も習得し、Lの従業員だけで業務を遂行できるようになり混在状況は解消した。ただ、B社長は従業員の降格、勤続手当・主任手当の不払い等を繰り返し、新入社員の退職に責任があると決めつけた労働者を居酒屋に呼び出して罵声を浴びせるなどの言動もあり、東リからの増産要請については協定を結ばないまま三交代制（8時間勤務）から二交代制（12時間勤務）に変更して対応しようとしたことも労働者の不信をかっていた。増産要請があった際、承ける自信がないB

社長はLを閉鎖し他社による労働者派遣への切替えを提案した[25]。そのように、Lは零細企業であるが、Bの性格および経営意欲の側面から、独立した企業経営を行なう経営者の存在が疑われる有様であった。それも一因で、東リから従業員へ作業の指示が直接なされる実情にあり、しかも製造業務を請負う物的条件を備えていない。製造依頼書の送付―作業日程表の作成などは請負の体裁を整えるためのものでしかなかった。なお、原告の求めに応えて高裁は民事訴訟法149条により求釈明を行ない、ラインの購入価格（時価）、維持費、減価償却費等の開示および使用料との関係について説明を求めたが、東リが回答しなかったために、製造ラインの使用料を「根拠は不明」と指摘して不信感を示している。

　大阪高裁がそれら諸般の事情をふまえ、東リによる直接の指揮命令を認定し、偽装請負と判断したのは当然である。

3　40条の6に関わるその他の要件について

　神戸地裁は偽装請負を否認して請求棄却を判示したため、脱法目的などについては審理をしていない。したがって、比較検討にはならないが、大阪高裁判決を概観し、留意すべき問題を記しておきたい。

(1) 脱法目的
(ア) 大阪高裁の「脱法目的」論
　大阪高裁は、脱法目的といった主観的な要件は「客観的な事実から推認」されるとし、巾木製造の請負を始めた1999年当時、製造業について派遣は禁止されており明白な偽装請負であったが、それが変更されることなく「日常的かつ継続的に」続けられている事実から脱法目的を推認した（同73～74頁）。

　高裁は前提として「派遣の指揮命令と請負の注文者による指図等の区別は微妙」なため、請負の注文者が「派遣におけるような指揮命令を行ったというだけで、直ちに……偽装請負等の目的があったことを推認することは相当ではない」と観たことが立法の趣旨だと判示する（同73頁）。しかし、派遣における指揮命令は派遣先から労働者に対して行なわれるのに対し、発注者による「指

---

25)　東リ事件・神戸地判・前掲注12) 44、58頁。

図」は（労働者ではなく）業者に対して行なわれる建前であるし、法的には対等な企業間の契約履行に関する「申込み」に他ならない。行為の対象、態様、意義すべて異なるから、両者の区別は言われるほどに「微妙」なのかは疑問である。なお、仮に微妙だとしても、互いに近接する法概念を区別し、判断することを求められることはしばしば存在することで、法律家として避けがたい宿命である。

脱法目的の有無の区別は微妙である。しかし、偽装請負は、一定の商取引を行なう最適な契約形式を検討して最終的に「請負」を選択したものの契約の履行の実態に疑念があり、現実には適法な請負の要件を充たさないと認定されたわけで、それを斟酌すれば、その経緯自体から脱法目的があったと推定されることが道理に適う。

40条の6第1項5号において脱法目的の存在を要件と定めたこと自体が問題であったというべきであり、その要件は削除が望ましい。それまでは、解釈論上、偽装請負が認定されれば目的の存在は推定されることとし、立証責任の転換を図るべきであろう。

(イ) 他の判例について

ソフトウェア開発業務の請負が偽装請負として争われたハンプティ商会（AQソリューションズ）事件において東京地裁は、偽装目的は「法人の代表者、又は、法人から契約締結権限を授権されている者の認識」について問われると述べている。だが、派遣法40条の6は偽装請負を行なった企業に対し民事制裁を加えるものであって、経営者らの責任を直接的に追及するものではない。したがって、経営者が脱法目的をもっていたと認定されれば企業としての脱法目的も認定されようが、それは企業の目的の認定に至る一つの道筋であって、もっぱら彼らの主観的認識を問う東京地裁の判示は的外れである[26]。

これに対し、日本貨物検数協会事件・名古屋高裁判決では、直接的に示す証拠（行為主体の指示や発言）がない場合でも、企業として「客観的事実の認識があり、かつ、それにもかかわらず適用潜脱目的ではないことを伺わせる事情が一切存在しないような場合にも、その存在を推認することができる」として

---

[26] ハンプティ商会（AQソリューションズ）事件・東京地判令2.6.11労判1233号43頁、同判決およびそれを支持する桑村・前掲注3) 130頁について評釈、萬井評釈20＝労旬2007号47頁。

いる²⁷⁾。本件大阪高裁判決とともに、横行する偽装請負の実相を鋭く監察したうえでの判断として妥当である。

(2) 善意・無過失

　高裁は、偽装請負の目的が認定された以上、「派遣法40条の6第1項ただし書の善意無過失が認められる余地はない」と判示した（同73頁）。「次の各号のいずれかの行為に該当するとき」と、各号すべてに適用される形で規定されているが、脱法目的が要件とされている5号については当該ただし書きの適用の「余地はない」とするのである。

　脱法目的を持って偽装請負を行なったと認定された以上、それが違法であることを知らなかったという弁明は通用しない。派遣を避け、請負形式を選ぶからには、よほどの特殊事情がない限り善意無過失は認められないと指摘されてきた[28]。高裁は当然のことであるのでとくに説明する必要はないと判断したとみられる。

4　承継される「労働条件」

　派遣法40条の6により成立する契約は「その時点における……労働条件と同一の労働条件」が内容となる。しかし、偽装請負の発注者は使用してはいたが当該労働者を雇用していたわけではないから、「労働条件」の内容を正確に知っているとは限らない。したがって、まず労働者が自己の労働条件を伝え、発注者がそれを確認することになる。労働条件が空白の契約はありえないから、伝えられた条件に疑義を唱えた場合、しばらくは労働条件は仮のものとして扱わざるをえず、紛糾は避けられない。そう予見されることが労働者に不安を抱かせ、偽装請負と認識しながら「承諾」を躊躇う理由の一つになっている。

　40条の6第4項は、申込みをみなされた派遣先から求められた場合、派遣元は関係する労働者の労働条件の内容を通知すべきことを義務づけるが、それ以外、紛糾の解決手続きはとくに用意されてはいないから個別協議や団体交渉をまつことになる。合意に至らなければ、労働者は主張する労働条件を保障す

---

27)　日本貨物件数協会事件・名古屋高判令3.10.12労判1258号46頁。
28)　塩見卓也「「直接雇用申込みみなし」規定の分析」労旬1845号（2015年）19～20頁、萬井『法論』76～77頁。

るよう裁判を申し立てる以外にない。裁判所は、40条の6の適用を認める以上、あわせて労働条件の根幹部分について判断することを求められる。

判決では、上記雇用期間のほか、賃金、仕事内容、就労時間・休憩、休日（カレンダー）が示されている（同76〜77頁別紙1）。

契約成立と期間の定めに関しては、東リはLにおける労働契約は4ヵ月の有期であったから、仮に労働者の「承諾」により労働契約が成立するとしても、有期契約であると主張した（同61頁）。20年近くも雇用関係にありながら契約書を交わしていない原告もいたが、大阪高裁は、就業規則に雇用期間の定めもなく、団体交渉におけるB社長の「ウチは有期雇用じゃないから、元々。」との発言をも指摘して、期間の定めのない契約と判示した（同74〜75頁）。

5 「承諾」の時期

承諾は契約の期間内になされる必要があり、契約期間経過後には申込みみなしは消滅するという見解がある。しかし現実の紛争は、派遣元との契約が有期か否かにかかわりなく、企業間の契約が解消され、労働者は仕事がなくなった派遣元から解雇され、相談などして派遣法40条の6の存在を初めて知り、救済を求めて適用が主張されることが多い。そうした事態を見越しているからこそ、派遣法40条の6第2、3項は「規定する行為が終了した日から1年間を経過する日まで」、承諾の権利を保障した。労働者派遣契約も派遣労働契約もすべてなくなった後も、民事制裁として承諾権は保障されている。その趣旨に照らしても、上記主張は成立する余地はない[29]。

原告Fは他の原告からは遅れて2017年8月25日に「承諾」した。東リは、その時点ではLとの労働契約が終了しており、契約は成立しないと主張した。しかし高裁は、派遣法40条の6第2項には承諾「以外の要件は定められていない」から、期間内は「希望により派遣先との間で労働契約を成立させることができる」と判示した（同75〜76頁）。

---

29) 荻谷聡史「労働契約申込みみなし制度」第一東京弁護士会労働法制委員会編『労働者派遣法の詳解』（労務行政、2017年）104〜105頁、本庄淳志「派遣先の直接雇用申込みみなし規制の正当性─雇用保障の視点から見た規制の再構成」法時90巻7号（2018年）49頁。同見解に対する批判、萬井論文32＝労旬1957号50頁参照。

6　小括

(1) 事実の法的評価と社会常識、社会通念

(a)　裁判所（官）には準備書面、書証などを熟読し事案の背景、当事者の発言などをも把握し、想像力、洞察力を駆使して「実像」を探って事実関係を的確に認定し、その法的意義を確定し、紛争を公正に解決することが求められる。

　地裁と高裁で、ほぼ同じ事実を認定しながら、それに対する法的評価が異なることはないわけではない。しかし、本件ほど真っ向から結論が分かれる例は稀である。両判決を分けたのは事実を法的に分析する力量の差と推測されるが、それには法解釈力だけなく、裁判官の社会常識も相当程度影響していると考えられる。

　社会的に広く受け容れられている価値観、判断基準やそれにもとづく認識・判断を一般に「社会常識」というが、誰が何を基準として定めるのかとくに定まったものはないから、厳格ではないにせよ、端的に言えばそれは多くの人に納得される内容である。それは漠然としてではあるが社会規範の主要な要素となっており、一般の社会人はさまざまな問題に直面した時、社会常識を考慮しながら、それを一つの基準として判断し行動する。

　社会常識とされるもののなかには、法の視点から見て肯定し難いものも含まれる。とくに、企業内では、企業と労働者との立場の違いと力関係の相違を反映してそのようなことは少なくない。一部の企業では時間外労働に対して相当分の割増賃金が支払われないサービス残業が今なお存在するのはその例である。「労働法の分野では、『常識』に依拠する法的判断が法の基本原則に反する結果となる危険性が、おそらく他の分野よりも強い」ことを警戒する必要がある[30]。その点を考慮しつつ、社会的な紛争の公正な法的解決を図る司法判断は、少なくとも、労働者を含め一般社会人が良かれ悪しかれ、また程度の差はあれ、社会常識に影響を受けることを認識しつつ法的判断を下すことが求められる。

　社会常識のうち、法的に肯定的評価を経たものが「社会通念」である。「社会通念」はものごとの道理・筋道という意味で社会における基本理念である「条理」に近く、それと並んで、成文法の存在する場合には解釈の依拠すべき基準になるが、成文法のない場合には法の欠缺を補充する法源として機能し、「法

---

[30]　西谷敏『労働法の基礎構造』（法律文化社、2016年）208頁。

と日常生活の架橋」の役割をもつ[31]。

(b)　東リからの小刻みな業務「依頼」を承けて作成される日程表、業務量急増時の対応のあり方、原材料の購入費用、巨大な製造装置の賃貸借等々の実態を率直に観察し、その意義を確定することが求められる。全国に約4万5000の派遣業者があり、特別な資格や技術が不可欠な業務でない限り、企業はその中から自由に契約の相手（派遣元）を選ぶことができるから、企業規模の差などがある場合もなお派遣先企業が優位な立場にある[32]。偽装請負が問題となるような業務請負の場合も同様である。それも社会常識であろう。ましてやL社は東リ専属の企業であり、企業規模の差も著しい。

本件では、東リからの「要請」「依頼」「連絡」など名称は何であれ、Lにとっては拒否することはできない「指示」を意味する。「要請だから、都合が悪ければ断ればよい」と理解することはよほど特別な事情がない限り社会常識に反する。LのH常勤主任はまさにそのような社会常識に従って、東リからの発注や要請を日程表に組込むなどしてLの従業員（同僚）に伝え、彼らもまたそれを指示と受け止めて、それに従って就労した。東リがLのH常勤主任を通じてLの社員に業務に係る「指示」をすることは長年慣行となっていた。

地裁は東リからLに対する要請とそれに対するL独自の経営判断による指示と見たが、それは社会常識を欠くだけでなく、本件請負の実態からあえて眼をそむけているとさえ感じられるほどで、示された法的評価は根拠のない独断に近い。岩出誠弁護士は「丹念に証拠判断を加えて……」いると評価されるが[33]、たとえば、原材料の代金を（実際には払わないにせよ）東リが一方的に決める、巨大な加工ラインの時価も確認しないで月2万円の賃貸料とする契約を問題視をしない判決を、社会常識を顧慮しながら考察した場合、なお、「丹念に証拠判断……」と言えるのか、疑問である。

高裁は上記の社会常識が機能していると判断した。情報が職制を通じて伝達されるのは「通常のこと」という断定は、社会常識を重視し、それを前提として法的判断をすることの必要性を指摘する趣旨であったと解される。

---

31) 杉村敏正・天野和夫編『新法学辞典』（日本評論社、1991年）482、563頁、新村出編『広辞苑』（岩波書店、1964年）989、1076頁。
32) 第1章第1節2 (3) 注3)のヨドバシ、パソナの関係を参照されたい。
33) 岩出・前掲注12) 137頁。

(2) 判決に望むこと

　東リに引継がれる労働条件に関し、大阪高裁は、書証とされた団体交渉の記録にもとづき、4ヵ月契約とする契約書は本人の「署名押印はない……Ｌが一方的に交付したもの」と認定し、ＬのＢ社長の「有期雇用じゃない」発言を指摘して、無期契約であったと判示した（同74頁）。当該団体交渉では、契約書には会社側の押印しかないことを組合が指摘し、社長が釈明する過程で上記発言となったから、同判示は当然である。ただ、「証拠（甲159、162の1・2）によれば……」という意味の説明はないから、当事者以外は社長がそう発言した経緯を知ることができない。

　判決は公表され、雑誌にも収録され、当事者だけでなく社会的に共有され、社会規範として機能することが期待される。とすれば、判決理由は判決文だけ読めばその趣旨が把握できる程度に説明が尽くされるべきである。本件でいえば、冒頭で、代理人が契約書の回収を申し出て「申し訳ない」という発言で始まったことを含め、交渉経緯等を紹介し、社長の発言の内実が判読しうるよう、丁寧な説明がなされることが望ましかった。

　東リは上告したから、仮に受理されるとすると、より緻密な事実認定についての論証と精密な法解釈が求められることになろう。最高裁判決が注目される。

第3節　二重の偽装請負と労働契約申込みみなし制
──竹中工務店事件・大阪高判令5.4.20について [34]

1　大阪高裁判決と問題の所在

　大阪高裁は、竹中工務店とTAKシステムズとの施行図作成調整業務に係る請負、TAKの同業務の日本キャリアサーチへの再下請けにおいて、現実には竹中が指示してキャリアの従業員Ｘに同業務を遂行させていることを二重の偽装請負と認定した。だが、派遣法40条の6第1項5号の労働契約申込みみなし制（みなし制）の適用については、提供元（TAK）がＸを雇用していることが必要で、「事実上の関係のみがある」場合は職安法だけが適用される、また、

---

[34]　本節は、竹中工務店事件・大阪高第12民事部判令5.4.20労旬2040号57頁についての特集（労旬2040号）に投稿したもので、事実関係および判決の紹介は、代理人の村田浩治弁護士、谷真介弁護士、西川翔大弁護士に委ねた。なお、本書第2章第2節7（3）（ウ）でも言及している。

竹中はキャリアとXについて派遣契約を結んでいないから、「派遣の役務の提供」を受けたとはいえないとして、同条の適用を否定した。ただ、同判断を確信できないため、一歩退いて類推適用の検討に移るが、派遣法制定による労働者供給と派遣の「切り分け」により、労働者供給に対しては職安法のみが適用されるとして、竹中に対するみなし制の類推適用も否定した。TAKについては、脱法目的を認定しえないとして適用を否定した（労旬2040号60〜61頁）。

しかし、それらの判断はすべて「判決に影響を及ぼすことが明らかな法令の違反」（民事訴訟法312条、318条1項）と考えられる。

なお、Xは黙示の労働契約の成立を主張し、キャリアによる解雇無効も訴えるが、論点の性格が異なるから、本稿では検討を省略する。

2　派遣法1条の趣旨──供給・派遣の「切り分け」論の誤謬

(1) 違法行為に対する規制のあり方（一般論）

国家として容認し難い行為がある場合、当該行為を違法として禁止する法律を制定して国家としての認識、姿勢を公にし、当該違法行為を犯した者に対し制裁を科し戒めるとともに、将来的にそれに類する行為の再発を防止する措置をとる。

その際、とる措置は一つとは限らない。再発防止の効果を考え、通常は、一つの違法行為に対して複数の異なる規制措置が定められる。たとえば、暴力行為によって人を傷つける傷害は刑法204条、甘言を弄して他者から金銭を騙しとる詐欺は246条によって禁止され、犯した場合は刑罰を科される。ただ、行為者が処罰されたからといって、被害者はそれによって心理的に癒されるとしても、なんらかの具体的な救済ないし補償を得られるわけではない。それらの行為については、別に、私法的に不法行為を構成するとして損害賠償責任を問うことができる（民法709条）。刑事罰と不法行為に対する損害賠償は二者択一の関係にはない。同一の行為に対して法規制のあり方が異なり、適用される法律や呼称も課される制裁の意図も内容も異なるが、相互排他的ではなく、いずれかの選択を迫られることはない。

(2) 職安法と派遣法の法的性格と三者間の労務提供関係の規制のあり方

(ア) 偽装請負に対する立法政策

労働法の分野の内部でも同様のことがある。偽装請負に対しては、職安法に

よる刑事制裁と派遣法による民事制裁が併存する。派遣法1条のように、わざわざ派遣法と職安法が「相まって」と謳う例は多くないだけに、その意義を重視すべきである。

別の法分野ではなく、同じ労働法分野であるという事情もあるため、後にみる「切り分け」論のような認識に陥ったものと推測される。職安法と派遣法の性格の相違と相互の関係を冷静に考察し、偽装請負に係る規制のあり方を具体的に確認するという法解釈の基礎的作業を怠らなければ、その誤認は避けられたに違いない。

(イ) 経緯と偽装請負への二様の対処策

偽装請負に対し、職安法による刑罰と派遣法によるみなし制が併存することを正確に理解するために、迂遠なようであるが、立法の経緯を顧みておきたい。
(a) 労働者を指揮命令して就労させるには労働契約を締結することが不可欠である。1947年制定の職安法は、三者間の労務提供関係、すなわち甲社が雇用してあるいは事実上、支配下におく労働者を乙社に提供してその指揮命令により就労させることを労働者供給事業（労供事業）とし、それをいっさい許さないこととした。それが労働法の基本原則の一つである直接雇用の原則である。

当初から偽装請負は労供事業の典型とみなされ、供給先、供給元には刑罰を科すこととした（職安法44条―64条4号）。

禁止にもかかわらず、現実には企業社会に偽装請負が蔓延した。政府は、求人・求職のマッチングに有益だとの理由で、その一部を「労働者派遣」という概念で括って合法化する妥協策に転じ、1985年に労働者派遣法を制定し、同時に、労働者供給事業には派遣法2条1号の「労働者派遣に該当するものを含まない」こととした（職安法4条7項）。
(b) 派遣法制定にあたっては派遣の合法化に主力が注がれ、労働条件等についても企業とほぼ対等に交渉することが期待できるほどの専門的能力を持つ労働者を想定し、対象業務を限定して容認したから、当時は、労働者をとくに「保護」することは考慮されなかった。制定当初から、職安法と「相まって……雇用の安定その他の福祉の増進」を謳ってはいたが、現実的な保護規定は存在せず、いわば理念に留まっていた。

その後、1999年法改正で対象業務を原則自由化し、2003年には製造業務ま

で対象業務とされて一気に派遣が拡大したため、企業との対等な交渉など考えも及ばない労働者まで派遣形態で就労するようになり、弊害も顕わになった。2008年のリーマン・ショックの際の年越し派遣村の出現はその象徴である。

　派遣労働者に固有な具体的な保護の必要性が認識され、2003年改正の際、派遣を継続する場合には雇用の申込みを義務づける派遣法（旧）40条の4が制定された。だが、厚労省は、派遣元から契約終了の通知がなかった場合は適用されないとか、行政指導の根拠規定となるだけで私法的効力はないといった歪んだ解釈をとり、裁判所もそれを追認したため、期待された効果を発揮することはなかった。職安法による刑罰的規制だけでは限界があり、さらに派遣法（旧）40条の4のような規定では労働者保護に欠けることが露呈された。その間、黙示の労働契約論によって偽装請負の注文者を相手取り、労働契約関係の存在確認を求める多くの訴訟が提起されたが、司法機関は労働者の請求を認めることにはきわめて消極的であった。それらの事態を認識したうえで外国法の例を参考に考案されたのが、労働者の救済と保護の策として採用された労働契約申込みみなし制度である。

　職安法はもっぱら一般的な就職の機会の保障等を図る労働行政法であり、44条は労供事業を禁止するが、個々の労働者の保護を図る規定は存在しない。みなし制は違法派遣の状態に巻き込まれた労働者を直接雇用の原則に添う法的状況に移行させる（引き戻す）ことによって救済し、保護することを図る。職安法44条による禁止、みなし制による対処策の両者が「相まって」、労働者保護の成果を現実的に期待しうるものとなり、ようやく、法の理念に現実的な規定が追いついたといいうる[35]。

（c）　労働基準法は多くの規定において違反に対しては罰則を規定しているが、基本的に労働者の就業条件を規制する労使関係法である。派遣法は派遣を事業として行なう場合の要件、手続き等を詳細に定め、違反に対して罰則を課す規定をもち、事業法と労働者保護法の性格を併せ持つが、労基法と同じく派遣に関わる労使関係法である。

　職安法上、三者間の労務提供関係を規律するのは44条だけであり、派遣法上、労働者保護にもっとも直接的に影響するのは40条の6である。職安法に

35）　萬井論文33＝労旬1980号45頁および萬井『法論』42頁以下。同旨、唐津博『労働法論の探究』（旬報社、2023年）24〜27頁。

よる行政的規制に加え、異なる形態の民事制裁を重ねて科すことによって、適正な事業運営の確保と労働者の保護を厚くすることが図られたのであり、職安法、派遣法が「相まって」派遣労働者の雇用の安定を図る法の趣旨に添うことになる。

「相まって」という言葉は、1つの制度や措置の効果について用いる言葉ではない。字義からしても、複数のものの相乗効果を想定する。法律論以前、日本語の理解の問題でもあるが、二重の偽装請負については職安法による刑罰規制だけに限定し、みなし制の適用はないと捉えることは、規定の趣旨に反している。

単純な偽装請負については注文者に対する同条項の適用を認めながら[36)]、それが積み重なった二重の偽装請負の場合には否定し、職安法上の刑罰を科す措置に限定することにはなんら合理的理由は存在しない。高裁は派遣法1条を無視する過ちを犯している。

(d) 鎌田耕一氏は、派遣法制定によって派遣事業が「労働者供給事業から切り分けられ」たと述べ、偽装請負については職安法が適用され、発注者および元請負人には「派遣法が適用されないことから、労働契約申込みみなし制度の適用はない」と記される。「切り分け」と観ることは「相まって」という文言の正反対であるし、鎌田見解では派遣法40条の6第1項5号が偽装請負を対象とすることについて説明不能に陥る。しかも別の個所では、逆に、みなし制を違法な「派遣先に対して一定のペナルティ（民事上の措置）を科す」ものと紹介しており[37)]、鎌田氏は理論的混濁状況にある。

鎌田氏は派遣法の2015年改正作業に、厚生労働省「今後の労働者派遣制度の在り方に関する研究会」（以下、厚労省：在り方研）の座長、労働政策審議会労働力需給調整部会長の立場で関与された。厚労省は同氏を有識者と認識しているから、厚労省もその混濁した理解と無縁ではありえまい。高裁は厚労省職発0930第13号『労働契約申込みみなし制について』（以下、9.30通達）に全幅の信頼を置くことの危うさをわきまえるべきである。

---

36) 単純な偽装請負に係る東リ事件・大阪高判・前掲注12）。同判決は最3小決令4.6.7により上告不受理とされ、確定した。

37) 鎌田『市場』78頁と92～93頁、鎌田・諏訪〔初版〕55頁（鎌田執筆）。鎌田氏は解説を山川隆一氏に委ねたが、同氏は偽装請負に対し適用があると解説される（296頁以下）。

(ウ) 労働者供給概念──高裁の理解の欠陥

　職安法44条による労供事業の禁止は三者間の労務提供関係に関わる立法政策の出発点・基点である。したがって、「労働者供給」概念をいかに解するかは、例外としての派遣容認の立法政策とも絡み、それらに関わる法理論の基盤となる重要な位置を占める。

　高裁はみなし制採用を解説するなかで、「制度の……経緯等」を述べ、そのなかで、労働者供給には供給先と労働者、供給元と労働者の法的関係（雇用か事実上の関係か）の組合せにより4つの形態があり、当初、「労働者供給には……供給元・労働者間と供給先・労働者間のいずれにも労働契約がある形態が含まれ」ていたという（労旬2040号61頁）。

　しかし、職安法制定当時、労働省は「労働者供給」について、「供給される労働者と労働者需要者との間には直接何ら契約関係なく事実上の使用関係があるにすぎない」と解説していた。供給先が労働者を直接雇用している場合は通常の二者間の労使関係で、もはや三者間の労務提供関係ではなく、労働者供給にはあたらないということである。その理解を変更し、供給先との間に労働契約がある場合も労働者供給であると説明するようになったのは、1970年、労働省のコンメンタール改訂作業の際の旧版の写し間違いを契機とし、それ以降のことである[38]。

　荒木尚志氏や鎌田耕一氏は「多様な労働者供給形態」を図解し、供給先と労働者が雇用関係にあるものを労働者供給概念に含まれるとしており、近年の厚労省の『労供取扱要領』および『派遣取扱要領』もそれらに倣ったと推測される[39]。

　だが、みなし制は、偽装請負の時点では注文者が労働者と労働契約を締結していないことを前提としていることは疑いない。仮に、その時点ですでに労働契約が締結されていれば、民事制裁として労働契約の申込みをみなすことは労働者に旧・新の労働契約が併存する事態を招くことになる。荒木氏、鎌田氏や厚労省は、その状況を矛盾なく説明することは可能なのか。高裁は厚労省が犯

---

38) 労働省職業安定局庶務課編『改正職業安定法解説』（雇用問題研究会、1949年）35頁。労働（厚労）4（1960年）206頁も同趣旨の解説であった。萬井論文8＝労旬1685号6頁、萬井『法論』151頁。
39) 荒木〔初版〕433頁、鎌田・諏訪〔初版〕43頁、『労供取扱要領』（2018年9月）2頁、『派遣取扱要領』（2022年7月）11頁。

した作業上のミスを引き継ぐだけで、労働省の過去の解説書を参照する労さえとらず、現行法の構造と労働者供給概念とのそのような内部矛盾を検証することもないため、同じ疑問を招いている。知見の披歴は自らの付け焼刃、浮薄さを告白する逆効果を生んでいる。

　労働者供給概念についての基礎的理解の欠落が、9.30通達に追随し、偽装請負と二重の偽装請負に対して派遣法40条の6第1項5号の適用を分けへだてる等、派遣等に関わる杜撰な理論の根底となっている。

(エ)　重なる法令の理解不足
(a)　TAKは従業員500人程度の竹中100%出資の子会社で、建設工事に伴う図形情報処理業務の受託、工事管理等と労働者派遣事業を営む。キャリアはTAKから一部の業務を請負う小企業である。全体の運営を主導するのは竹中であり、Xは竹中の指示に従って就労している。

　竹中は訴訟の当初から、二重の偽装請負であることは認めながら、それは職安法が定める労供事業にかかる「適用領域の問題」であり、派遣法の適用対象となる「派遣の役務提供問題ではない」から、本件にみなし制は適用されないと主張した[40]。高裁は、TAKによるXの竹中への提供は事実上の関係を利用したものだと指摘し、竹中については「労働者供給」に該当するというだけで、「切り分け」という言葉の法的意義についての解説も、みなし制が適用されない理由の説明も存在しないが、実質的には同主張と同じ結論に至っている。竹中に対する派遣法の適用は、なにゆえ考えられもしないのか、具体的に審理を尽くした形跡はみられない。
(b)　高裁は、仮に、二重の偽装請負の場合に注文者に派遣法40条の6が適用されると解すと、竹中に職安法の規制も重複して適用されるのか、それとも規制の適用は排除されるのかという問題が生ずるという（同62頁）。重複適用によりあたかも何か不都合な「問題」が生じるかのような表現であるが、事態は逆で、職安法による処罰は竹中に鋭く反省を促すこととなり、それと併せて、派遣法のみなし制適用により労働者は竹中に直用化されることになり、問題解決に効果的ではないのか。

---

40)　竹中工務店事件・大阪地裁2020年3月10日答弁書16頁ほか。同事件・大阪地判令4.3.30労旬2010号55頁、同事件・大阪高判・前掲注34) 58頁で確認されている。

判決にはみなし制適用によって生じるという「問題」について説明はまったく存在しない。適用否定の根拠がないことを隠すための煙幕か「虚仮脅かし」の類で、高裁はここでも法令についての無理解を告白している。

(3) 派遣法40条の6第1項5号にいう「派遣の役務」の意義
(ア) 高裁の怠慢
　高裁は、二重の偽装請負であると認定したものの、XはTAKが雇用する労働者ではないから、竹中がTAKから「労働者派遣の役務の提供」を受けたとはいえないとして、竹中に対する同条項の「直接適用」を否定した（同61頁）。法文上の「雇用」の位置づけを誤解し、適法な派遣の要件である「自己の雇用する労働者」という要件を偽装請負（違法派遣）について応用するもので、妥当とは評価しえない。
　2012年法改正の国会審議で、政府は、多重の偽装請負の場合、条文では「『労働者派遣の役務の提供を受ける者』としているため、原則として、労働者を雇用する者（下請人）と直接請負契約を締結している者（元請人）が労働契約の申込みをしたものとみなされる」から「注文者が下請負人が雇用する労働者に対して指揮命令を行った場合は、原則として……本条の適用はない」と説明している。しかし、本件のような偽装請負は違法派遣であるが、なにゆえ元請負人が雇用していなければ注文者に対しては「本条の適用はない」と解すのか説明はなく、結論を述べるだけである。また、「原則として」という表現の意味（例外は何を想定しているのか）の説明もない。9.30通達はそれを忠実に引き継ぐ。
　政府答弁は立法者の意思を確認する際の素材の1つではあるが、その時点における政府の見解を示す以上のものではない。司法機関は、それらを視野に入れるとしても、立法の経緯、規定内容など全般を見渡して独自に合理的な法解釈をすべきである。だが高裁は、基礎的な作業を怠り、内容の是非を検討することもなく9.30通達に依拠して済ませ、司法機関としてその論証を独自に思索した形跡も見い出すことはできない（同60頁）。怠慢という他ない。

(イ) 40条の6第1項5号の適用対象と「派遣」
(a)　派遣法40条の6第1項5号の「派遣の役務」にいう「派遣」は当然、違法派遣である。

三者間の労務提供は基本的には違法であり、そのなかで、派遣を例外として容認するためには、適法な「労働者派遣」の概念を具体的に確定する必要がある。派遣法2条1号はその要件を定めた規定であり、それを充たした場合にのみ肯認される。当該要件等を充たすことなく他に労働者を提供することはすべて違法であるから、改めて定義する必要はない。違法派遣を試みる者がどのような工夫をするかをあらかじめ想定することには無理があるから、違法派遣の概念を定めることは、本来適用すべき対象（違法派遣）を枠外に外す作用を果たすこともありうることになり、むしろ危険である。

　違法派遣について定義は存在しないことの意義を再確認する必要がある。違法派遣について「雇用」を要件であるかのように解すことは、2条1号は派遣が適法であるための要件を定めた規定であることを理解していないことを意味する。
(b)　第1項5号は「第26条第1項各号に掲げる事項を定めずに……」と規定する。だが、派遣法等の「適用を免れる目的で」請負等の契約を結ぶ企業が、適法な派遣の要件である26条所定の労働者派遣契約を結ぶわけがない。偽装請負はすべて当該フレーズに該当するから非現実的で無用なフレーズで、立法上の不手際である[41]。

(4)　まとめ

　高裁は、XはTAKが雇用している労働者ではないことを主たる理由としながら、①TAKは独立した経営実態をもち、請負った業務を他の業者に委託して処理している、②キャリアは請負契約を結ぶ前にXを採用内定している、③TAKはXの業務計画等を把握していたと指摘して、竹中がTAKに意図的に中間搾取をさせたとはいえず、本件偽装請負は「特に悪質」とはいえないと付記して竹中への派遣法40条の6の適用を否定した（同62～63頁）。

　互いに独立した企業が請負契約を結びながら、総体としては偽装請負を行なうのであって、関与した企業が独立していることはなんら竹中への同条項の適用否定の根拠となるものではないから、①および③の指摘は無意味である。

　②については、高裁は「通説」と観られている、採用内定の法的性格論について、典型的な事案を前提とする労働契約説をただ写したにすぎない。

---

41)　萬井論文41＝労旬2027号39頁。

キャリアの採用面接を受けて2019年6月10日採用内定通知を受け取った当時、Xは、一般の新規学卒者の事案とは異なり、中途採用であったからただちに就労することは可能であったが、約1ヵ月間、放置された。その間、キャリアは提供先を探していたものと推測される。7月12日、キャリアの営業部長に伴われてTAKのシニアマネージャーらと面談し、竹中のコニカ高槻新サイトで施行図作成業務を提案され、それを「受ける意向」を確認され、それを承けてキャリアは7月19日労働条件通知書を送付し、Xが署名捺印して返信し、7月22日に労働契約が成立した[42]。その経過から、竹中からTAKが業務を請負い、それを再下請けし、そのTAKを提供先とする見通しが立った時点でキャリアはXと労働契約を結んだものと推認される。

採用内定論の先例とされる大日本印刷事件において、最高裁は採用内定は実態が多様であるから、当該事件の事実関係に照らして判断すべきことを強調している。本件経緯に照らすと、6月当初の採用内定の時点ではキャリアはXを確定的に雇用する意思を固めてはいなかったと解され、通常の新規学卒者の内定とは異なり、その法的性格は労働契約締結の予約であったと解すべきである。高裁は、最高裁が当該判決は事例判断であることを強調した意義を理解していない[43]。しかもそれは、キャリアによるX採用は実質的にはTAKが決定したと解することも十分に可能な事実関係である。高裁は認定した事実を慎重に分析し、事実に適合する適切な法的評価をする姿勢を欠いている。②は論拠となりえない。

結局、高裁は竹中に対してみなし制が適用されないことについて、なんら実質的な論拠を示していないわけで、判示は不当という以外にない。

3　みなし制における注文者、元請人と労働者との法的関係

(1)　偽装請負（違法派遣）と「雇用」の意義

(ア)　偽装請負とみなし制

　派遣法40条の6第1項5号の対象は偽装請負である。偽装請負は請負契約

---

[42]　竹中工務店事件・大阪地判・前掲注41) 55頁、同事件・大阪高判・前掲注34) 58頁で確認されている。

[43]　大日本印刷事件・最2小判昭54.7.20労判323号5頁、萬井隆令「労働法解釈の在り方について―実態の把握、分析、法理論化―」学会誌126号（2015年）3頁。

の履行と称して労働者を他の企業に提供しその使用に委ねるもので、職安法44条が禁止する労働者供給事業（労供事業）であると同時に、同じ行為類型であるから違法な派遣でもある。

みなし制は、契約は合意によって成立するという基本原則の例外として、偽装請負の注文者（労供事業の供給先、違法派遣の派遣先）に対して、その意思に関わりなく法律によって契約申込みをしたものとみなし、労働者の「承諾」によって直用化を実現させることを強制する。みなし制は直接雇用の原則違反を禁止することを眼目とし、労働者を当該違法派遣先の直用従業員へと地位を転位させる民事制裁であるから、もっぱら当該派遣先と労働者の関係を監視するもので、二重の偽装請負の場合、仲介役の請負人に雇用されているか否かは制度とは無縁であり、それを問うことは無意味である。

9.30通達は、そのような趣旨を説明しないで唐突に、「申込みの主体は……『派遣の役務の提供を受ける者』としているため」といって労働者の提供者が雇用している場合にのみ適用されるとする。しかし、二重の偽装請負では、元請負人は下請負人から、注文者は元請負人から、重複して労働者供給（違法「派遣」の役務の提供）を受ける構造になっている。仮に竹中とキャリア間の単純な偽装請負であれば、キャリアが労働者を雇用しているか否かについて問われることはないが、その間にTAKが介在したからといって、なにゆえ、みなし制が適用されないことに変わるのか。判決には法的判断の論証は不可欠であるにもかかわらず、本判決にはその論証がない。「……ため」というだけで、他に、労働者の雇用につき元請人と注文者とを区別する理論的根拠をまったく示していないが、注文者も違法な「派遣の役務の提供を受ける者」である点で異なるところはなく、二重の偽装請負になると仲介者（元請人）の「雇用」を問題として注文者への適用は否定することは理論的に筋が通らない。派遣法所定の要件を充たしていないからこそ同条が適用されるのであって、労働者について「自己の雇用する」という適法な場合の要件を求めるのは不合理である。

(イ) 行政通達の意義

9.30通達は、みなし制等の問題について厚労省の下部機関が申告や相談を受けた場合に、どのような基準をもって判断するかについて、まちまちで異なる対応をして労働行政に混乱を招くことがないように、見解を統一すべく本省

の考え方を示したもので、宛先が「各都道府県労働局長」であるように、厚労省の内部限りの解釈にすぎない。それでもなお、下部機関の職員が通達の内容に得心がいくよう、説得力を持ったものであることが望ましい。

　厚労省は自らの解釈に確信がなく、不安を感じたためと推測されるが、短い文章のなかで二度も「原則として」を繰返して他の解釈がありうることを示唆し、司法機関が適切な解釈によって結論的には妥当な決着をつけることを期待していた。だが大阪高裁が慎重な審理をした跡はうかがえず、9.30通達の丸写しで終わっている。

(ｳ) 判決の「均衡」論

　判決は、竹中に類推適用されなくても「著しい不均衡が生ずるとはいえない」という（同62頁）。それはみなし制の適用によりTAKに直用化される状況と比較してのことである。だが本件の場合、TAKはXをキャリアから竹中へ提供する仲介役にすぎない。Xは現に竹中の事務所でその指示に従って就労しているのであり、竹中との関係でみなし制が適用され、竹中に直用されなければXの保護は達せられない。TAKが雇用しても、（派遣形態に変更しないとすれば）再び業務請負によって竹中の指示に従って就労することになり、偽装請負問題を再び生み出すだけのことである。直用化が竹中によるかTAKによるかの違いは社会的な意味は著しく大きく、それを「不均衡」ではないという判決はあまりにも世情に疎いもので、強弁にすぎる。

　なお、判決の論理が通用すれば、社会的に、業務請負契約を利用する企業に対し仲介者を介在させれば、偽装請負と判断された場合でも注文者としてはみなし制の規制を免れうると発信し、二重の偽装請負を推奨することになり、社会的影響の点でも不適切である。

(2) 本件固有の事情——「承諾」の同時発信

　山川隆一氏は、二重の偽装請負の場合、下請負人が雇用する労働者が元請に対して「承諾」した場合には当該元請けとの間に労働契約が成立し、「その時点以降」注文主は「派遣関係にたつことになるので、本条の適用が可能になる」

と指摘される[44]。

本件には当該指摘が妥当する。仮に、9.30通達に倣うとしても、Xは契約申込みみなしに対し竹中とTAKの双方に同時に「承諾」の意思表示をしたから（甲13号証）、「承諾」が届いた時点でTAKはXを「雇用」していることになり、その瞬間、竹中はTAKが雇用するXに契約を申込んだものとみなされ、「承諾」により竹中と労働契約が成立したことになる。

本来、二重の偽装請負について元請人が労働者を「雇用」しているか否かは問われないが、仮にそれが問われるとしても、本件ではその「条件」を充たしている。

Xはそう主張し、裏づける書証を提出しているにもかかわらず、地裁も高裁もそれについて審理せず、判示もしない。当事者主義において、当事者の主張や提出された証拠を読まないでおいて裁判所としての判断を下すことは許されないから、本件には審理不尽以前の問題がある。

4 「脱法目的」論と判例違背

判例のなかには、主たる主張を否定し「他の主張は検討するまでもなく……」として訴えを棄却する例も多い。だが、高裁は結論に確信がないためと推測されるが、「仮に」適用されると解した場合につき「免脱目的の有無も検討しておく」として「脱法目的」論に移る（同63頁）。

(1) 「脱法目的」についての判断

派遣法40条の6第1項5号の適用のためには、派遣法等の「適用を免れる目的で……」が認定される必要がある。

高裁は、労働局から訪問調査の予告を受け、二重請負の契約形態の「組織表、体制図等」、業務指示の姿を「確認する書面」を作成し、Xの席を移し、竹中の従業員らとの間にパーテーションを設けた等々を指摘し、さらに、Xは必要な資格を有し、業務には「専門的な知識に基づき、裁量の下で、指示の内容を実現するために必要な仕事内容を拾い出し、順序を決定するなどしたうえで行う性質のものも……相当程度含まれ」るとの指摘も加えて、「指揮命令」と「注文者の指図」の区別は微妙で、労働局の指導以前に「偽装請負の状態……を明

---

44) 鎌田・諏訪〔初版〕298頁（同氏が偽装請負は同時に違法派遣でもあるとされると解すれば……という条件付きで）。

確に認識すること」は容易ではなかった、指導後は再発防止のため「相応の対応」をしたから、脱法目的があったとは認められないとした（同63～64頁）。

(2) 高裁の判示の理論的問題点
(ア) 問題点
　高裁は、「指揮命令」と「注文者の指図」の区別の困難さと、労働局の指導前後の竹中の行動、わずかその2点だけ挙げて「脱法目的」の存在を否定する。
(a)　本来、「指揮命令」は雇用している従業員もしくは派遣で受け入れている労働者に対してのみ行なうことができる。竹中は自社の社員でも派遣労働者でもないXに対し、指揮命令およびそれに類することはいっさいできない。「注文者の指図」は請負契約の相手方であるTAKに対するものに限られ、直接、Xに対する「指図」はありえない。竹中ほどの大企業で法務部門も備えていながら、「指揮命令」と「注文者の指図」の区別が困難だったといった弁明は通じない。Xの資格とか業務の専門性等とは無関係であり、高裁の指摘の意図・趣旨は不可解である。Xに対する「指揮命令」とTAKに対する「指図」の区別は明瞭であって、「区別に微妙な面があった」という判示には疑問がある。
　なお高裁は、労働局の指導前後、竹中の再発防止のための対応を評価するが、Xの席の移動やパーテーションの設置は、冷静に見れば、竹中が法違反摘発に直面して周章狼狽し、体裁を整えている状況に他ならない。
(b)　そもそも、違法派遣を「行った……その時点において」契約申込みをしたとみなされる。仮に違法行為を反省し善後策を講じたとしても、当該違法行為の責任をとらなくて済むわけではなく、遡って法の適用をしないことが許されるものではない。

(イ) 判例の状況――判例違背
　みなし制は違法派遣行為を行なった企業に対し民事制裁を課すもので、企業経営者らの個人責任を追及するものではない。企業は自然人ではないから人間としての意識・心情を持つわけではなく、脱法目的といっても客観的に企業のとった行為から推認する以外に方法はない。「目的」は、経営者の主観的状況と直接に関わるものではなく、企業の業務運営に係る客観的な行為から推定すれば足りるし、そうすべきである。

判例としては、ハンプティ商会（AQソリューションズ）事件・東京地裁は経営者の主観的状況を重視する主観説をとったが[45]、それ以外は企業のとった行為から客観的にその「目的」を推認する客観説であり、件数はまだ少ないものの、客観説が通説となりつつある。

日本貨物検数協会事件で名古屋地裁は、脱法目的は契約の「形式と実質の齟齬により労働者派遣法等による規制を回避する意図を示す客観的な事情の存在により認定される」と述べ、名古屋高裁は、偽装請負について「客観的事実の認識があり、かつ、それにもかかわらず適用潜脱目的ではないことをうかがわせる事情が一切存在しないような場合」にその存在を認定できると判示した。東リ事件で大阪高裁は、目的といった要件は「客観的な事実から推認する」と述べ、日常的に偽装請負が続いている場合には「特段の事情がない限り……法人の代表者……は、偽装請負の状態にあることを認識しながら、組織的に偽装請負等の目的で当該役務の提供を受けていたものと推認」されるとし、脱法目的を認定している[46]。

東リ事件高裁判決を、経営者の「認識」に言及していることをもって経営者の意図が問われている主観説をとったと解す見解もある[47]。主観説は、経営者の認識がなければ脱法目的の存在を認定できないとするが、同判決では経営者の「認識」への言及は、脱法目的認定の要件としてではなく、認定を補強するものと位置づけられている。つまり、偽装請負状態が存在する、まして機関である彼らにその「認識」があれば、企業として偽装目的を有していたと認定しうるのは当然であり、本件では経営者は明確な目的を持っていたことが立証されていると追加して説示したにすぎない[48]。偽装請負を認定しながら脱法目的不在を理由に派遣法40条の6の適用を否定した例があることに照らしても、最高裁が東リの上告を受理せず棄却したことは重要な意味を持つ[49]。今や、客

---

45) ハンプティ商会（AQソリューションズ）事件・東京地判・前掲注26）。
46) 日本貨物検数協会事件・名古屋地第1民事部判令2.7.20労旬1970号78頁、同事件・名古屋高第2民事部判令3.10.12労判1258号58頁、東リ事件・大阪高判・前掲注34）。
47) 塩見卓也「偽装請負事案における労働者派遣法40条の6の適用」民商157巻3号（2015年）126頁、竹内（奥野）寿「労働判例速報・大阪高判令3年11月4日」ジュリ1566号（2022年）5頁、山本圭子ほか「新春鼎談：労働者派遣法を巡る裁判例の動向と課題」労判1275号（2023年）19頁。
48) 萬井論文41＝労旬2027号34頁。
49) 東リ事件・最3小決令4.6.7。

観説が最高裁も支持する「判例」であり、高裁判決は判例に違背する。

5　元請負人（TAK）に対する派遣法40条の6適用の可否
(1) TAKによる「指揮命令」の存否

　竹中にXを提供したTAKについて、大阪地裁は、Xがその事務所で行なった作業は竹中で就労するための「待機及び準備」で「業務指示は積極性に乏しい」と、暗に「労働」ではなかったと示唆し、適用を否定した[50]。

　高裁は二つの理由をあげて脱法目的を否認し、みなし制の適用を否定した（同65〜67頁）。

　第一は、TAK（元請負人）が竹中（注文者）の業務に従事するよう指示したことが「指揮命令」に当たるかは「十分な議論」がなされていないから、偽装請負と「明確に認識」できたとは言えないということである。しかし、そのような「認識」の有無が問われるのか疑問である。それは改めて「議論」を要する問題ではない。

　派遣において、派遣元は契約の相手方に赴き当該派遣先の指示に従って業務に従事するよう指示する。それは、派遣元の「指揮命令」であるが、偽装請負（違法派遣）の場合も状況はそれと異ならない。TAKは請負契約の名のもとに竹中の業務に従事せよと指示してXを竹中へ提供し、その使用に委ねている。その指示は、違法ではあるが、法的性格および拘束力（効果）としては「指揮命令」である。日頃、業務請負を行ない、派遣事業について厚労省の許可も得ているTAKが、それを認識できないとは主張しえまい。

　TAKにそのような指示を出す適法な権限があったのかと問われれば「議論」の余地はあろうが、問題は権限の有無ではない。むしろ、権限はないことが前提である。権限はないにもかかわらず、現実にTAKから指示を受けてXが竹中の指示に従って就労していたという実態が重要な意味をもつ。当該指示はXを拘束する「指揮命令」として機能し、Xはそれに従わざるをえず、それに従って就労したからこそ、偽装請負と判断された。

　なお、業務に係る「協議」は、TAKとキャリアという企業間ではなく、TAKとXの間でのことであり、Xにとっては実質的にはTAKによる指示で

---
50)　竹中工務店事件・大阪地判・前掲注41) 76〜77頁。

あったことは社会常識として自明のことである。

　理由の第二はXの席の配置換えや契約形式の変更等「相応の対応をしていた」ということだが、それは、偽装請負発覚後、その場を取繕うための一時凌ぎの違法隠し工作にすぎず、「相応の対応」とは評価し難い。契約申込みがあったものとみなされた後の「対応」によって、遡って、契約申込みをなかったことにすることはできない。

　しかも、それは主として竹中が行なったことであり、それをTAKの脱法目的否認の理由とするのは筋が通らない。

　そもそも、TAKがキャリアの従業員であるXを請負契約を結んでいた竹中へ契約の履行として提供し、その指揮命令に従って就労させたから偽装請負（労供事業）と判断されたのであり、そう判断した後に、指揮命令の存否や「協議」の法的性格を論じること自体が不適切であり、しかも、当該判示は論証になりえていない。

(2)「脱法目的」否定の論理

　高裁は、TAKが偽装請負状態を明確に認識しえたとは言い難いと述べた後、TAKの指示についての「議論」の有無や9.30通達の内容を指摘し、脱法目的の否定を導く形になっている（同67頁）。だが内容的には、偽装請負とは知らなかったことに過失はないとして適用を否定するニュアンスが色濃い。

　しかし、TAKの指示は「指揮命令」と認定する以外になく、偽装請負であることは竹中、TAKとも認めていることである。TAKの「脱法目的」に関し、竹中の「指図」の存在やその意味を検討する必要はない。違法隠し工作についての判断も不適切である。それも合わせ、偽装請負状態を「明確に認識」できなかったという弁明を受け容れたうえでの脱法目的の否認は不見識である。

6　小括

　労働者派遣法は、もともと、間接雇用の反社会性を認識しつつ、法規制の枠内に収める構想のもとに労働者供給から「派遣」概念で括って合法化したのであり、それに加えて2012年には偽装請負の悪質さを意識して40条の6第1項5号が規定された。偽装請負を認定し、みなし制の適用を認めながら、二重の偽装請負になると注文者に対しては適用されないという結論の間には、それを

繋ぐ論理がまったく存在しない。

　高裁には、内容を吟味して適当か否かも考えないまま、9.30通達をただ引き写しているといった印象を拭えない。自ら条文を読み、立法の趣旨を考察して一定の解釈に至るといった、司法機関としての営為の跡が見えない。それは、司法制度の基礎を揺るがしかねないものであり、放置することはできない。最高裁において破棄されることが期待される。

第4節　派遣法40条の7と「採用その他の適切な措置」の意義
―― 大阪医療刑務所事件・大阪地判令4.6.30について[51]

　労働者派遣法は2012年改正の際、40条の6を新設し、4つ（2015年改正により5つ）の類型の違法派遣を挙げ、該当する行為を行なった「その時点において」派遣先は同一の労働条件で「労働契約の締結申込みをしたものとみなす」と規定した。私企業の場合は、契約の自由の労働法的修正であるが、派遣先が国や地方自治体の場合には、公務員法などによる制約があるから、そのまま適用することはできない。そこで、派遣法40条の7は、40条の6に該当する行為を行なった場合、労働者が「同一の業務に従事することを求めるとき」は、国や自治体は「同項の規定の趣旨を踏まえ……採用その他の適切な措置を講じなければならない」と定めた。法律には通暁しているはずの国や自治体のことであるから、過失の有無は問わない。

　40条の7が議論の対象となることは少ないが[52]、国や自治体でもアウトソーシングを利用する傾向が顕著なだけに、同条の意義は重視されねばならない。大阪医療刑務所事件・大阪地判令4.6.30（労旬2017号51頁）は同条の適用が問題とされた最初の訴訟である。

---

51)　本節は、萬井評釈22＝労旬2017号を一部字句修正したものである。
52)　小六法では条文の掲載を省略されることもあるし（有斐閣『ポケット六法』――編集委員：労働法は荒木尚志）、テキスト類でもせいぜい条文の紹介程度であり（西谷〔3版〕551頁）、その紹介さえないものもある（荒木〔4版〕、菅野〔12版〕、土田道夫『労働法概説〔第4版〕』（弘文堂、2019年）など）。
　　なお、萬井論文29＝労旬1937号32頁は、本件に関して大阪地裁へ出した意見書である。

1　事案の概要

　大阪医療刑務所には専門的な医療処置を要する受刑者が収容されており、必要な場合、専用の官用車で護送される。国は2014年4月からは車両の運行管理業務を日東サービス（N）に請け負わせており、原告Xは同業務に従事した。その際、契約に反するが、突発的な用務の場合に限らず、刑務所職員が時間、行先、車種を示した「運行予定表を直接交付して、いつ、どこにどの車両を運転するかを伝達するとともに、注意点等があれば個別に口頭で伝えていた」。

　2016年11月、大阪労働局から偽装請負と認定され是正指導を受けた国は、翌年1月から3月末まで労働者派遣契約に変更し、Xは引き続き派遣労働者として同業務に従事した。だが、法務省矯正局の基本方針に従い、新年度から再び同業務を請負契約として発注することになり、入札が行なわれたが、Nは落札することができなかったため、Xを解雇した。

　Xは入札不調を知り、2017年3月27日、法務省矯正局に就労を続けられるよう「対応」を求めたが叶えられなかった、労働組合の6月2日の「採用その他の適切な措置」の要求も効を奏さなかったため、派遣法40条の7にもとづき採用することを求めて本件訴訟を提起した。

2　判旨

(1) 不作為の違法確認の訴えおよび義務づけの訴えの適法性（本案前）

(ア) 派遣法40条の7と採用義務の有無（争点2）

　国家公務員は法令で定員が定められており、採用には成績主義、公正任用の原則等の制約があるため、国は当該労働者の「能力、職務内容……労働条件、派遣労働者からの求めがなされた時期及びそれまでに取られた措置の有無・内容……定員及び欠員の状況等の諸般の事情を踏まえ」措置を決すべきで、それには「他の機関における非常勤職員募集の情報……一定期間経過後に欠員を生ずる見込みがある場合にその情報を提供することなど……雇用の安定に資する事実行為を含む様々な行為が含まれ……処分に当たる行為に限られない」。求めがあった時点で「労働契約関係が終了していた場合は、措置を講ずる義務を負わないことも考えられる」。

(イ) 採用に係る法令上の申請権の有無等（争点3）

同条は労働者が「『求め』を行う際に伝えるべき内容や方式を定めておらず、これを規定する政省令や通達・要綱も存しない……適切な措置を講じなかった場合における不服申立手続についての定め」もないから、応答義務もない。

講ずべき措置の内容が不定で、「特段の行為をしないことも含まれる」から「不作為の違法確認の訴えを求める部分は、訴訟要件を欠く」。

(ウ) 義務づけの訴え（争点5）

非申請型義務づけ訴訟は、一定の処分がなされないため生じる重大な損害を避ける他の方法がないことが要件である。採用されないことによる損害は「給与の喪失や年金の減少といった経済的な損害で……金銭賠償によって事後的補てんが可能で」あり、所定の訴訟要件を欠く。

(2) 国家賠償請求について

(ア) 判断の枠組み等（争点6）

刑務所長がXを採用しなかったことが職務上の義務に違背したかを検討する。

(イ) 免脱目的の有無（争点1）

(a) 判断枠組み

「直接の雇用関係の設定ないし形成という民事的な制裁を課すに相応しい場合に限定して申込み擬制の効果を生じさせるため」免脱目的が要件とされるが、「他人が雇用する者を指揮命令したとの評価を基礎付ける事実関係を認識・認容しながらこれを行っていた……事実をもって直ちに」同目的があったとは解しえない。①「『適用を免れる目的』という積極的な主観的要素を示す文言」、②派遣における指揮命令と請負における注文者の指図の明確な判別の難しさ、③雇用関係の形成という制裁の要件であること等をふまえると、違法と知りながら「法規制の適用を免れるためにあえて請負その他……の名目で契約を締結し、かつ役務の提供を受けたことを要する」。そう解しても、労働局からの指導、従前の派遣を「就業実態を何ら変えることなく請負契約を締結したといった、客観的、外形的事実から推認することが可能」で、同条項の適用に特段の支障はない。

(b) 本件における検討
ⅰ）免脱目的の有無について
　法務省は2008年度以降、刑事施設の自動車運行業務を民間委託していたが、厚労省から警告されたことはなく、用度課長は行先等の指示は「契約に伴う業務内容を伝達しているだけ」と認識していた。
　業務の性質上、「おおむねの待機時間が運行計画に明示され」ていれば、「あらかじめ指定した範囲内で……詳細な停車位置や待機場所を特定しても、直ちに発注者からの指揮命令に」該当はしない、Ｎの「業務管理責任者は……一応置かれていた」、「スタッフルームが置かれていた」。よって、請負を「全くの名目的」とは評価できず、「契約の定めと実際の運用との間に相違があることをもって直ちに……所長に免脱目的があった」とは認定できない。
ⅱ）免脱目的の判断時期等について
　派遣法40条の6は契約締結と役務の提供を受けることの「間に『又は』等の接続詞を用いていない……規定ぶりに徴すると、……契約の締結についても、免脱目的を有しながら行われることがその適用要件」と解される。「実質的にみても……契約を締結した時点では免脱目的を欠いていたが、その後に労働者派遣とすべき状態となっていることに気付いたものの、役務の提供を受けたような場合は、前者（免脱目的をもって契約を締結した――筆者注）よりも悪質性や違反の程度が低い」。
ⅲ）免脱目的の影響について
　労働局の指導を受け、程なく労働者派遣契約に切り替えており、法違反の程度が大きいとはいえない。

(ウ) 刑務所長の措置の国賠法上の違法性（争点6）
(a) Ｘ提出の文書について
　Ｘが法務省矯正局に提出した、契約更新により就労が継続されるよう配慮を「お願い」する文書は「公務員として採用するように求める意思表示」とは解されない。
(b) 権利行使の保障期間
　締結申込とみなされる労働契約には「派遣元との雇用契約における始期及び終期が含まれる」。終期を超えてＸを就労等させるべき義務を負わないから、

刑務所長は職務上の法的義務に違反してはいない。

(c) まとめ

不作為の違法確認の訴えおよび非申請型義務づけの訴えはいずれも訴訟要件を欠き、不適法である。国に法的義務違反は認められず国賠法1条1項にもとづく請求は理由がない。

3 研究

本件に関しては大阪労働局が1986年告示37号の2条違反を具体的に指摘して是正指導し、国は偽装請負を行なった事実を認めて派遣に変更する旨の是正報告書を提出している。本判決は偽装請負を「法令を遵守すべき国の機関の状況として遺憾」だと指摘するだけで済ませ（同67頁）、各論点についての判断に移る。

だが、国（法務省）および刑務所長らが職安法44条により刑事罰の対象となる偽装請負（労働者供給事業）を行なった事実は本件審理の基礎である。労働局が派遣法26条等違反を指摘するものの職安法44条違反を指摘しないことにも問題があるが、本判決は事実経過を描写するだけで偽装請負と明確に確認しないまま免脱目的論から説き始める。それが大阪地裁第5民事部（中山誠一裁判長裁判官、窪田俊秀、岩崎雄亮裁判官）の審理の杜撰さ、筋を通す明快さに欠ける判旨を象徴している。

本判決は構成にも疑問がある。「本案前のもの」として争点2（国はXを採用する義務を負うか）、3（採用に係る申請権の有無）、5（採用されないことによる損害——行訴法37条の2第1項）につき判示をする（同63頁）。だが、Xは「採用その他の適切な措置」を訴求しているから、それらは「本案」そのものではあるまいか。また、示された項目名とその内容が照応していない文章構成の拙さや同じことの繰返しが多いこともあり、読み進んでいけば判決の論旨を自ずから把握しうるような構成にはなっていないという文章構成上の拙さもある。

もとより本判決の主たる問題は法解釈の誤りである。論点を整理し、判旨の順序の入替えも含め整理し、検討を回避している点にも言及しつつ、評釈を試みる。

(1)「採用その他の適切な措置」の意義

　本判決は、派遣法40条の7の趣旨は「派遣労働者の雇用の安定を図る」ことというが、被告・国が講ずべき「採用その他の適切な措置」を、他の機関の募集や欠員を生ずる見込の情報提供等の事実行為までも含む広範なものとするだけでなく、労働契約関係が終了していれば「講ずる義務を負わない」、「採用に関する具体的な権利を付与することを基礎づけるような義務」はないと述べ（同63〜64頁）、ほぼ全面的に国の自由裁量に委ねている。

　しかし、「採用」に限定せず「措置」が一義的でないのは、違法派遣の派遣先が国であるため公務員法上の制約があるから派遣法40条の6をそのまま適用できない事情による。違法派遣を受けていた国に「適切な措置」を「講じなければならない」と、明確に措置を義務づけていることを本判決は見誤っている。

　当該「措置」は無限定ではない。派遣法40条の7は「関係法令の規定に基づく採用その他の適切な措置」と規定しているのであって、当該法令に他の機関の人員募集や欠員見込み情報の提供といったことが規定されているわけではない。あくまでも冒頭に例示される「採用」が基本であり、それに匹敵する範囲内での措置が想定されている。本判決は、裁判所にあるまじく、適用条文を忠実に読むという基礎的作業を蔑ろにし、法解釈の枠組みを逸脱して「措置」を恣意的に拡張している。

(7) 派遣法40条の7の趣旨と判示内容の不適切さ

(a) 派遣法40条の7の趣旨

　本判決は、派遣法は「求め」を行なう際に「伝えるべき内容や方式」も、国が措置を講じなかった際の「不服申立手続」も定めていないから、国に応答義務を課すものではなく、「特段の行為をしないこと」もありうると判示する（同64頁）。

　しかし、それは「言葉のトリック」の類である。「求め」の「方式」を定めていないことは、「方式」は労働者の判断に委ねただけのことである。派遣法40条の7は、労働者は失業したか、それが不可避な状態に置かれていることが前提の条項であり、「求め」に対しては早急な「措置」を義務づけられているのであるから、「不服申立手続」を定めていないことは、申立てを受けた国

が解決を先延ばしする可能性を封じ、迂遠な手続きを経ることを避ける趣旨と解すべきである。

「他の機関」の職員募集情報等を提供されたからといって、当該募集に応じる機会ができるだけのことで、必ず「採用」されるとは限らない。「一定期間経過後に欠員を生ずる見込み」の情報提供に至っては、欠員がいつ生じるのかはわからないし、当該募集の情報の提供さえ確約されてもいない。そもそも、「措置」を講ずべき主体は違法派遣を受けた国（法務省）である。にもかかわらず、その国に対しては「採用」などの措置義務を免れさせ、「他の機関」等に最終的な対応を委ねることを容認する判示は、法律の趣旨を理解していないことを告白するものである。

判決は規定の「趣旨を踏まえ」と判示するが、そもそも、判決が示す程度の情報提供は国や自治体が通常の職員募集としても行なっていることであって、実効性のない内容空疎な措置は「制裁」の範疇にも入らない。また、派遣法40条の5で一定の場合には派遣業者に一般的に義務づけていることであって、違法派遣を受けていたことに対する民事制裁とは異質である。国は民間企業と異なるというだけで、その程度の措置で済まされる理由はない。

なお、当該労働者の能力、職務内容等の事情をふまえるというが、それは派遣法40条の7が前提とする場面・状況を把握していないことを告白するに等しい。同条は、違法派遣が行なわれてきた状況を前提としている。労働者は（違法ではあるが）自らがそれまで指揮命令して就労させてきた者であって、改めて確認するまでもなく、国はその能力を充分に把握している。労働者は従前と「同一の業務に従事することを求めるとき」を要件としている。当該労働者が遂行してきた職務は存在しなくなったわけではない。したがって、国は引き続き当該職務に就かせることが可能である以上、「採用」の措置こそ同条が想定する「適切な措置」である。

(b) 非常勤職員としての採用

派遣法40条の7の「措置」は正規の公務員の枠を拡大して、当該労働者を「採用」することが立法の趣旨にもっとも適合する。ただ、それには一定の時日を要するから、それまでの間、公務員法上も柔軟な対応が可能な範囲を考慮し、少なくとも非常勤公務員としての採用を指すと解すべきである。

非常勤の場合、一般に労働条件が低い。その際の労働条件について派遣法

40条の7第2項は、派遣元に対し、当該労働者の「労働条件の内容」を通知すべきことを義務づけていることに照らしても、違法派遣を受けた国（の機関）に対する民事制裁であることもあわせ考えれば、労働条件は従前、違法に派遣されていた時と「同一の労働条件」を下回らない条件が保障されると解すべきである。そのようにしても、国は違法派遣先に対する派遣料金を支払わずに済むから、従前よりも少ない経費で当該労働条件を確保することができ、むしろ経費節減にさえなるから、財政的には問題はない。

本件業務は入札できなかったNに代えて再び請負の形態で別のA社に委ねているのであるから、Xをとりあえず非常勤職員として採用して同業務を担当させ、それを前提としてA社との契約内容を調整すれば充分に可能なことである。

(c)「採用その他の適切な措置」の意味

国は従来、車両運行業務を請負の形でアウトソーシングすることによって同業務を遂行する労働者に係る定員を設けず、問題を回避してきた。だが、違法として是正を求められた以上、同業務は将来的にも継続的に必要であるから、それを担当する職員数に見合う定員化を図る必要がある。ただ、定員化までの間、とりあえずはXを非正規で「採用」し、可及的速やかに定員化―正規職員化を図る必要がある。派遣法40条の7の適用が問われている状況を考慮すれば、「採用その他の適切な措置」とあるが、40条の6との均衡を考えても、「採用」こそがもっとも「適切な措置」であり、それ以外のことを検討するまでもない。

求められる「措置」の具体的な内容はすべて国の自由裁量に委ねられる性質のものではなく、あくまで「採用」が基本であり、少なくともそれに匹敵する措置でなければならない。本判決は、慎重な検討もなく、上記のような漠然とした措置を執れば済むと解するが、それは立法の趣旨から著しく外れている。

(イ) 採用されないことによる「損害」

本判決は、労働者が採用されないことによる損害は「給与の喪失や年金の減少」であって金銭賠償による「事後的補てんが可能」であるという（同65頁）。

その判示は、裁判所が労働者の人間としての生活、ひいては生存への危険を現実的具体的に想像しようともしていないことを示唆している。日々の生計を営むための、働いて得られる収入（給与）の「喪失」はいかなる事態を招くのか。

解雇された労働者の実情を推測すれば、軽々しく「損害を避ける」他の方法があるとか「事後的補てん」が可能だということはできない。「金銭賠償」といっても、容易に得られるわけではない。別に訴訟を行なって勝訴した場合に得られるものでしかない。その「補てん」が得られる日まで、労働者は具体的にどのようにして生きていくのか。そうであるからこそ、派遣法は違法派遣を行なってきた国に対し早急な「採用」を義務づけているのである。

(ｳ) まとめ

　派遣法40条の7は40条の6の存在を前提とし、国・自治体へそのまま適用し難い事情を考慮しただけであって、違法派遣を行なってきた派遣先への民事制裁を定める立法の趣旨は同じである[53]。その規定内容および位置関係に照らし、派遣法40条の6と40条の7に関する限り民間企業と国は同列であり、同類の民事制裁を予定されていると解すべきである。国を特別扱いする本判決は、国を忖度するあまり、規定の趣旨の曲解を犯すに至っている。

　Xは一貫して派遣法40条の7にもとづく「措置」を求めており、それこそが本件訴訟の核心部分である。Xは行訴法3条5項にもとづく国の不作為の違法確認、3条6項にもとづく措置の請求も行なっているが[54]、それは独立した請求ではなく、すべて派遣法40条の7の「措置」に収斂するものであり、同「措置」の請求が本案である。判決は、「不作為の違法確認の訴えを求める部分は、訴訟要件を欠く」というが（同65頁）、Xは「不作為の違法確認」を超えた、派遣法40条の7が保障する「措置」を請求している。本判決は原告の主張の核心を理解するという、裁判所としての責務を果たしていない。

　そもそも、国が執るべきものとされる「措置」は、派遣法40条の7が定める違法派遣を行なってきた派遣先として対応を命じられていることであり、法的性格としては派遣法40条の6の契約申込みみなしに相当するものとして法律によって厳格に羈束されているのであって、従来型の行政処分と異なる、派遣法40条の7が創造した新たな「措置」でもないし、実質的には、行政官庁

---

[53] 国会審議の際、政府（長妻厚労相）は、違法派遣先が国の場合も「派遣先での直接雇用を図るという労働契約申し込みみなし制度と同様の措置」をとると説明している（2020年4月16日衆議院会議録第23号7頁）。

[54] 訴状8〜9頁。

の独自の権限行使である「処分」でもない。派遣法40条の7の場合は現実には「採用」以外には想定し難い。その意味では、Xは同「措置」を請求すれば足り、行訴法3条5項、6項を援用する必要はなかった。

本判決は訴訟の核心を捉え損ねており、争点2、3、5を「本案前」の問題と位置づけることに合理的理由があるとは考えられない。

(2) 免脱目的論
(ｱ) 免脱目的の評価のあり方
(a) 免脱目的の主体

「目的」は人の内心のことであるから外から観ることはできない。ましてや組織体が自然人と同様の内心の意思を持つことはないから、それを直接立証することは不可能である。したがって、当該組織体については、評価対象とされる行為をめぐる諸般の事情を総合し、当該「目的」の有無を客観的かつ合理的に推認すべきである[55]。

本判決は、もっぱら刑務所長の主観的認識に焦点を当て、業務請負と派遣とをどのように認識し識別していたのか、免脱目的を有していたかを検討している（同67頁以下）。しかし、本来、免脱目的の有無は法務省（大阪医療刑務所）という組織体について問われる。刑務所の最高責任者であるとはいっても、所長の、しかもその主観的認識を検討するのは対象を取り違えている。

さらに判旨(2)(ｲ)(b) i は、車両運行業務の性質、業務管理責任者とスタッフルームの存在を根拠に刑務所長の免脱目的を否認したが、根拠とされたのは請負契約が「全くの名目的なもの」ではないということであり、所長の認識を検証したものではなかった。

要するに、所長の主観的認識を問うことには意味がないことに加え、自ら述

---

[55] 日本貨物検数協会事件・名古屋高判・前掲注27）、東リ事件・大阪高判・前掲注12）、和田ほか『派遣』52頁（沼田雅之）など、判例学説上も多数説である。これと異なり、経営者の主観的認識を問うものとして、ハンプティ商会（AQソリューションズ）事件・東京地判・前掲注26）、竹中工務店事件・大阪地判前掲注41）、桑村・前掲注3）130頁。山川隆一氏は表現が曖昧で、真意は図り難い、鎌田・諏訪〔初版〕297頁。

なお、東リ事件地裁判決評釈：萬井評釈18＝労旬1970号35頁、同事件高裁判決評釈：萬井評釈19＝労旬2003号13頁、ハンプティ商会（AQソリューションズ）事件地裁判決評釈：萬井評釈20＝労旬2007号47頁、竹中工務店事件地裁判決評釈：萬井評釈21＝労旬2010号19頁。

べた検証の方法を実際には実施していない有様で、判決は二重の筋違いを犯している。

(b)「目的」の有無認定の基準

偽装請負は自然現象ではなく、企業の営業活動として行なわれるもので、「目的」があるからこそ偽装「状態」が形成されていく。したがって、通常、偽装請負が行なわれること自体が「免脱目的」を含むと認識され、偽装請負があれば、前提として「免脱目的」があったと推定するのが自然の理であり、社会常識である。偽装請負を主張立証すれば、「目的」はそれに含まれていると強く推定され、改めて別に「目的」を立証する必要はない。立証責任は転換され、発注者が「目的」はなかったというのであれば、自ら「目的はなかった」ととくに主張し立証する責任がある。

「明らかに指揮命令と評価できる関与が日常的に行われ、そのことを会社上層部も認識・許容していた場合や、契約書とは別に、実質的に労働者派遣契約の内容をなすといえる覚書等が存在する場合には、脱法の意図があったと推認できる」とする見解がある[56]。たしかに、そのような事実があれば「目的」の存在は確認されることに異論はあるまい。しかし、そのような状況がなければ免脱目的は推認できないというのであれば、その主張は首肯できない。

作業現場における業者の従業員に対する発注者の従業員の直接的指示の存在やその詳細まで組織体の上層部が認識し、それを許容しているといった状況が常に存在するとは限らない。それらは通常は現場に任される。ただ、その際、上層部としてはその類の指示は「許容」してはいないし、禁止されることを現場責任者にまで徹底させる責務がある。したがって、客観的に組織体からの指示と確認される事情があれば、上層部が直接認識していなくても当該組織として「免脱目的」を持っていたと推認される。

本判決は、「事実関係を認識・容認しながらこれを行っていた」だけでは足りず、「免脱目的があったというためには……法律上許されないことを知りながら……法規制の適用を免れるためにあえて請負その他労働者派遣契約以外の名目で契約を締結し、かつ役務の提供を受けたことを要する」といい、そう解しても、労働局の指導、就業実態は同じまま派遣から請負契約への変更といっ

---

[56] 鎌田・諏訪〔初版〕297頁（山川隆一）。竹内（奥野）寿「労働者派遣法40条の6第1項5号に基づき労働契約の成立を認めた裁判例―東リ事件」ジュリ1566号（2022年）4頁も同旨か。

た「客観的、外形的事実から推認することが可能」であるから「同条項の趣旨を実現する上で特段の支障はない」と判示する（同 66 頁）。

　派遣法 40 条の 6 が、派遣先が違法派遣であると知らなかったことについて過失がなかった場合は契約申込みみなし制が適用されないと定めているのと異なり、派遣法 40 条の 7 は、無過失の場合にも「措置」義務が課されるものとしている。国や地方自治体は法律や条例を制定し、広報し、それを適用する。当然、国・自治体そしてその公務員は法律に通暁している（はずである）。立場上、その国などが違法派遣と知らなかったでは済まないということである。ところが判決は、国が「事実関係を認識・認容し」ていただけでなく、故意にそれを継続した場合に初めて、「措置」義務が課されると解する。それは、派遣法 40 条の 7 が無過失を「措置」義務適用の要件から除外した趣旨に反する。

　偽装請負であることを知りつつ繰り返していれば、社会通念上、「免脱目的」をもって行なったと評価される。なぜ、それだけでは免脱目的を有していたと判断できないのか。しかも、続く「法律上許されないことを知りながら……」とは公然と偽装請負を繰り返す状況であり、国（法務省・大阪医療刑務所）があたかも検察庁に対し職安法違反による起訴を挑発するに等しい異様な態度である。指摘されるような状況が存在すれば当然、「免脱目的」は認定されようが、その程度に至らなければ認定されないというものではない。また、違法であることを認識しながら請負契約等を結び、「故意」に偽装請負を行なっていれば免脱目的が認定されるのは当然で、何か意味のあることを述べたことにはならない。

　要するに、「事実関係を認容しながら」ある行為を行なっていれば、ただちに「目的」の存在が認定されるのではあるまいか。明快な理由を示さないで結論だけを述べる当該部分は本判決のなかでも、ことに不可解な判断という他ない。

(イ) 免脱目的認定の時期と「悪質性」論

　改正派遣法の施行の際の 9.30 通達は、「偽装請負等に該当するとの認識が派遣先等に生じた場合は……翌就業日以降初めて指揮命令を行う等により改めて『偽装請負等の状態となった』と認められる時点において、『偽装請負等の目的』で契約を締結し役務の提供を受けたのと同視し得る」と述べている。本判決は

その9.30通達を無視し、契約締結と役務の提供を受けることの間に「『又は』等の接続詞を用いていない」ことも論拠の1つとし、あえて、免脱目的の存在を判断する時期を契約締結時、役務の提供を受け始めた時に限定する(同68頁)。

しかし、文理として、「目的で」が「契約を締結し……」に架かることは確かだが、契約履行の過程で偽装請負状態に変化していった場合も、その時点では偽装請負であることにかわりはないから同条の適用がないという理由にはならない。

(a) 契約締結後に偽装請負状態になった場合

本判決は非難の程度を問題視し、免脱目的をもって契約締結したことと比較すれば、契約締結後に偽装請負状態になっていることに気が付いたものの、役務の提供を受け続けた場合は「悪質性や違反の程度が低い」と判断した(同68頁)。

免脱目的を持って契約を締結することは、偽装請負(労働者供給事業)を禁止する職安法44条違反を故意に犯すもので、悪質であることは間違いない。だが、契約締結後に気づいた場合も、違法派遣であることを知りながら日々、役務の提供を受けているわけで、仮に、違法であることを知りながら契約を締結したことと比較すれば法的に非難の程度が低いことになるとしても、派遣法40条の7の適用を否定する根拠にまでなりうべくもない。

そもそも、法的非難の程度は罰則の量刑の際には考慮されるにしても、同条の適用の有無の判断に直接関わることではない。「帰責性」は法的非難の根拠の有無の問題であり、「悪質性」は非難の程度に関わる問題であって、意義が異なるが、本判決は両者を混同している。

(b) 本件について

仮に、契約締結後に偽装請負状態になった場合には、悪質性の程度が低く、派遣法40条の7の適用は適切ではないという見解がありうるとしても、事実経過に照らすと、少なくとも、本件については同見解は妥当とは言えない。

大阪労働局から2016年11月、是正指導を受けて翌年1月から労働者派遣契約に変更したが、それは3月末までで、4月から、法務省矯正局の方針に従い、再び同業務を請負契約として訴外・A社に発注している(同70頁)。Nは落札できず、仕事を失ったためXは解雇されたが、4月以降、本件業務はA社によって請負契約により処理されている。3ヵ月間の派遣契約への変更は、法務省－

大阪医療刑務所は労働局の是正指導に従う形を取繕っただけのことでしかなく、なんら反省の跡は見えない。もとより、4月以降の当該請負は（訴訟という事態になれば）契約締結時から免脱目的をもつ悪質な行為と判断されるであろうが、それでは、その場その場を取繕う国を後追いするだけで、国の「悪質性」について責任追及はなく、法律を無視する国の態度はいつまでも是正されることにはならない。

そもそも、法務省は2007年には刑務所における偽装請負が報道されたことを承けて、調査し改善指導を行なった。2015年改正派遣法施行時に請負を直接雇用もしくは派遣に切り替えることとした際にも、自動車運行業務については請負によるとしていた（同64頁）。Xは本件の契約締結時に免脱目的をもっていたと主張しているが、国は事前に労働局から指導を受けたことはない、是正指導後は派遣形態に変更した等と弁明する（同55頁）。だが、契約形態の変更は一時しのぎにすぎず、一貫して偽装請負を行なってきたわけで、きわめて「悪質」である。それを改めさせるためにも、仮にN社との請負契約締結時には免脱目的をもっていなかったとしても、違法であることを知りながら偽装請負（労働者供給事業）を続けたことの「悪質性」を断定し、同条の適用を認めるべきである。

(3) 訴えが認められる期間

判旨(1)(ｱ)は、論拠を示さないで、「労働契約関係が終了」後は採用その他の「措置を講ずる義務を負わない」こともありうるとする（同63頁）。国は、「求め」は当該労働者の労働契約の有効期間内にのみ成しうることであり、それが過ぎた後は、労働契約は「履行不能の状態」であるから、労働契約は成立しないと主張した[57]。その理解によれば、派遣労働契約は2、3ヵ月という短期の有期契約も少なくないから、紛争が生じても期間満了により契約は終了しており、その結果、派遣法40条の7は存在意義を失うことになりかねない。判旨が暗黙の裡にそれを認め、契約終了後は派遣法40条の7にもとづく訴えをすることを否定し得るという趣旨であるとすれば、国の主張も判旨も派遣法

---

[57] 2017年3月31日第2準備書面19〜20頁。東京第一弁護士会編『労働者派遣法の詳解』（労務行政、2017年）103頁（荻谷聡史）に依拠している。それに対する批判、萬井論文29＝労旬1937号39頁。

40条の7の明文を無視するものに他ならない。

　派遣法40条の7は、違法派遣の行為が「終了した日から1年を経過するまで」は「措置」を求める権利を保障している。公然たる紛争が起きてもおかしくない、俗に言う、燻っている状態は生じているが、労働契約関係が継続し、就労し続けている間に労働者が同条にもとづき「求める」ことは現実にはほとんどない。あえて紛争を顕在化させて、業者の反発とそれに続く解雇を招く事態を避けようとするからである。契約関係が終了し（終了させられ）、業者が仕事を失い、解雇あるいはそれが必至となった状態になり、やむなく「求める」ことが大半である。そういった実情を考慮したうえでの、派遣法40条の6第2項、3項と同趣旨の、違法派遣が「終了した日から1年を経過するまで」という規定である。その明文に反する、「労働契約関係が終了」後は措置義務を負わないことがありうるといった解釈は成立する余地はない。

(4) 国賠法にもとづく損害賠償請求

　「適切な措置」をとらなかったことに係る国賠法1条1項にもとづく損害賠償請求について、本判決は長々と説くが、要するに、①刑務所長が免脱目的をもって請負契約を締結してはいない、②派遣法40条の6による場合も、申込みを擬制されるのはその時点における労働契約と「同一の労働条件を内容とする労働契約」であり、それには「派遣元との雇用契約における始期及び終期が含まれる」から、Xを採用しようとしても当該契約は3月末までであり、同契約はすでに終了しているから、「4月1日を超えた期間の就労を確保すべき義務を負って」はいないという二つの理由による（同65～72頁）。

　しかし、その二つとも合理的理由とはなりえない。免脱目的の有無は、刑務所長の主観的認識ではなく、法務省─大阪医療刑務所の行なった業務請負の実態から客観的に推認される目的について判断されるから、①は合理的理由とはならない。②は、違法派遣の「行為が終了した日から1年を経過するまで」は「措置」を求める権利を保障した派遣法40条の7に反する解釈であり、成立する余地はない。また、引き継がれる労働契約に期間の定めがある場合、4月以降、従前と同様、期間の定めがある契約となることはありえても、終期を2017年3月末としたものが引き継がれるというのでは現実に「引き継いだ」ことにはならず、非常識極まりない。

(5) 小括

(ア) あまりにも無理な解釈

　本判決は、詳述したように、①免脱目的の有無を考察される主体を偽装請負を行なった責任をとるべき国ではなく刑務所長とした、②派遣法40条の7違反について執るべき措置を「採用その他」とは異質な他団体で「欠員を生ずる見込み」の情報の提供等にまで拡大し、さらに何らの措置をしないこともありうるとまでしている、③偽装請負を行なった国の「悪質性」を看過している、④訴えが認められる期間を違法派遣の終了から「1年を経過する日まで」とする条文を無視している等、派遣法40条の7をことごとく歪曲し、あまりにも無理な解釈を重ねる拙劣な内容である。

(イ) 訴訟のあり方

　本判決は派遣法40条の7が違法派遣を行なった国に対し命じる措置である「採用その他の適切な措置」を行政行為としての「処分」とみなしている。それが妥当な理解なのか、疑問である。

　法務省―大阪医療刑務所が当事者であるからといって、行なうことがすべて行政行為というわけではない。物品購入や庁舎の建築請負などは私法上の契約によるし、その契約の履行をめぐって紛争が生じた場合には民事訴訟として争われる。派遣法40条の7は40条の6の存在を承けて、違法派遣を行なってきた国に対し民事制裁を課す規定であって、ただ、名宛人が国であるため公務員法などを考慮した措置内容になってはいるものの、趣旨は40条の6と異なることはない。40条の6の適用を受ける企業と40条の7の適用を受ける国・地方自治体は、派遣法上は同列であって、訴訟の性格も同じと解すべきである。

　行政法学上、採用は手続的には任用という行政処分であるとしても、労働者の同意がなければありえないことであり、実質的には労働契約（公契約の一つ）の締結である。現在では、国家公務員法においても33条、34条などでは「任用」と「採用」が混用されるようになっている。ましてや、派遣法40条の7にもとづく場合は国が行なう純然たる採用ではなく、法的に義務づけられた「措置」であって、本来の行政処分ではありえない。本件の場合は法律によって厳格に義務づけられたことの履行であるから（執られる）任用行為は形式的である。

採用義務の有無および内容こそが主たる争点であり、それを本案とする地位存在確認の訴えである。

ところが本判決は、「採用その他の適切な措置」を行政処分とみて、同義務を負うか（争点2）を「本案前」と位置づけ、あたかも国家賠償法にもとづく損害賠償請求を「本案」であるかのような構成となっている。実体法（派遣法）は進化しているにもかかわらず、判決は旧来の行政法論に囚われている。新たに規定された派遣法40条の7の意義を理解できず、「本案」を把握し損ねているうえに、同条に照応する訴訟の形態の検討を怠っていると言わざるをえない。

(ウ) 根本的な疑問

就業環境としてはきわめて特殊な刑務所における本件のような業務について、そもそも業務請負ということが成り立ちうるのか、という根本的な疑問がある。刑務所という施設の性格上、施設職員以外の者が事情があって施設への出入りが認められる場合も、出入り自体が厳密に把握され、入った後も施設内の通行は自由ではなく厳重に管理される。施設外でも、自動車の運行に際し請負業者の従業員が自由に作業を進めることは想定し難い。刑務所関連業務は職員の直接的な指示に従って就業する以外にないとすれば、そもそも、外部業者への請負に馴染むものなのか、再考する必要がある。

補論3　労働組合による労働者供給事業の法理
　　　　──職安法制定〜45条廃止論〜「供給・派遣」、そして立法論

1　問題の所在

職安法44条は、第二次世界大戦直後、日本の民主化を目指す占領軍（GHQ）の強力な指導の下に制定され、違反に対しては罰則を科すことにして、労働者供給事業（労供事業）を厳しく禁止している。だが、職安法45条は例外的に、労働組合が労働大臣の許可を得て無料の労供事業を行なうことを許容している。労働組合による労供事業は、実際には派遣業と競争状態になり、労働需要が変動する中での仕事の確保、提供する労働者の技能・経験などの質、提供先との信頼関係など、多くの要素に左右される。派遣であれば業者が雇用主として賃金支払い、社会保険への加入などは行なうから、間接雇用を利用する企業に

とっては、それを行なわない（行なえない）労働組合の労供事業よりも使い勝手が良い派遣のほうが好ましいであろうことは推測に難くない。

　厚労省の『平成29年度労働者供給事業報告書の集計結果』(2019年3月29日)によれば、労供事業に携わる労働組合は97組合で、就業実員約1万2500人を供給している。派遣は実員約134万人であり、他に統計的に把握されない偽装請負もあるから、労働組合の労供事業が間接雇用に占める比重は大きくはない。

　労働者供給事業関連労働組合協議会（労供労組協）議長（当時）伊藤彰信氏は、労供事業の問題点として、①介護家政職の場合、病院付添婦は入院患者、介護の場合は利用者が雇用主であり、労働者は家事使用人とみなされるため、労基法が適用されない、②港湾労働者、自動車運転手、介護家政職などは日々雇用が多いため、厚生年金保険、雇用保険、健康保険に加入することができず、特例扱いに留まるし、就労日数が少ない場合には日雇い雇用保険や健康保険の受給資格を得られない場合がある、③職業訓練の受講費用がなく、受講してもその間の所得保障がない、④定期健康診断がない、⑤日雇いの場合は厚生年金がないため老後保障も欠ける等を挙げ、供給先が雇用者で賃金の支払者であるため、供給先が社会・労働保険に加入させなければならないことが、そのような責任を負わないで済む派遣事業に太刀打ちできなかった一因だと指摘される[58]。

　組合員は朝、組合事務所で仕事を確認し、供給先へ行って就業し、終われば賃金を受け取ってから事務所に戻り組合費を払う、仕事がない場合には職安へ行き、日雇い離職者給付金（アブレ手当）を受け取るのが古典的形態である。携帯電話による仕事の確認とか賃金の銀行振込も増えている等、状況の変化はあるが、基本的には一時的・臨時的な日雇労働である。その上、就労期間に応じて、報酬が時給、日給、月給のタイプに分かれ、社会・労働保険の適用が異なるという問題もある[59]。供給先の指揮命令に従って就業する労働者の関心は、仕事の内容や就業環境の他には、やはり賃金支払いおよび社会保険加入の問題に集まる。それは同時に、労供事業を行なう労働組合の「最大の悩み」となっている[60]。

---

[58] 伊藤彰信「労働者供給事業の歩みと課題・展望」労旬1702号（2009年）36頁、42～43頁。「利用者が雇用者」という理解は、実態がそのようだということか、法的なものかについて説明はない。

[59] 伊藤・前掲注58) 38、42頁。

[60] 名古道功「労働組合の行う労働者供給事業－法規制及び職安法45条改正の動向－」金沢法学28巻2号（1986年）82頁。

ところで、労働省は発足10年を記念して1960年に発行した労働法コンメンタールの70年改訂版において、供給先が供給された労働者を雇用している場合も労供事業と記述し、労働者供給概念についての解釈論に関わる重大なミスを犯した（詳しくは、3参照）。後の行政解釈は当該ミスを引き継ぎ続け、そのため職安法44条の趣旨を明快に説明し得ず、理論的に出向と労働者供給とを区別できない迷走状態を続けており、実務上も混乱を招いている[61]。そのことは、概念内容が同じであるから職安法45条の解釈・運用にも波及する。
　一般には禁止する労供事業を労働組合に限って容認した以上、既存の規定・制度による対応には限界があるから、それに照応する労働者保護の規定・制度を独自に整備すべきであった。しかし、厚労省は理論的ミスを犯した上、ミスを修正するのではなく、「供給・派遣」型への誘導によってミスを隠蔽しようとして労働組合に無用な対応を強い、理論と実務の双方に紛らわしい事態をもたらしている（4（2）参照）。
　ところが、労働組合による労供事業という法的な特異性もあり、テキストの類では詳述されることはなく、職安法45条の紹介程度にとどまっており[62]、事業の実情の紹介も理論的な解明も不充分なまま推移している。

2　労働組合による労供事業容認の趣旨
(1)　労供事業を禁止する職安法44条等の趣旨
　ILOは1944年、戦後の労働者の生活および権利を展望し、フィラデルフィア宣言において「労働は商品ではない」と謳った。人が働くことをモノ扱いし、貸借や譲渡など商取引の対象としてはらないとする趣旨である。
　民法623条、625条は直接雇用の原則を示唆しているが、労働者の同意があれば例外を認めており、民法上は、労供事業を営むことも違法とはされない。だが、それでは労働者がモノとして扱われることを許容することになる。そこで職安法44条は労供事業を強行的に禁止し、労働者を指揮命令して自己のために就労させるには、当該労働者と直接に労働契約を締結して指揮命令権を得なければならない、とする直接雇用の原則を鮮明にした。労供事業を営むため

---

61)　詳細は、萬井『法論』143～148頁。
62)　菅野〔11版〕69頁、西谷〔2版〕467頁、荒木〔3版〕740頁など。比較的詳しく叙述したものとして、西谷ほか『実務』247頁以下（名古道功）がある。

には、供給する労働者を自らの支配下に置き続けねばならず、その費用を捻出するためだけでも、供給先から受け取る代金から相当額をとることが必然となる。その中間搾取を禁止する労基法6条も同原則を支える機能を持つ[63]。

　1947年の職安法施行後、偽装請負を行なっていた多数の業務請負業者が廃業し、支配下にあった労働者が発注者に雇用されていった。その状況を確認し、施行直後に法改正を行ない、供給された労働者を使用することも禁止して、職安法44条の趣旨を徹底した。ところが当時、何をどのようにすることが「民主化」なのかを確認しないまま漠然と「労働の民主化」と呼び、直接雇用の原則として明確に定式化することはなかったことが、今から顧みれば禍根を残すことになった[64]。

(2) 労働組合による労供事業の意義

　第二次大戦後早々、労働組合法が制定され、GHQは労働組合に日本民主化の一翼を担うことを期待し、その結成を称揚した[65]。

　欧米では主流である産業別ないし職業別組合には失業中の組合員もおり、彼らへの仕事の提供は労働組合として必須の活動である。そのため、労働協約において、企業が労働者を新規採用する場合、対象は組合員に限るとするクローズド・ショップ制が採られることがある[66]。GHQにとっては、組合員への仕事の提供は労働組合活動として見聞してきた常識的なことであった。また、企業と対等な立場で労働者の保護を図る労働組合の育成は日本の民主化に不可欠であり、労働組合の労供事業が労働組合の強化に繋がることを期待して、GHQにとって主要課題の一つである日本の労働民主化にも有効なものと位置づけら

63) 直接雇用の原則を労働法上の労使関係に関わる重要な原則とは認めない見解の紹介も含めて、詳しくは、萬井『法論』5頁以下。
64) 詳しくは、萬井『法論』1頁以下、萬井論文25＝労旬1903＋04号68頁。
65) 1945年10月から、経営者の生産サボタージュに対し、多くの労働組合が生産管理戦術をとったが、GHQが同戦術を違法とする見解を公表したのは、金融措置や原材料の調達等の面で行き詰り、生産管理闘争がほぼ終わった、1946年6月13日、政府の「社会秩序保持に関する声明」の支持であった（その間は、静観していた）ことは、当時のGHQの労働組合対策を象徴している。
　　片岡昇教授は『現代労働法の理論』（日本評論社、1967年）において、生産管理闘争に係る理論を概観されているが（85頁以下）、その背景となる、当時の新聞報道から窺えるGHQの対応についての言及はない。
66) 労働組合による組織強制として説明されることが多いが（菅野〔11版〕700頁、西谷〔2版〕540頁、荒木〔第3版〕586頁など）、組合員に対する就労機会の提供という側面も無視すべきではあるまい。

れた。単に、弊害はないから労働組合には例外を認めたという消極的なものではなかった[67]。当時の労働省は、それは、職安の行なう「職業紹介の補完的機能を営む」ほか、「労働ボスが事実上重大な打撃を受ける」という積極的意義を指摘している[68]。

ただ実際には、当時、結成された労働組合の多くは、戦前の産業報国会の企業支部が衣替えしたような、従業員を組合員とする企業別組合が多かったから、組合員に失業者が含まれることはほとんどなく、したがって、一般の労働組合が労供事業に関心を寄せることはなかった。

(3) 労働組合の労供事業の特徴

労働組合の労供事業には偽装請負など通常の労供事業とは異なるいくつかの特徴がある。まず、労働組合と組合員は労働契約関係ではないし、支配・被支配の関係でもない。供給される労働者はその労供事業を行なう労働組合の構成員であり、供給先の下での就業は当該組合の活動の一環である。次に、組合員を繰返し提供し、その意味で供給を「業」とするが、それは組合員への仕事の提供という活動の一形態であって、労働組合の利潤追求目的による営利事業ではない。

労働省による許可の要件は、供給先の職種が組合員の技能に相応すること、組合費を徴収することは別として、供給は無料で行ない、組合員および供給先から供給手数料的性格の経費を徴収しないことである[69]。労働組合であるから、供給先との団体交渉によって組合員の不利にならない労働条件を確保することが求められる。要するに、労供事業は組合員に仕事を提供し生活を支える、労働組合の活動である。一般の労働者供給事業とはまったく異なる、その特徴を包摂する理論が必要である。

---

67) 竹前栄治「労働の民主化」竹前栄治・天川晃『日本占領秘史〔上〕』(早川書房、1986年) 75頁以下。
68) 労働省職安局庶務課編『改正職業安定法解説』(雇用問題研究会、1949年) 275頁以下。労働コンメ4 (1960年) 206頁以下を経て、「違法な労働者供給事業を行う者を事実上排除することとなる効果も考えられる」という表現で、その趣旨は今なお維持されている、2018年9月『労供取扱要領』8頁。
69) 職安法施行規則32条、厚労省職安局・前掲注68) 9頁以下。

3　労働者供給事業概念の歪曲

(1) 1960年版における認識と1970年版におけるミス

　労働省は1949年の解説書において、職安法の特色として①労働の民主化を根本精神とする、労働力は労働者を離れては存在し得ないから「単なる商品として扱うのは妥当ではない」と指摘し、②職業選択の自由等を挙げていた。一般の供給業者と労働者は「法律上の支配従属関係に止まらず、封建的ないわゆる親分子分の身分的拘束関係にあるものが多い」と観ており、44条に「労働民主化の精神は……最も端的に現れている」と解説し、供給先と労働者との間には「直接何ら契約関係はなく単に事実上の使用関係があるにすぎない」と述べていた[70]。

　1960年版では労供事業をやや詳しく解説したが、供給元・甲と労働者は「支配従属関係」、供給先・乙と労働者・丙は「使用関係」とする点は異ならなかった[71]。

　ところが1970年改訂版は、供給先・乙と労働者・丙とを60年版を「使用関係」と説明した図を引き継いだにもかかわらず、本文で、「乙と丙との間には使用関係が存在する」と始めながら、「この使用関係とは、広く事実上の使用関係を意味するものであって、乙と丙との間に雇用関係が成立している場合」もあり、「直接、間接に乙の指揮、監督の下にあると認められる場合」も含まれる、と記した[72]。特に説明もないから、慎重かつ丹念にその変更の意義を検討した上での書き替えとは考え難い。判決や研究者の論文において「派遣先」と「派遣元」を書き間違えるミスは時々みられるが[73]、乙、丙といった略号を使用したことも影響してか、本文の「乙と丙との間に……」は「甲と丙との間に

---

70)　労働省職安局庶務課編・前掲注68) 35頁。
　　ただ、1949年11月5日『労働者供給事業によって就労する日雇労働者に対する失業保険法の適用に関する件』失保発257号には、労働組合から「供給されている日雇労働者の失業保険における雇用関係は、供給事業を行っている労働組合に存在するものではなく、直接の使用関係を有する供給先の事業主に存在する」と述べている（同通達は入手し得なかったので、濱口桂一郎氏が「日雇供給労働者への失業保険の適用」と題し、ブログで紹介されているものに依った）。49年解説書が詳しく説く内容と矛盾するし、一般の理解とも異なる。「失業保険における雇用関係」に何か意味が込められているのかもしれないが、同通達の趣旨は不明である。

71)　労働コンメ4（1960年）206頁以下。

72)　労働コンメ4（1970年）432～433頁。

73)　萬井『法論』150頁注（31）参照。

図③

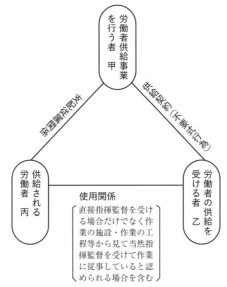

(出所) 労働コンメ4 (1960年) 207頁。
(注) 同図は、1970年刊行の図 (432頁) でも同一である (前掲41頁図①参照)

……」を写し間違えるという単純だが重大なミス (以下、70年ミス) を犯した。

　直接雇用の原則を明確に認識し、定式化していれば、労働契約を結ぶ相手を取り違えることはあり得ないはずだが、その定式化を怠っていたことが一因とみられる。とはいえ、職安局編の書籍が、初稿でもゲラ校正でも、複数担当者が読み合わせても誰も気づかず、ミスのまま出版されたことは大きな失態である。

(2) 行政解釈における70年ミスの継承
(ア) 労働者派遣法制定に向けて

　その後の行政解釈において、誰も70年ミスに気付かず、当該記述を修正することはなかった。派遣法制定に至る過程で、労働力需給システム研究会、労働者派遣事業問題調査会の審議を経て、中央職業安定審議会等小委員会は1984年11月『報告書』を公表したが、ようやく誤記に気が付き、70年ミスのままでは適当でないと考えたのか、労供事業の図で供給先と労働者を結ぶ線を「使 (雇) 用関係」と、曖昧な説明に替えている[74]。

---

74) ジュリ831号 (1985年) 45頁。

(イ) 派遣法施行に伴い

　派遣法は従来、違法とされてきた労供事業の一部を「労働者派遣」という概念で括って合法化したから、適正な法の運用のために「労働者供給」と「派遣」の概念上の明確な区別が必須となった。『労働者派遣事業の適正な運営の確保及び派遣労働者の就業条件の整備等に関する法律（第3章第4節関係）の施行について』（1986年6月6日基発333号）に添えられた『別添・労働者派遣と請負、出向、派遣店員及び労働者供給との関係等』（以下、『別添』）は、供給元と労働者が支配従属関係だけの場合はもとより、労働契約がある場合も「供給先に労働者を雇用させることを約しているものは……労働者供給に該当する」と述べた。ただ、雇用を「……約している」か否かの判断は、まず契約書に基づき客観的に行なう、それ以外では、①「派遣法の定める枠組みに従って」いる（労働契約を結んでいる）場合は原則として供給先が雇用を約しているとは判断しない、②派遣元が形骸化し企業としての実体を持たず、派遣先と一体と見られる場合は「例外的に……約して行われるものと判断することがある」と解説した。「判断する」とは断言せず、「判断することがある」と含みを持たせている。②は、法人格否認の法理が適用され、供給先との間に黙示の労働契約の存在が認定され得る状況を想定している。すなわち、供給先が雇用する場合も労働者供給であるという結論は70年ミスを引き継ぐものの、「雇用」と認定する例を実際にはほとんどないほど限定することによって、多くの事例は労働者供給とは判断されないものとされた。穿ってみれば、この時点で70年ミスを認識したが、逡巡した結果、先輩のミスの指摘は避け、既存の文章を直すことなく、現実的な影響を及ぼさないように慎重に配慮したものと解される。ただ、②のような留保が附されるような状況の場合まで、なお労働者供給であると「判断することがある」としたことが禍根を残すことになった。

　その後、時間の経過（担当者の世代交代）とともに『別添』の慎重さが忘れられたものか、2018年9月の『業務取扱要領』では、「供給先は供給契約に基づき労働者を雇用関係の下に労働させる」、供給先が「供給される労働者と労働契約を締結しようとする場合……」と記す（同1頁、45頁）など、漫然と、70年ミスを丸写しで通達、指導要領、解釈例規など行政解釈を次々作成している。実務上の混乱については、労働者供給が「業」とされているか否かを基準とし、出向と区別することで処理する形で方向転換を図っているものと見ら

れる[75]。

(ウ) 70年ミスが導いた、間接雇用問題の原点喪失

　ミス以上に重大なのはそれが導いた結論である。結論は、今や『別添』の際の慎重さはなく、一般的に、偽装請負（労供事業）において発注者（供給先）が業者の従業員と労働契約を結び、雇用していると認められる場合も、労供事業に当る、ということであった。それは、間接雇用問題の原点、つまり労供事業禁止の根拠を完全に見失なったものであった。

　そもそも、労供事業が厳しく禁止された所以は、偽装請負の発注者（供給先）があたかも使用者であるかのごとく労働者を指揮命令して就業させながら、法的な「使用者」としての責任を取らないこと、業者は労働者を集めて発注者に引き渡すだけで経済的利益を得る（中間搾取する）ことが、結局、労働者をモノ扱いすることになり、労働法の基本原則の一つである直接雇用の原則に反するからであった。とすれば、供給先が雇用することになるのであれば違法の契機は解消するから、もはや、法的に咎められ、禁止される筋合いはない、したがって、特に労働組合に限って労供事業を容認する必要もないのではあるまいか。

　70年ミスには、異質な別の問題もある。労働者供給においては（派遣でも同様だが）、供給先は労働者に担当させる業務とそれに不可欠な資格や免許等を指定して供給を依頼するが、その労働者を決定するのは供給元である。供給先は労働者の氏名、職歴、人柄などについては何も知らされないまま、労働者を受け入れることになる。そこに、黙示の合意の契機を見出すことは困難だが、それでも労働者を雇用することになるとすれば、極めて特異な労働契約である。企業の採用の自由との関連も検討しないまま、「雇用」を肯定することは拙速ではあるまいか。

(3) 70年ミスと研究者の対応

　労供事業に関して、研究者の著述の中にも、供給先と労働者との労働契約関係の存在と直接雇用の原則とは馴染まないことを明確にしない記述が少なくな

---

75)　萬井『法論』195頁。

い。

(ア) 馬渡淳一郎氏の現物出資説

　馬渡氏は、労働者は労供事業を営む労働組合に対し「現物出資として、供給先の指揮命令にしたがい労務を提供する」と独自の論理構成をし、供給先との間には「明示的にも黙示的にも直接の雇用契約関係は存在しない」と述べられる。ところが、70年ミスおよび『別添』にはまったく言及せず、「使用関係（……供給のそんする限りにおいて存続する特殊な雇用関係）」とした鶴菱運輸事件判決と「通常の雇用関係の成立を認め、その打切りに解雇の法理を持ち込むことは、当事者の意思に反する」と否定する渡辺倉庫事件判決の双方とも、「労組労供における供給労働者と供給先の関係を的確に把握している」と肯定しながら、しかも、「使用者」を供給先、供給元（労働組合）とする「いずれの説にも賛成しがたい」と述べられる[76]。

　その馬渡氏の見解を、近藤昭雄氏は「技巧にあふれ……観念の世界だけで見ればそれなりに、整合的」だが、「『労務の現物出資』とか『労務請負契約』とかいう観念の世界に遊びながら……実は、人的支配の容認……『労働ボス』復活の容認」となっていると批判される[77]。

　「観念の世界」としても、具体的な判例の評価などについても、私には「それなりに、整合的」とは見られず、馬渡氏が結局何を主張されているのか、汲み取り難い。

(イ) 行政解釈を追認するもの

　『別添』を読み、記述に違和感を覚えた研究者は少なくないに違いないが、長い間、70年ミスの指摘およびそれを継承する『別添』の批判的検討はなかった。私は60年版の写し間違いと判断し、70年ミスを指摘したが[78]、反応は鈍く、今なお、当該指摘に対する直接的なコメントに接しない。

　労働法のテキスト等の多くは、職安法44条の紹介はするが、精々、半封建的な支配関係の下での弊害に対する反省を指摘する程度で、それ以上は制定

---

76) 馬渡淳一郎『三者間労務供給契約の研究』（総合労働研究所、1992年）69頁以下。
77) 近藤昭雄「職安法45条の歴史的意義と労組労供の法的関係」地域215号（2018年）24頁以下。
78) 萬井論文8＝労旬1685号6頁。萬井『法論』142頁以下。

の趣旨や法的意義を詳述しない。派遣法の制度や内容を紹介する際も、労供事業の禁止との関わりにおける派遣法制定の意義や、派遣法1条における「職業安定法と相まって……」とすることの意義が特に説かれることもない。労働省の1960年版と70年版の記述の変化に気がつかないのか、言及されることもない[79]。労働者派遣は所与の存在とされ、間接雇用に関しては派遣法成立から説き始められることも少なくない[80]。そのため、派遣法施行に伴う『別添』に対して特に違和感を持たれないのかもしれない。

菅野和夫氏は当初、「供給先と供給労働者間には雇傭契約が締結されないことが多い」と数の問題として取り扱い、理論としては行政解釈を追認された。土田道夫氏も、労働者供給には、供給先と「労働契約関係が存する場合と事実上の指揮命令関係が存するにとどまる場合との双方を含む」と、曖昧表現で終わっている[81]。

荒木尚志氏は70年ミスを引き継ぐ行政解釈を積極的に自説とされる。労働者供給を4つのパターンで図示し、①、②は供給元と労働者が事実上の支配従属関係、③、④は労働契約関係とし、①、④は供給先と労働者とは指揮命令関係とされるが、②、③は供給先と労働者の間に労働契約が結ばれている、④は労働者派遣へ移行したと説明された。③は「出向をも含む」と注記しつつ、それも労働者供給であるとされる。その際、『別添』で示されていた、法人格否認の法理適用の可能性に言及することなく、③の場合には労働者供給と出向とは法的には区別できないが、「出向は一般に、社会通念上、業として行われているものではな」いとして、「社会通念」を基準として区別する厚労省『労供取扱要領』を追認される[82]。すなわち、荒木氏は、『別添』のような留保を付されることもなく、一般論として、労働者供給では供給先と労働者との間に労働契約が成立することを肯定される。労働契約関係の肯定を相当程度、限定的に解する『別添』とは異次元の見解といわざるを得ない。

---

79) 菅野〔初版〕152頁、荒木〔初版〕523頁、鎌田『市場』77頁等。
80) 本庄淳志氏は、明け透けに、「物心ついた頃にはすでに派遣という働き方が当たり前に存在していた……それをネガティブにみること……には違和感しか感じない」という、同「改正労働者派遣法をめぐる諸問題」季労237号（2012年）36頁。
81) 菅野〔初版〕43頁（同〔6版〕以降は、当該説明は消えている）、土田道夫「労働者派遣法と労働契約関係」日本労働協会雑誌330号（1986年）40頁（同〔初版〕175頁でも維持されている）。
82) 荒木〔初版〕432〜433頁。同〔第3版〕でも変わってはいない、523頁以下。

鎌田耕一氏は、高梨昌氏の見解[83]に依拠しながら、労供事業について図を示し、供給元、供給先、労働者の三者間を結ぶ線に説明を付される。図2で供給元と労働者が「支配関係（雇用関係を除く）」の場合はすべて労働者供給に該当するとし、供給先と労働者を結ぶ線には「指揮命令関係又は雇用関係」と記し、供給元と労働者との間に雇用関係がある場合の図3では両者を結ぶ線を「雇用関係」と記し、本文でも「供給先に労働者を雇用させることを約して行われるときは、労働者供給に該当する」と70年ミスおよび『別添』の結論をなぞる。ただ、鎌田氏もまた、『別添』のような留保には言及されず、荒木氏と同様、実質的には『別添』と異なる、特異な見解である。ところが、それに加えて、『労供取扱要領』に倣い、「労働者の自由な意思に基づいて結果として供給先と直接雇用契約が締結されたとしても……労働者供給ではなく労働者派遣に該当する」と述べられるから[84]、さらに疑問が募る。経緯に関わりなく、企業Aが雇用ないし事実上の支配下においている労働者を企業Bに提供し、企業Bが当該労働者を雇用しないまま指揮命令して自らのために就業させている状態を労働者供給と判断するのではなかったのか。供給先が雇用をあらかじめ約していたか、就業後に「自由意思」でそうなったのかによって労働者供給になったり、ならなかったりするのか（そうだとすると、何故なのか）。また、供給先に雇用された場合は「派遣に該当する」というが、派遣法2条1号は派遣先に労働者を「雇用させることを約してするものを含まない」と定義するが、その明文の規定にも反するのではあるまいか。

　さらに、供給と派遣とは「行為類型」が異なるとの理解を示される[85]。しかし、派遣法40条の6第1項5号は行為類型が同じであることを前提としていると解されるし、法案審議の過程における野見山政府委員の「現行の（当時の――筆者注）労働者供給の概念から労働者派遣を別途取り出してきた」との説明は適切だと一般に理解されており、概念内容に照らしても、経緯からしても、労働者供給と派遣は「行為類型」は同じである。

　鎌田氏は、そのようにして関係する諸概念を自らが迷路に導いておきながら、「労働者供給の基本的特徴は……第三者（供給先）と……労働者との間に雇用

---

83) 高梨〔3版〕238頁。
84) 鎌田・諏訪〔初版〕42頁以下、鎌田『市場』77頁。
85) 鎌田耕一・野川忍「ディアローグ労働判例この1年の争点」労研652号（2014年）17頁。

関係があること……このため、労働者にとって、誰が雇用責任を負うのかあいまいになる」と述べられる[86]。そう理解されるのであれば、雇用関係が生じた時期が就業の前か後かで概念を分けるのは筋が通らないし、また、供給先と雇用関係があれば、「雇用責任」の所在は明白であって、何も「あいまい」なことはない。労供事業を利用してきた供給先が労働者と自主的に労働契約を結ぶのは極めて稀であろうが、ともかく、当該労働者が供給先に直用された状態は二者間の労働契約関係の成立・存在であり、法律の定義に照らしても、労働者供給や派遣であるわけがない。直接雇用の原則という基礎的な概念について分析を避け、自らの法解釈の基本指針を持たない結果、支離滅裂な概念論に陥っている。

(ウ) 論拠不明のまま、70年ミスの結論を追認するもの

名古道功氏、武井寛氏の両氏は、行政解釈を積極的に支持するわけではないが、論拠を明確にしないまま、供給先と労働者の間の労働契約の存在を肯定される。

(a) 名古氏は、実態調査に照らし、「指揮命令関係、賃金支払い方法等の実態面から供給先企業を使用者とみなしうる」、供給先と労働者の間に「労働契約関係の成立を認めうる」と述べられる[87]。

労働組合の労供事業の場合、供給先が労働者に対し直接賃金を支払う例もあり、名古氏は、使用従属関係と賃金支払い関係の存在が認められれば黙示の労働契約を認定し得るとする伝統的な理論に照らし、そう判断されたものと推測される。ただ、供給先による賃金支払いを単純にそう考えるべきかについてはなお、慎重な検討が必要である（後述5参照）。

(b) 武井氏は、労働省の「見解の変遷」を紹介し、70年版で記述が変わったことは認知されるが、「後に、派遣法制定論議のなかで、そういうものは出向であると、行政の側で説明することになっていく」というだけで、特に問題があるとは認識されない[88]。「労働者供給たるゆえんは、供給先と被供給労働者との間に労務の提供−受領の関係（雇用関係を含む広い意味での使用関係）が生じ

---

86) 鎌田『市場』77頁。
87) 名古・前掲注(60) 74、77、78頁。
88) 武井寛「労働者供給事業をめぐる法的問題点」労旬1772号（2012年）17頁。

た後も、供給元と被供給労働者との関係が継続するところにある」、労働者供給では「供給先と労働者との間に雇用関係が成立しているものも含め、供給元が事実上（法律上も含む）労働者を支配している関係にもとづいて労働力のコントロール機能を担っている」等と述べられる[89]。

そう説きながら、不可解なことに、「労組労供はその実態からして、例外的にＡ（労働組合——筆者注）もＹ（供給先——筆者注）も雇用責任を負わない形態であることを正面から認めるべき」「適法に行われている限り、通常言われる意味での『雇用』（直接雇用）の観念をいれる余地は原則としてない」とか、労組労供における労働者と供給先との間の「雇用関係の成立……否定的に考えざるを得ない」とされる。論拠は、「組合から除名されたり、脱退したりすれば当該労働者は供給対象から外され……供給先からの解雇ということになる……当該解雇に予告を求めるのは、その事情を知らない供給先にとっては酷」だから、ということである[90]。

武井氏は、「システムからはずれた場合（違法ないし脱法的な労組労供の場合等）には、直接雇用の原則にたちもどり、原則として供給先と労働者との間に雇用関係が存在すると解すべき」と述べられる[91]。その「システムからはずれた」場合とは、文脈からすると、組合員が除名されるとか脱退した場合を指すと解されるが、その場合は、組合員を供給するという労組労供のシステムの前提が欠けることになるから労組による供給が停止されるべきことになるが、それは「システムからはずれた」わけではなく、システム運用の一環であって、違法とか脱法という評価に基づく措置ではない。武井氏は解雇を問題とされるが、解雇は存続中の労働契約を使用者が一方的に解除することであり、論理的に当然、それは労働契約の存在が前提である。労働契約がない場合には解雇はあり得ない。組合員が労供労組を脱退すれば、あるいは組合から除名されれば、供給は停止されるが、供給契約の有効期間中の途中解除の当否やそれが孕む問題は別として、供給先はその措置を受け容れる以外にない。供給先が労働者を雇用していなければ「解雇」する必要もなく権限もなく、解雇予告が問題

---

89) 武井・前掲注88）22頁、武井寛「労組労供における供給先と労働者の法的関係」和田ほか『派遣』259頁、武井寛「労働者供給事業と労働組合」中村浩爾・寺間誠治編『労働運動の新たな地平』（かもがわ出版、2015年）161頁。
90) 前者は和田ほか『派遣』257、260頁、後者は武井・前掲注89）『労働運動の新たな地平』162頁。
91) 武井・前掲注89）『労働運動の新たな地平』162頁。

となる余地はない。つまり、武井氏が解雇を問題とされるからには、供給停止以前に供給先との労働契約関係が存在したと認識されていることになり、その認識については独自の論証が求められるが、それは存在しない。解雇予告を求めることは酷だから労働契約関係が存在したとは解されないというのは、前提とその法的効果を逆転させている。そういった解釈の効果を、遡って労働契約関係の有無についての判断基準とすることは論証としては倒錯している。また現実論としても、除名や脱退があれば労働組合は供給先に通告するであろうから、解雇予告を求めることが「酷」とは考え難い。

なお、「供給元と労働者との間に雇用関係がない場合には、供給先に労働者を雇用させることを約して行われる労働者供給であると考えるのが自然」とした行政解釈を紹介し、労働組合が組合員を雇用することはない労組労供の場合、「供給先と雇用関係を生じさせるとの解釈を生みだすことにもなったと推測」される[92]。しかし、その「推測」の当否はともかく、社会的現実としては、供給元、供給先のいずれとも雇用関係にない労働者供給も存在するが[93]、法的に不正常だからといって、常に（いつの時点でも）、労働者の就業には何らかの雇用関係が存在すると認められるとは限らない（黙示の労働契約の存否は、事後の裁判に委ねられる）。

70年ミスについての評価は曖昧であるし、前後矛盾する箇所が多々あって論旨が一貫せず、結局、武井氏の主張の内容は判然としない。

(c) 国学院大学労供事業研究会事務局長（当時）の本田一成氏も、供給先は労働者を雇用すると叙述されているが[94]、単に厚労省の見解に準拠されただけと推測される。

(エ) 近藤昭雄氏の独自の見解

近藤氏は、労組労供の理念として、「労働組合のチカラを持って、労働市場において、一定の質を持った『職（ディーセントワーク）』を確保し、それを労働者仲間に提供する」ことを強調されるとともに、「労働組合は、労働協約に規定された内容、水準の『職』を組合員労働者にたいし提供するに止まり……

---

92) 武井・前掲注88) 18～19頁。
93) 労働省は、現存するという、労働コンメ4（1960年）432頁。
94) 本田一成「労組労供の実態」労旬1772号（2012年）7頁ほか。

労働者は、自己の意思に基づいて、供給先企業に赴き、就労の意思を示し、他方、供給先企業は、自己の意思を持って、彼を業務組織の中に組み入れ、指揮命令する関係が構築されたのであるから、ここに『労働契約』関係が成立した」「それ自体としては、独立の労働契約関係である」と述べられる。紹介を受けて、交渉で折り合いが付けば労働契約が成立するという職業紹介と異なり、労組労供の場合は「当初より、企業は、『供給契約』上、供給された労働者を雇用する義務があり、その労働条件は、労働協約により規制される……この実質こそが労組労供の本質」だと強調される[95]。

ところで、近藤氏はその前の文脈において、現存する労組労供はその理念から外れ、「幹部による官僚統制のため……専ら、組合の決定に従属させる（雇用の継続はなく、職は、日々の供給の有無に係っているとの論理）ことによって、労働者への権力的統制を強化、確立していく」ため、供給先を「『無責任』であるとする体制を作り上げ……企業が雇用調整をしやすくするために、また、労供労組が、企業の労働力需給調整の労を代行的に引き受けることのために……労組の権力を強めたシステムとする」、理論的に「特殊な観念社会」を形成している、と批評される[96]。先のような理念と現実との著しい乖離をどのように整合させて捉えているのか、理解することは難しい。

近藤氏は、特に論証もなく、供給先・労働者間の労働契約関係の存在を当然のことのように説かれる一方で、直接雇用の原則と労供事業の禁止を「表裏一体」とされる[97]。直接雇用の原則の例外である労働組合の労供事業は供給先との労働契約関係と両立し得ないはずだが、近藤氏は、職業紹介と労供との相違を指摘しつつ、理念型の場合は、もはや労組による労供事業ではなくなり、職業紹介事業に変質しているとでも主張されるのであろうか。論旨は判読し難い。

(オ) 西谷敏氏の見解——黙示の労働契約論との関係について

西谷敏氏は、労働者供給の図において供給先と労働者を結んだ線に「事実上の指揮命令」と説明を付しながら、「＊労働契約が成立することあり」と注記

---

[95] 近藤・前掲注77) 35～36頁。
[96] 近藤・前掲注77) 34頁。
[97] 近藤・前掲注77) 14頁。

される[98]。誤解を招きかねないが、西谷氏は直接雇用の原則を労働法上の重要な原則と評価し、供給先と労働者の関係はあくまで「事実上の指揮命令」関係であると理解されている[99]。注記は、黙示の労働契約の成立を説く労働者の主張が認められた場合のことと推測される。

(カ) まとめ

供給先が指揮命令して就業させながら「使用者」責任をとらないからこそ、労供事業は違法と判断されるのであって、その時点における供給先と労働者間の労働契約の存在とは理論的に相容れない。

現実の事件としては、偽装請負（労供事業）の摘発 − 労働局による是正指導を受け、発注者が請負契約を解除して「是正」を図り、そのため、仕事を失った業者は労働者を解雇するという例が大半である。その場合、労働者は黙示の労働契約論に依拠しつつ、偽装請負の下で就労していた時点で発注者（供給先）との間に契約が成立していたと主張して、地位確認を求める。黙示の労働契約の存在を偽装請負を行なっている発注者が自主的に肯定した例は聞かない。裁判所がその主張を認めた場合には、発注者（供給先）の意思には反するものの、過去の偽装請負の時点に遡って供給先との労働契約関係の存在が肯定されることになる[100]。西谷氏はその状況を想定して注記されたと解される。それは、荒木氏、鎌田氏らが本来的に、労供事業において労働契約の存在を認められるのとは状況も論理も異なることに留意する必要がある。

(4) 判例と 70 年ミス

鶴菱運輸事件では組合脱退を理由として就労を拒否された労働者が供給先との黙示の労働契約成立を主張したが、裁判所は「供給のある限りにおいて成立

---

98) 西谷〔2版〕467頁。
99) 萬井『法論』168 〜 169 頁。
100) 判例は、特に松下PDP事件・最高裁判決以降、否定的である、萬井『法論』205頁以下。なお、同事件は、偽装請負が認定され、労働局の是正指導を受けた松下PDPは派遣への切り替えによって対処しようとしたが、それに応じなかった労働者を、団体交渉の結果、有期雇用し、期間満了時の雇止めの当否が争われた。偽装請負の時点で期間の定めのない黙示の労働契約が成立していたと認められれば、有期雇用自体があり得ないと原告は主張したが、裁判で判断されたのは有期契約における雇止めの当否であったことに留意する必要がある。

する使用関係」と判断し、主張を退けた[101]。派遣法施行後の泰進交通事件では、裁判所は労働者供給について『別添』と同じことを述べた後、供給元と労働者の間に雇用関係がなく、「供給先であるYに……雇用させることを約して行われ」たと判示し、70年ミスを継承している[102]。

なお、有料職業紹介業A社は紹介を待つ労働者Xを紹介先B社の施設内で8時20分から1000円支払って1時間待機させ、B社で仕事が有ればそのまま9時から就業し、無ければ帰宅させていたが、就業した日、9時から20分間、労働契約が重複して存在したとして労働者供給事業と解した判決がある[103]。A社による紹介からB社における就業まで時間差をおかないために、待機と紹介・採用(就業)が連続しただけのことで、B社が直接雇用しているのであり、労供事業に該当するわけがない。裁判所は労供事業の意味も、その禁止の趣旨も理解していない。

(5) 70年ミスの行方
(ア) 70年ミスの影響

労供事業を行なう労働組合は、先に見た研究者の認識に照らすと無理からぬことではあるが、行政解釈の影響を強く受けている。労供労組協のHPでは、図において、供給先と労働者とを結ぶ線に「雇用関係、指揮命令関係」と記し、本文では「供給される組合員は供給組合および供給先企業と雇用関係を持つ……雇用責任は供給契約期間中に限り供給元および供給先企業が負う」と述べている。

(イ) 最近の変化

最近、異なる状況が現れた。労供事業を行なう労働組合の連合体である全国労供事業労働組合連合会(労供労連)は厚労省に対し、雇用保険の適用状況の

---

101) 鶴菱運輸事件・横浜地判昭54.12.21労判333号30頁。同旨、渡辺運輸事件・東京地判昭61.3.25労判471号6頁。
102) 泰進交通事件・東京地判平19.11.15労判952号24頁。
103) 凸版物流事件・さいたま地川越支判平29.5.11労判1899号67〜68頁、同事件・東京高判平30.2.7労判1910号68〜69頁、同判決評釈、萬井評釈14=労旬1899号30頁および萬井評釈15=労旬1911号51頁、烏蘭格日楽「日々職業紹介が労働者供給と判断されたが損害賠償請求が否定された例」法時91巻10号(2019年)126頁。

改善等を求めた際、文書によって7項目の質問を行なった。最初に、『労供取扱要領』等で、供給先が労働条件を変更するため「当初示した労働条件を変更して労働契約を締結しようとする場合……」とか「雇用契約は供給先事業所と組合員が締結する……」等と述べていることを指摘し、「図示において、労働者と供給先事業所との関係を派遣法が制定される前は『使用関係』と表記していたのが、制定後に『雇用関係』となった理由を明らかにして欲しい」と求めた。暗に70年ミスを指摘し、組合員個人が供給先と労働契約を取り交わすことはあり得ないとの認識に基づいたものである。ところが、厚労省職安局需給調整事業課は2018年3月22日、「詳しい経緯については、不明ですが……」で始まり、派遣法制定時、「供給元と雇用関係があり、供給先と指揮命令関係にあるものについて労働者派遣事業に整理したことによるものと推測されます」と文書回答した。精査したのかは不明であるが「経緯」は「不明」とし、しかも「推測」の内容は的外れで、質問に対応する真面な回答になっていない。組合側は納得せず、5月に再交渉した際は、拙著『労働者派遣法論』を持参し、70年ミスを指摘する該当箇所を示して再度、回答を求めたが、厚労省側は「回答できなかった」と伝えられる[104]。

当該ミスについての筆者の指摘から10年以上も経ち、労供労連の質問からでもすでに2年近く経っている。今や、70年ミスに気がつかなかったという弁明は通用しないし、労供事業概念の理解や同事業禁止の理由について説明を公式に求められた以上、いつまでも回答なしでは済まされまい。

(6) 70年ミスが導いたもの

『別添』は、労供事業と見られる要件を極力狭く設定しているが、偽装請負が争われた事案等を観察すると、広義の人材派遣に関しては、大企業が全額出資して設立した、実質的には法人格否認の法理が妥当する、当該大企業の人事部的な会社も少なくはない。それでも『別添』によれば、労供事業ということになり、供給先は労働者を雇用していることになる。

しかし、繰り返すように、労供事業は、現実に就業を指揮命令する企業が「使用者」責任を取らないことが数々の弊害を持つから禁止されたが、供給先（就

---

104) 新産別運転者労働組合機関紙『新運転』2018年7月25日号。

業先)が「使用者」責任をとるとすれば、それを禁止する理由はどこにもなくなるから、職安法44条を適用する実質的な意義はなくなり、労働組合に対して特に労供事業を許可する必要もなくなる。さらには、派遣法の、派遣先が労働者を雇用しないものとする「派遣」の定義、ひいては、間接雇用の特別な形態として派遣を容認する派遣法全体の存在意義に疑問が生じることになる。その意味で、供給先と供給された労働者の関係をいかに解するか、両者間に労働契約が存在すると解するか否かは、それらの問題の焦点として実に重要な問題であった。

それだけに、70年ミスが導いたのは、間接雇用についての法制度全体を理論的に根底から揺るがす事態であった。労働者供給の図において、供給先と労働者を結ぶ線に「雇用関係」と記す厚労省や研究者達にその自覚があるのか、極めて疑問である。

4　労働組合による労働者供給事業の枠組み変更問題

(1) 派遣法制定と45条廃止論

派遣法制定の過程で、職安法45条廃止の動きがあった。

1978年7月、行政管理庁『民営職業紹介事業等の指導監督に関する行政監察結果に基づく勧告』の公表を契機に派遣法制定に向かうことになったが、同『勧告』および、それを承けた労働省の、今後の労働力需給システム研究会（会長：高梨昌）の1980年4月『提言』は、職安法45条の廃止と労働組合による職業紹介事業への移行を提言した。

派遣法制定に深く関与した高梨昌氏は、労供事業を営む労働組合は「無料」を義務づけられる上に煩雑な業務を課せられ、事業を進め難くなっていると指摘し、労働組合が「組合員を雇用して派遣先企業と労働者派遣契約を締結して労働者供給事業を営むことは、労働組合の本来の趣旨に反しかねない」、職安法45条の廃止等が「有効適切である」と主張された[105]。高梨氏は、派遣と労働者供給を混同し、また労働組合は組合員を「雇用」すると述べており、労働組合の労供事業の法的意義を正確に理解されていたのか、疑問である。

関係する労働組合の反対運動の中で労供労組協が結成された。職安法45条

---

105)　高梨昌「労働力需給システムのあり方－職安法改正の提言について」ジュリ716号（1980年）82頁。

の廃止は断念され、逆に、「労働組合法による労働組合が……」としていた45条の、「労働組合法による」を削除し、「労働組合等が……」として、労働組合「等」、つまり労働組合に準ずる公務員組合等も労供事業を行ない得るように拡張する方向に修正された（職安法4条8項）。

(2)「供給・派遣」型の浮上
(ｱ) 1999年派遣法改正と「供給・派遣」型の浮上
　労供事業では、供給先は労基法上の「使用者」ではないから、労働者に直接、賃金を支払うことはないし、社会保険の加入手続きをすることはできない。それは労働者にとっては現実には不都合なことであった。

　1999年派遣法改正の際、労供労組協は労働省と折衝の末、「派遣制度の傘に入る形で供給元と派遣先の間に労働組合がつくる派遣事業体を入れる方式」、つまり、労働組合が中小企業等協同組合法に基づき労働者の相互扶助を目的とする企業組合あるいは一般の有限会社等の事業体を設立し、その事業体に労働者を供給し、当該事業体は当該労働者を雇用して、派遣法に沿う派遣業者となり、彼らを他の企業に派遣するという「供給・派遣」制度が容認された[106]。「労働組合に事業主性を擬制的に与える方策」として、労働組合が設立する事業体を経由して就業先に派遣すると法律構成し、派遣法2条1号における「派遣」の定義に沿う形式を強引に整えたわけである。

　労働組合による供給先〈事業体〉と、その供給先が派遣し、実際にその指示に従って就業する関係になる派遣先との区別を鮮明にするため、以下、後者は"就業先"と呼ぶことにする。

　平成11（1999）年11月11日『派遣取扱要領』において、派遣業許可の要件を定める派遣法7条1項4号に関わり、財産的基礎につき、企業組合等が「労働組合等から供給される労働者を対象」とする場合は資本金を通常の半額で足りるとしたが[107]、それは「供給・派遣」を前提とするから、行政上、「供給・派遣」型が容認されているものと考えられている。

---

[106] 伊藤・前掲注58）30頁、本田・前掲注94）9頁。
[107] その内容は、現在、厚労省職安局需給調整事業課『労働者派遣法を適正に実施するために－許可・更新等手続きマニュアル』（2018年4月）に同じ文章で引き継がれている。

(イ)「供給・派遣」型の利用実態と問題状況

　「供給・派遣」型によって擬制的に事業主性を得たことのメリットが強調される。伊藤労供労組協議長（当時）は、具体的な例として、介護家政職の労組は企業組合：ケアーフォーラムを結成し、利用者の介護を請負うことにした、それ以前は就業先が雇用主として賃金を直接、労働者に支払っていたが、ケアーフォーラムが事業主として組合員に対する雇用責任を負うことになったと紹介する[108]。本田一成氏は「労供労組が、いわば事業主性を獲得し……供給先企業ではなく、労供労組サイドで社会労働保険を負担し、賃金を支払うことができるようになった」と説明される。「サイド」は幅がある曖昧な表現であるが、本田氏は「供給先は供給労働者の雇用責任を全面的に負い……賃金直接払いの原則に従って供給先が供給労働者の賃金額を計算して本人へ支払う」と言われるから[109]、事業主性を得たのは、労供労組ではなく、供給先である企業組合等の事業体ということになる。

　労供労組協の『労供・派遣事業の手引き』（2000年11月）は、「改訂派遣法を利用した労供事業労働者への社会労働保険の適用が擬制的に実現しました」と述べている[110]。「供給・派遣」型により、供給先である企業組合等が賃金や社会保険加入に責任を持つようになったと理解している労組および関係者は多い。たとえば、労組：コンピュータ・ユニオンは、企業組合：コンピュータ・ユニオンを設立し、供給された組合員は当該企業組合に雇用され、そこから派遣されて就業先で指揮命令を受けて就労する、社会保険適用は、企業組合：コンピュータ・ユニオンが行なうことにしている[111]。

　もっとも、すべての「供給・派遣」でそうなっているわけではない。「供給・派遣」型をとりながら、企業組合等からではなく、就業先から直接、賃金を受け取っている例もある。たとえば新産別運転者労働組合（新運転）は、企業組合：ロマン交通を経て2003年に有限会社：タブレットを設立したが、その時点では、業務運営規程において「利用者（就業先――筆者注）より組合が受領し、組合員に支払うことを原則とするが、通常の場合、この手続きを省略し、その日の

---

108)　労供労組協『労供・派遣事業の手引き』77頁、伊藤・前掲注58) 30頁。
109)　本田・前掲注94) 9頁。
110)　労供労組協・前掲注108) 76頁。
111)　コンピュータ・ユニオンのホームページ。

勤務修了後……組合員が直接受領することを認める」としていたが、2011年6月、「賃金は、原則として利用者よりその日の勤務修了後……組合員が直接受領する」と改正した[112]。派遣という形式に反するが、就業先から直接に賃金を受け取ることを「原則」と説いていることは、注目に値する。

ケアーフォーラムでも、在宅介護の際の利用者（就業先）が賃金を支払うことになっている。もっとも、そのことにより、介護保険の支払いは請求から2ヵ月以上先になるため、その間に組合員に支払う賃金分の資金を確保する必要や、産業医の選任など新しい課題が生じた、と言われる[113]。

旅行添乗員を組合員とするフォーラムジャパンは、賃金、社会保険加入問題の解決を志向して、添乗員の派遣会社：フォーラムジャパンを設立し、労働組合が全体としてそれに移行し、慎重な採用、内容の良い研修等により優れた添乗員を確保して、今や700名余の派遣を行なう業界大手になった。ただ、労組として労供事業をしていた当時は、組合費は賃金の10％以下で、社会労働保険の負担を含め労務管理の費用は「供給先に雇用責任があるから組合費でやりくりできた」が、派遣会社になって以降は社会保険の負担を含む労務管理費が嵩み、マージン率が30％程度になっている[114]。

(ウ)「供給・派遣」型の理論的難点

『別添』によれば、供給契約に基づいて労働者を他人の指揮命令に委ねるもので、供給元と労働者が事実上の支配関係である場合はただちに労働者供給であるが、その間に労働契約がある場合は原則として派遣であり、ただ、派遣元がまったくの形骸的な存在にすぎない場合には労働者供給となる。ところが、労組労供事業の場合、組合員は労働組合の一員として活動形態の1つである労働者供給活動に参加する関係であって、労働組合が組合員を支配従属させているわけでもないし、組合員は労働組合に雇用されるのではない（2(3)参照）。また、労供事業を行なう労組が設立した企業組合等は、就業先に組み込まれて形骸化してしまった事業体ではない。つまり、労組による労供事業は、従来から想定されてきた、そして『別添』も想定する労供事業ではない。それは職安

---

112)　『新運転45年の歩み』（2006年）130頁。
113)　伊藤・前掲注58) 43頁。
114)　労供労組協・前掲注108) 93頁以下、本田・前掲注94) 13頁。

法45条が新たに構想した就業形態であって、一般の労働者供給事業とは似て非なるものである。

労働組合が「供給」と認識したからといって、法的にそのとおりになるわけではない。労働者を指定・紹介し、それを承けて企業が当該労働者を雇入れるとすれば、合法か否かは別として、その行為は法的には企業組合等への職業紹介という以外にない。その労働者を雇用し、就業先に派遣すれば、一連の行為は「紹介・派遣」である。にもかかわらず、「供給・派遣」と称し、供給先の（労供労組が設立した）企業組合等が組合員を雇用し、派遣元として使用者責任を負い、賃金を支払い、社会保険に加入することになると説明される。要するに、「供給・派遣」型は、労組による労供については70年ミスのままとし、それに派遣法の枠組みを組み合わせ、貼り付けたわけである。そこでいう「労供」の判断基準は、『別添』が「労供」と判断される要件を慎重かつ厳格に絞っているのと対比すると、同じ厚労省とは考え難いほど緩かである。だが、法的に説明が付くか否かにかかわらず、所轄官庁である厚労省が容認しているから通用している、という不正常な状態である。

翻って考えれば、もともと労供労組が求めていたのは、組合員が現実にその指揮命令に従って就業する就業先が賃金を支払い、社会保険に加入することであった。労働省が維持し続けている70年ミスを、仮に労供労組がそのまま援用するならば、厚労省は自らが述べていることであり、否認できないから、それだけで懸案は解決されたはずである。供給先（就業先）は供給された労働者を雇用し、労基法上の「使用者」に当たるというのであるから、「労供・派遣」のような、労供労組が新たに事業体を設立し、当該事業体が「供給」された組合員を雇用し、派遣するという、煩わしいし、法的には不正確な「供給・派遣」といった仕組みを利用する必要はなかった。

今や、実質的にみると、派遣法制定の際の職安法45条廃止論が実現している。それだけでなく、職安法45条廃止論では職業紹介により就業先における直接雇用が想定されていたが、「労供・派遣」では紹介先は企業組合等で、そこから就業先に派遣される。就業先は雇用はしない。本来の要求ははぐらかされ、当初の目的とはまったく相反し、労供労組が間接雇用の固定化に利用されるという、不都合な事態になっているのではあるまいか。

「供給・派遣」型は、労供労組側が提案ないし要求し、労働省が譲歩して実

現されたと伝えられるが[115]、70年ミスはともかく、『別添』を熟知する労働省が「供給・派遣」型の内容をどのように説明したのか、また、労供労組側がどう理解したのか、明らかではない。労供労組側が協議の過程で労働省によって巧妙に誘導され、さらには、たぶらかされたのではないかとの疑念を払拭できない。

労働組合による労供事業については、そもそも、一般の「労働者供給事業」が何故、禁止されるのか、労働組合が行なう場合には何故、容認されるのかを考えれば、理論的および実務上の難点もさることながら、70年ミスと派遣法を単純に接着させる「供給・派遣」を積極的に評価することはできない。先に3（5）（イ）で見た労供労組の厚労省に対する「労働者供給」についての説明要求は、労供労組として労供概念を再検討した末、現在の状態の正常化を厚労省に対し求める行動とみられる。この機会に、労供労組は「供給・派遣」型への取り組みを真正面から総括することが求められよう。

5　労働組合による労働者供給事業と労働者保護制度

職安法45条が創設した独自の概念としての「労働組合による労働者供給事業」を理論的に整理し、その上で、労組労供に従事する労働者の適切な保護が図られねばならない。

(1)　"労働者供給事業法"の必要性

労働組合の供給事業は、理論的にも現実的にも混乱したままで日々進行している。

問題は、結局、賃金支払いや社会保険加入について誰が「使用者」責任を負うのか、つまり、労供事業における供給先、就業先と労働者との関係を、労働契約関係にあるとみるのか、それとも、事実上の使用関係に留まる、とみるのかについての見解の相違と不可分である。前者には理論的に到底、与することはできない。「供給・派遣」型には理論的に難点があり、今後も今の状況のまま運用し続けることが適切とは考えられない。今や、後者の問題の解決策を検討しなければならない。

---

115)　本田・前掲注94) 13頁。

本来であれば、職安法 45 条の制定時に、労働組合による労供事業というまったく新たに創設する制度の法的特殊性に相応しい労働者保護の法制度を整備しておくべきであった。当時、GHQ は労働組合の発展と活動に期待して問題の解決は労使自治に委ね、法制度の整備は必要ないと判断したと推測される。しかし、その後の事態の推移は GHQ の期待どおりにはならなかった。労働組合による労供事業は「細々と生きながらえているにすぎない」と言われる現状を見れば[116]、少なくとも、派遣法 44 条、45 条に匹敵する、供給された労働者についての法整備を行ない、さらに、基本的には禁止される労供事業を労働組合に限って解禁するからには、それに照応する条件が独自に整備されるべきである。

(2) 私案
　労働法上の基本原則の例外として間接雇用を容認するからには、弊害や支障が生じないよう、環境を整備することは国の責務である。独立させるとすれば"労働組合による労働者供給事業法"であるが、最低限、職安法 45 条に続けて数ヵ条をおく必要ある。以下、労働法の解釈論としても充分に成立し得ると考えられるが、法律に明記することが望ましいと考える私案を紹介したい。

(ア) 供給先の労組法上の「使用者」性、供給契約の労働協約性の確認について
　組合員が供給先、就業先の指揮命令の下で就業するからには、当該組合員を組織する労働組合にとって、供給先、就業先は労働組合法上の「使用者」にあたり、交渉事項との関わりにおいて必要と認められる限り、当該労働組合との団体交渉に誠実に応じる義務がある[117]。
　労供労組と供給先が結ぶ供給契約には、職安法 5 条の 3、同施行規則 4 条の 2 に基づき、当然、労働者が就業する業務の内容、作業時間、それに対する賃金などに係る具体的な労働条件および労働組合に対して支払われるべき報酬が書き込まれるが、当事者の間では、それは同時に労働協約としての性格を有する。しかし、念のため、それが労働協約としての性格をも兼ねていることを確

---

116) 伊藤・前掲注58) 42〜43 頁。
117) 萬井隆令「企業を跨ぐ不当労働行為と救済の法理－労組法上の『使用者』概念の変容と問題点」労旬 1916 号（2018 年）25 頁。

認し、協約上の労働条件に関わる項目は規範的効力を有し、個々の組合員はそれに基づく権利を持つことを銘記する。ちなみに、2011年当時の『労供取扱要領』では、「労働組合等は、原則として供給に関する労働協約（供給契約）が締結されていない供給先に組合員等を供給してはならない」としていた。現在では「……供給に関する供給契約が……」となっているが、趣旨が変わったわけではない。

「供給・派遣」型の場合は、労働組合はまずは企業組合等の事業体と労働者供給契約を結ぶことになり、事業体による派遣の派遣先（就業先）とはただちに協約を結ぶことにはならない。しかし、実際に組合員が指揮命令を受けて就業する相手方（就業先）は、組合員および労働組合にとってはやはり労組法上の「使用者」であるから、労働組合は就業先とも団体交渉する権利を有し、就業先は申込まれた団体交渉に「使用者」として応ずべき義務がある。就業条件について合意が成立すれば、その書面は労働協約であり、労働協約としての効力を認められる[118]。

(イ) 供給先による雇用について

労働組合の労供事業に従事する組合員の最大の関心は、供給先（就業先）との間に労働契約関係が存在するかといった法理論ではなく、就業先が直接、賃金を支払い、社会・労働保険に加入し、健康診断などを行なうかという現実問題であった。しかし、労供事業禁止の趣旨を考えれば、供給先、就業先と供給される労働者との間には通常の労働契約は存在しないことが前提であり、その上で、理論的にその問題をいかに解決するかが問われる。

(a) 労組の労供事業においては、組合員は就業先との間で事実上の使用従属関係に入り、その指揮命令に従って就労する。その状況は、労働契約関係にある使用者と労働者の間の使用従属関係とほとんど異なることがないことを直視すれば、それに見合う労働者保護も不可欠である。現行法においては、供給契約に労働諸条件を明示すべきことに留まるが、就業先は労働者保護のために必要な労働基準法の規定（均等待遇、強制労働の禁止、労働時間制、安全配慮義務など）は類推適用される、というべきである[119]。

---

118) 同旨、近藤・前掲注77) 25頁。
119) 経営法曹である山西克彦弁護士も、この点では同意見である、同「労働者供給事業によって生

それは労働法上、例のないことではない。派遣法44条、45条は派遣労働者保護のため、労働時間制、安全衛生に関しては派遣先を労基法上の「使用者」とみなしているが、それに相当する関係になる。純然たる契約関係ではないが、就業先と労働者の間に労働契約関係を擬制し、賃金支払い、保険加入等について、就業先は労基法上の「使用者」と看做す（擬制する）と定めれば足りる。もっとも、派遣法44条、45条については制定当初から不備が指摘されており[120]、規定対象および内容については、その是正を含めて検討する必要がある。

法律の制定を待つことなく、供給契約（労働協約）において、就業先が労基法上の「使用者」としての責任を負うことを確認することも可能であり、かつ、望ましい労使自治による一つの解決策である。

ただ、法律によって特に認められる場合も、供給契約（労働協約）で認める場合も、就業先が当該組合員を雇用する労基法上の「使用者」と擬制され、使用者に準じて、法的にそれらの義務の履行を求められるにとどまる。

(b) 供給された組合員が、供給先の従業員となることに合意し、労働契約が結ばれることはあり得る。直接雇用の原則に照らし、派遣法33条に準じて、供給先で就業している組合員と供給先が合意し、組合員が供給先に雇用されることを妨げてはならない旨を明記すべきである。その場合は、組合による労働者供給という関係から離脱し、供給先に直接に雇用されていく。

ただ、それは労働組合から離脱することを意味するわけではない。当該労働者は供給先の従業員となるが、労供事業を営む労働組合に加盟していることは変わらない。それはクローズド・ショップ制をとる組合が想定していた状況になったわけで、職種別ないし産業別労組として、当該組合にとっては当然あるべき状況である。労供労組が従来予測していなかった事態だとしても、直接雇用の原則に回帰するもので、むしろ、それは今後目標の一つと位置づけられるべきである。

(ウ) 賃金支払い義務について

労供事業においては、就業の指示は供給先、就業先が行なうが、就業は無償労働ではないから、労働者は就業に対する対価（代償）をどこからどのように

ずる『使用関係』の法的性格」判タ369号（1978年）118頁。
120) 西谷ほか『実務』135頁以下（萬井）、161頁以下（中島正雄）、237頁以下（西谷）。

受け取るのか、を明確にする必要がある。

(a)　かつて名古氏は、「労供事業によって何らの利潤も得ていない労働組合に賃金支払い義務（特に、供給先事業主が倒産した場合）や労働・社会保険料の負担を負わすのは不当」であり、それは供給先に負担させるべきだとされた[121]。「利潤」と表現することの適否は別として、労働組合は労働者供給に対する代価を供給先から得る。その大部分を労働者の供給先に対する労務の提供の対価、すなわち実質的には賃金が占めることは明らかであり、したがって、その後、「労働の対償」たる賃金（労基法11条）として、最終的には適切に労働者に渡るよう処理されていくべきことを明文で規定すべきである。

　これについては、一部に異論がある。厚労省は「労働組合等は、供給を受ける組合員等又は供給先から供給手数料的性格の経費を徴収してはならない」とし、その「経費」とは「①組合費以外に組合員等から徴収する経費、②供給に伴って供給の対象となった組合員等が受ける賃金その他の報酬以外の供給先から受ける経費」とするから[122]、労供労組が供給先から代価を受け取ることは禁止されている、と解すのである。しかし、②が徴収を禁止するのは「組合員等が受ける……報酬以外の供給先から受ける経費」であり、労働者の労務提供に対する代価はそこでいう「報酬」であって、それを労供労組が受け取り、組合員に配分することは禁止されてはいない。むしろ、その代価を受領することが前提とされている。代価「以外」の、「供給手数料的性格」の金銭を受け取ることが禁止されているのである。4（2）（イ）で見たように、「供給・派遣」以前は問題なくそうしている労供労組は存在したし[123]、仮にそうしなければ、就業先から労働者が賃金を直接受け取ることが保障されていない場合には、労働者はどこからも就業に対する報酬を得ることができなくなる。組合員を供給し、供給先が当該組合員を指揮命令して就業させることを事業とする以上、組合員に所得を保障することは労働組合の義務である。職安法45条がいう「無料」の

---

[121]　名古・前掲注60）74頁。
[122]　2018年9月『労供取扱要領』10頁。
[123]　新運転の清掃車運転業務に就く組合員についてのモデル労働協約5条5項、同組合の業務運営規程10項（『組合のしおり』（2018年1月）11頁）。コンピュータ・ユニオンの基本協約書（案）は、供給組合（乙）は「供給した代償を一切求めない」とし、「乙の組合員の賃金は、甲（注‐供給先）が乙の組合員に直接支払うこととする」「甲は乙から供給された組合員に対して社会・労働保険を適用する」と定めることを原則としている。

趣旨に沿って『労供取扱要領』が禁止するのは、中間搾取に該当する、①組合員から組合費以外に「供給手数料」や②組合員が得るべき報酬以外に、供給先から「供給手数料」を徴収することである。先の異論は、②の「以外」を見落としてその趣旨を読み違えているだけでなく、労組労供の構造の把握を誤っているのではあるまいか。

労供事業が滞りなく行なわれている場合は問題ないが、仮に、労働組合が就業した組合員に労働の対価を渡さなかった（渡すことができなくなった）場合、最終的には供給先、就業先は労働者に対し直接、賃金を支払う義務があること、すなわち（潜在的には）労基法24条の適用があることが確認されるべきである。
(b)　供給契約（労働協約）において、供給先が労働者に直接、賃金を支払うと定めることはあり得るし、むしろ、望ましいことである。当然、それを定めた条項は規範的効力を有するから、それを根拠として、組合員は供給先に対し賃金を請求することができる（労組法16条）。

なお、2011年時点における『労供取扱要領』においては、請負契約によって労供事業を行なうことは禁止されるとし、「このため……供給するに当たっては、賃金の支払い、労働者災害補償保険……その他法律によって規定された使用者としての義務……はすべて供給先の事業主が負うべき旨を明らかにしておくこと」を求めていた[124]。しかし、2018年9月の『要領』ではその全文が削除されている。そう記されたこと、それが削除されたことのいずれについても説明はなく、理論的根拠は明らかではない。

(エ)　社会・労働保険について

雇用、賃金等は企業内の問題であるから労使間で団体交渉により処理し得るが、社会・労働保険は公的性格の問題であるから、労働組合と就業先の交渉だけでは処理し得ない。

この問題は本稿冒頭で紹介した、伊藤労供労組協議長（当時）が指摘されるとおりである。しかし、いかなる就業形態の労働者についても、労働権を保障する憲法27条に基づき、ディーセント・ワークとともに、事故の場合の最低限の生活の確保も保障されなければならない。

---

124)　武井・前掲注89) 和田ほか『派遣』256頁注6) 参照。

労組労供に従事する労働者は多くは日々雇用である。ただ、日々雇用という就労形態は労組労供事業に従事する組合員だけではなく、職業紹介を経て採用される場合も含む直用の日々雇用もあれば[125]、業者が雇用する派遣労働者の日雇い派遣、個人請負の事実上の契約形式による就業[126]、ホテルの配膳作業、競輪・競艇場などの管理作業に係るオン・コール就業、シルバー人材センターが仲介する就業など、多様な契約形式・実態において存在している。そのような、あらゆる形態の日々雇用の労働者に共通する、総合的な対策が検討されねばならない[127]。

6　小括

　労働組合の労供事業は、事業主体は利潤追求を基本とする企業ではなく、組合員の労働条件の維持向上を図る労働組合であり、供給されるのはその組合員で、就業は供給先、就業先の指揮命令に従ってなされるが、それ自体が組合活動の一形態である。職安法44条が禁止する労供事業とは理念、性格、内容を異にしており、単に、一般には禁止されていることを労働組合についてだけ、例外的に認めたというものではない。

　賃金支払い、社会保険等の点で、労働者にとって不都合な事態が生じているが、それは職安法44条に関する在来の理解のまま、職安法45条を解釈・運用しようとしたことに起因する。改めて、45条に適合的な労供事業の概念を模索し、それに応じた法制を検討する必要がある。

　一般に、企業は主要業務については期間の定めのない労働契約によって雇用した労働者（正社員）を充て、補助的業務、業務量の波動等については有期の社員、派遣労働者を充て、一時的な労働需要に対しては臨時雇用によって対応する。労働組合の労供事業は、その一時的需要への対応を期待されることが多い。そのため、潜在的需要は常に存在するにもかかわらず、規模は小さく需要

---

125)　前掲注103）の凸版物流事件の地裁、高裁判決および萬井評釈19＝労旬1911号51頁参照。
126)　萬井論文27＝龍谷51巻1号123頁。
127)　詳しくは、脇田滋ほか編『常態化する失業と労働・社会保障』（日本評論社、2014年）所収の上田真理「雇用の変化と社会保険」、脇田滋「雇用保険法上の諸給付」、矢野昌浩「適用対象」、川崎航史郎「事業主の届出義務懈怠と給付の保障」等および、矢野昌浩ほか編『雇用社会の危機と労働・社会保障の展望』（日本評論社、2017年）所収の上田真理「雇用・社会保障における国家・企業・個人御役割」、木下秀雄「生存権の検討」、川崎航史郎「不安定雇用の防止策」等参照。

に波動性があるため、供給・提供に適切に対応し得ていない労働市場において、その需要に応えるニッチ事業という性格を帯びざるを得ない。そのような事情もあり、労働者は日々就労となることが多く、雇用の面から見れば不安定である。しかし、それを放置しておいて良い理由はない。その事情に応じた労働者保護が図られねばならない。

　他方で、一般の労供事業とは異なるとはいっても、労働組合の労供事業も間接雇用の一形態であることに変わりはなく、単純に、その拡大を提唱することはできない。労働組合は組合員が労働契約を交わし、就業先に雇用されていくことを警戒するのかもしれないが、それは直接雇用の原則に添う（戻る）もので、むしろ望ましいことと認識すべきである。それは当該労働者が労働組合から脱退することを意味するわけではなく、企業の枠を超えた職種別ないし産業別労働組合の組合員であり続ける。直接雇用されればすべての問題が解決するわけではないが、巨視的には、労供事業を営む労働組合は、労供事業の適切な維持を図りつつも、直接雇用の原則にも適合し、クローズド・ショップ制を駆使し得る、強靭な職種（職能）別、産業別労働組合への発展を選択肢の一つとすることも検討すべきであろう。

追記）　本稿は龍谷法学52巻3号（2019年）に掲載したものである。

あとがき

　ゲラの最終校正を終えてつくづく感じるのは、労働者派遣を論じる場合の基点となる、労働者供給事業禁止の意義を的確に捉えていない人が少なからずいることである。

　労旬1685号（2008年）で労働省の70年ミス（労働コンメ3（1960年）の改訂の際の写し間違い）を指摘した時、当該部分を読みもしないで、「まさか……」という人がいた。労働省の専門の担当者が複数でやる改訂作業で写し間違いなどがやるわけがないという思い込みである。写し間違いは些細なことではないが、謝罪して正誤表で訂正すれば済むことである。真の問題は、労働者供給の供給先が労働者を雇用するという、ミスによって生まれた叙述の内容とその後のミスへの対応の在り方である。労働省（厚労省）は正誤表も出さず、今なおミスと認めようとしない。荒木氏や鎌田氏らはミスをそのまま下敷きにした「供給先が雇用する労働者供給」を図示される。供給先が労働者を雇用する労働者供給があり得るのか。それは本来の二者間の労使関係であり、三者間の労務提供関係である労働者供給ではあり得ないが。一体、どのような就労状態になるのか。仮にあり得るとすれば、労働者供給事業が禁止される理由は何か。

　労働者供給事業は人が働くことを恰もモノであるかのように賃貸借の対象とするもので、「労働は商品ではない」という国際規範に反する。日本では職安法で禁止した。問題の基礎である労働者供給事業禁止の意義を深く考えないことが、労働者派遣の問題の軽視、したがって、派遣についても基礎的な作業や考察が疎かにされることに繋がっている。たとえば、派遣法には労働者供給を受ける供給先（偽装請負の注文主）を処罰する規定は存在しないが、あたかも罰則規定があるかのように錯覚し、挙句の果ては、その架空のものと職安法による罰則の比較まで行なって、それを労働契約申込みみなし制に関わる解釈論の拠り所にし、指摘を受けても訂正されようとはしない。

　怠慢は他にもある。訴訟の場に提出された書証を読めば、偽装請負と適法な請負の識別はそれほど難しいことではないが、書証も読まず、識別は難しいと呟く研究者がいる。事実に即して考える姿勢を持つことは研究者として不可欠だと考えるのだが。

労働契約を結ばず、使用者責任を負わないで他から提供された労働者を指揮命令して就労させることができる、派遣という就業形態が存在することが持つ社会的な意味は大きい。労働者の中に撒かれた「麻薬」である。労働人口の中では派遣労働者は必ずしも多数ではないが、偽装請負を摘発された企業が契約の形式を派遣に変更することを「是正」と理解する例が多いように、その毒はいつでも拡がる可能性を孕んでいる。今後、個人請負の形をとるフリーランスが増えれば、それは単なる可能性ではなくなる。

　私はもっぱら法解釈論を手掛けてきたが、その枠を超え、余技ではあるが意義はあると考え、補論として、2つの論稿を収録した。
　研究者の多くは研究し、論文を執筆し、それを踏まえて大学で講義し、社会人に向けて講演などをする。労働委員会の委員として具体的な労働紛争の解決に寄与することもある。ところが、労政審とか厚労省の設置する研究会は一種の「政治」の場であり、その委員となると研究者としての本来の在り方を貫くことが容易ではない状況に遭われるように見受けられる。その時、「人としての在り方」が問われる。前者はその「在り方」についての補論である。後者は「委員」を意識したとみられる立法論を取り上げた。
　私の偏見と受け取られるのであれば、反論や批判を待つ。それへの私の再論－再反論は生産的な議論を生みだすと期待する。

　判例評釈に関わる第4章を設けたのは、法的紛争の公平・公正な解決について最終的な権限と責任を有する裁判所がその使命に応えていない現状に危機感を憶えるからである。特に、大阪医療刑務所事件判決は、条文曲解が甚だしく、「評釈」では済まない、「告発」の対象とさえ感じる。
　人材マネジメント論専攻の守島基弘氏は、人事管理（HRM）的に考えると「派遣は……極めてモノ的な扱いをしてきた」と述べ、大内伸哉氏はそれに、「ヒト」としてであれば「当然事前に見なければ雇えない」が、「事前面接をしてはいけないというのは、ある意味でモノ的な感じもします」と応じている（守島基博・大内伸哉『人事と法の対話－新たな融合を目指して』（有斐閣、2013年）22～23頁）。
　派遣は「労働」を商品とし、労働者をモノ扱いしている点では労働者供給と

本質は何ら変わらない。今は、派遣は労働市場で求職者と求人側のマッチングを図るには適切であるなどと説明して合法化されているが、派遣は行為類型としては労働者供給と寸分違わず、本質は人貸し業である。競馬や宝籤、トトカルチョなど合法化されているが、どう言い繕っても本質は賭博であるのと同様である。

　派遣について筋の通らない解釈論の基底には「派遣」の本質を直視していないことがある。厚労省の職員、裁判官も研究者も、今一度、派遣の構造や機能を冷静に見つめ直し、派遣の本質を理解しようとする姿勢を持つべきではあるまいか。

　我ながら諄(くど)く感じる本書をお読みいただいた方に感謝する。批判、質問、異論などを寄せていただくことを期待する。それが議論に発展すれば有益な論議が始まるからである。

著者紹介
萬井隆令（よろい たかよし）

龍谷大学名誉教授。鳥取市生まれ。1965年京都大学法学部卒業。70年同大学院法学研究科博士課程単位取得退学、立命館大学産業社会学部助教授、1980年龍谷大学法学部教授、2005年同法科大学院教授、2011年退任、2002年『労働契約締結の法理』で龍谷大学法学博士。

《主要著書》
『労働契約締結の法理』（有斐閣、1997年）、『規制緩和と労働者・労働法制』（共著、旬報社、2001年）、『労働契約と法』（共著、旬報社、2011年）、『日本の雇用が危ない 安倍政権「労働規制緩和」批判』（共著、旬報社、2014年）、『人間らしく働き生きる－労働者・労働組合の権利』（学習の友社、2014年）、『労働者派遣法論』（旬報社、2017年）

労働者派遣法の展開と法理

2025年2月12日　初版第1刷発行

著　者	萬井隆令
装　丁	Boogie Design
組　版	キヅキブックス
発行者	木内洋育
編集担当	古賀一志
発行所	株式会社 旬報社
	〒162-0041　東京都新宿区早稲田鶴巻町544 中川ビル4F
	TEL.03-5579-8973　FAX 03-5579-8975
	ホームページ　https://www.junposha.com/
印　刷	精文堂印刷株式会社

© Takayoshi Yoroi 2025, Printed in Japan
ISBN978-4-8451-1971-4